CONTE *verlag*

Kurz und kriminell

Kriminalkurzgeschichten
von **Ingrid Schmitz**

CONTE *verlag*

Bibliografische Information der Deutschen Nationalbibliothek
Die Deutsche Nationalbibliothek verzeichnet diese Publikation in der Deutschen Nationalbibliografie; detaillierte bibliografische Daten sind im Internet über http://dnb.d-nb.de abrufbar.

ISBN 978-3-944527-08-6

Produktsicherheit gemäß GPSR (General Product Safety Regulation): Dieses Produkt entspricht den Anforderungen der Verordnung (EU) 2023/988 über die allgemeine Produktsicherheit. Bei Fragen oder Hinweisen zu Produktsicherheitsaspekten kontaktieren Sie uns bitte über die angegebenen Kontaktdaten.

Am Rech 14, 66386 St. Ingbert
Tel: (0 68 94) 1 66 41 63
E-Mail: info@conte-verlag.de
Verlagsinformationen im Internet unter www.conte-verlag.de

Kontakt GPSR: gpsr@conte-verlag.de

Lektorat: Daniela Hartmann
Umschlag und Satz: Markus Dawo
Druck und Bindung: Conte, St. Ingbert

Inhaltsangabe

Cappuccino-Tag

Seit einem Monat trank Karl jede Woche, genauer gesagt jeden Mittwoch gegen fünfzehn Uhr, mit ihr Cappuccino. Zu diesem und einem anderen Zweck trafen sie sich im *Café Extrablatt* in der Krefelder Innenstadt. Es spielte sich immer gleich ab. Eine Stunde lang besprachen sie das Wochenereignis und danach trennten sich ihre Wege wieder.

Karl war der Adoptivsohn eines ehemaligen Fabrikbesitzers. Der Familienname soll an dieser Stelle lieber unerwähnt bleiben.

Sie hieß Agnes Allzeit oder Lore Schmittchen und brandaktuell Betty Schröder. Ihr momentaner Job war der lukrativste. Sie war Auftrags… ähm … Altenpflegerin und das, obwohl sie mit ihren dreiundsiebzig Jahren selbst nicht mehr die Jüngste war. Erst vor ein paar Monaten hatte sie sich mit der *Altenhilfe* selbstständig gemacht. Für die neue Tätigkeit schien sie geradezu prädestiniert zu sein. Über ihre diffuse Anzeige in der Tageszeitung hatte Karl sie kennengelernt. Kurioserweise war sein Vater, der in diesem Jahr achtzig geworden war, selbst auf das Inserat gestoßen. Immer wieder hatte er mit der Lupe darauf getippt und gesagt, wenn jemals eine Pflegeperson für ihn kommen müsse, sollte es um Himmels willen nicht so eine alte Schabracke sein, sondern lieber ein junges, knackiges Mädchen.

Das hatte Karl auf eine Idee gebracht. Noch am selben Abend, als er wieder in seiner Wohnung war, wählte er die Mobilnummer von Betty Schröder und erfuhr, dass sie eine Frau mit unendlich vielen Erfahrungen auf dem Gebiet der *Altenhilfe* war. Sie dachte ähnlich wie er, meinte auch, irgendwann müsse einmal Schluss sein und dass es kein Segen sei, so alt wie Methusalem zu werden. Selbstverständlich wolle sie sich um seinen Vater kümmern. Karl war froh, ihre Anzeige richtig gedeutet zu haben. Allerdings glaubte er, ihre Stimme schon einmal gehört zu haben.

Gleich für den nächsten Tag hatten sie ein Treffen bei seinem Vater vereinbart. Schon bei der Begrüßung erinnerte sich Karl. Die weißen

Locken, der funkelnde Blick und die ausgeprägten Lachfalten um den Mund, ja sicher, sie kannten sich von der Trabrennbahn, vom Pferderennen, vom Wetten. Sie liebten beide das Risiko und hatten beim letzten Mal ein Vermögen auf das falsche Pferd gesetzt. Anschließend hatten sie nicht mit Champagner auf den Sieg getrunken, sondern sich mit Wodka auf die Niederlage betrunken. Ja, sie war es gewesen. Eindeutig. Auch wenn er hätte wetten können, dass sie damals noch anders hieß.

Seinem Vater gegenüber sagte Karl lieber nicht, woher er Betty Schröder kannte, auch nicht, dass sie die *Ältere Altenhelferin für alle Fälle* aus der Zeitung war. Vielmehr stellte er sie als Bekannte eines Bekannten, als gute Seele vor, die ihre letzte Betreuungsstelle verloren hatte und nun wieder ehrenamtlich tätig sein wollte. Es freute seinen Vater, weil ihre Dienste nichts kosten würden.

Am nächsten Tag hatte Karl sich mit Betty Schröder zum ersten Mal auf einen Cappuccino im *Café Extrablatt* getroffen. Auch sie brauchte dringend Geld und auch sie liebte es, hoch zu pokern. Karl einigte sich mit ihr darauf, dass sie seinen Vater zunächst einmal nur minimalistisch versorgen sollte. Mehr schlecht als recht also. Es sollte mehr der Tarnung und Erkundung dienen. Ob sie für seinen Plan wirklich geeignet war, musste sich erst herausstellen. Etwas skeptisch war Karl schon, obgleich Betty Schröder physisch und psychisch äußerst fit geblieben war und man ihr das Alter nicht anmerkte. Sie war mit den weißen Locken und dem gepflegten Äußeren eine durchaus elegante Erscheinung, was auch seinem Vater sofort gefallen hatte.

Erst einmal gab es für Betty Schröder nicht viel zu tun. Noch trug sein Adoptivvater keine Windeln, konnte alleine essen und auf den Stock gestützt gehen. Aber die Tage waren abzusehen, wann das nicht mehr möglich sein und er zum wirklichen Pflegefall würde. Je weniger Lebensjahre dem alten Geizhals geschenkt würden, je mehr Geld würde Karl geschenkt werden. Karl könnte es nicht ertragen, wenn sein Erbe nur für die Pflegekosten oder ein Pflegeheim draufginge. Was war das denn für eine Adoption, bei der unterm Strich nichts für ihn herauskam? Außerdem musste er mit seinen fünfundvierzig Jahren auch endlich einmal für seine Spielleidenschaft abgesichert sein, weil er keinen Beruf erlernt hatte und arbeiten für ihn nicht in Frage kam.

Karl sah auf die Caféhaus-Uhr. Viertel nach drei. Betty Schröder ließ heute besonders lange auf sich warten. Wie ärgerlich. Dabei war die

Besprechung so eilig und wichtig, weil sich ihr Plan dem Finale näherte. Sie hatten Zukunftsträchtiges und Wegweisendes zu besprechen.

Wenigstens die Kellnerin kam sofort und brachte ihm den bestellten Cappuccino. Er streute vorsichtig den Zucker aus dem Papiertütchen ein und rührte ebenso behutsam um. Die erste Tasse Kaffee trank er immer hastig. Regelmäßig verbrannte er sich die Zunge daran. Es war die Gier, die ihn dazu trieb schnell auszutrinken. Er verlangte nach dem unverwechselbaren Geschmack der frisch gemahlenen Robusta-Arabica-Mischung, die mit heißem Wasserdruck zu einem dunkelbraunen, aromatisch duftenden doppelten Espresso geworden war, und liebte die braun-weiße Kapuze, die cappuccio, aus halbflüssigem, cremig warmem Milchschaum. Ein wahres Milchsoufflé – ein Kaffeetraum! Noch besser hatten es die Italiener. Baristi, Kaffeekünstler an der Espressomaschine, erschufen mit der bloßen Bewegung des Milchkännchens beim Eingießen die schönsten Muster. Die Deutschen waren pragmatischer. Sie streuten mit Schablonen Kakaoherzen auf den Schaum, und nur die Deutschen tranken den Cappuccino auch abends. Das würde den Italienern nicht einmal im Traum einfallen.

Na gut, ihm reichte das Kakaoherz, er war hier nicht in Italien, das musste berücksichtigt werden. Worauf er beim Kaffee sehr großen Wert legte, war die Qualität. Es gab so viele Café-Bars, in denen es nur minderwertigen Cappuccino gab. Da musste man höllisch aufpassen. Stümper und Betrüger türmten die doppelte Portion steifen Milchschaums zum Berg auf und verdeckten damit den wässrigen Espresso. Ist klar, Milch ist preiswerter als Kaffee … Ach, warum ärgerte er sich jetzt wieder darüber? Weil er sich ärgern musste. Wieder sah er auf die Uhr. PÜNKTLICH war anders.

Dabei war sie sonst so zuverlässig. Vier Wochen versorgte sie nun schon seinen Adoptivvater und hatte sich bewährt. Nun wusste Karl: Sie war die Richtige. Sie war so herrlich bestimmend – das trieb Vaters Blutdruck mächtig in die Höhe. Sie war quirlig – das war ihm zu anstrengend, und sie lachte laut und viel – das mochte er nicht leiden. Doch bevor sie womöglich wieder gehen sollte, mussten sie gehandelt haben. Es wurde höchste Zeit.

Karl lächelte bei dem Gedanken, beim nächsten großen Rennen wieder mitmischen zu können, und dann musste er unbedingt mal wieder nach Baden-Baden. Vielleicht nahm er Betty Schröder diesmal sogar mit.

Mit ausgestreckten Armen empfing er die zurückkehrende Kellnerin, die heute Inliner unter den Füßen zu haben schien, und nahm das Tablett mit seinem heißgeliebten Cappuccino entgegen. Wohlwollend prüfte er den Milchschaum. Hochkonzentriert streute er die süßen Kristalle seitlich schräg in die Milchschaumhaube ein, damit sie nichts von ihrer Schönheit verlor, und verrührte – unter dem Schaum – den Zucker behutsam mit dem Löffel. Dabei stierte er auf das dunkelbraune Kakaoherz. Er hob den Kaffeelöffel wieder vorsichtig aus der Tasse heraus und stach ihn langsam und nur Millimeter tief in den oberen Teil des Herzens, zog ihn bedächtig nach vorne, so dass ein Oval entstand. Karl leckte den Löffel blank und trug ein wenig Kakaopulver damit ab, setzte zwei Punkte ins Oval und drückte links und rechts den Rand etwas ein. Ja, er erkannte das, was er damit hatte erreichen wollen und was ihn gedanklich beschäftigte: Es sah aus wie ein Totenschädel.

»Das ist aber gruselig. Guten Tag. Entschuldigen Sie, wenn ich zu spät komme. Ich musste noch etwas Wichtiges erledigen.« Betty Schröder legte ihr Rentner-Handy auf den Tisch, das mit den großen Zahlen, und steckte es dann doch lieber zurück in die Jackentasche.

Karl verwischte schnell den Kakao-Totenschädel mit dem Löffel, dann hob er den rechten Arm und rief der Kellnerin zu: »Bitte einen Cappuccino für die Dame.«

Betty Schröder nickte zustimmend, murmelte ein Danke. Um keine weitere Zeit zu verlieren, kam sie sofort zur Sache. Sie hob die Tasche, holte ihren Kalender hervor, blätterte, zog ihre Brille aus den Haaren und fand das, was sie suchte. Sie tippte auf den Eintrag.

Er beugte sich nach vorne und las: »1. November, Abgabetermin.«

Flüsternd sagte sie: »Allerheiligen. Die beste Zeit. Ich habe da mal etwas vorbereitet. Meinetwegen können wir die Aktion an diesem Tag starten.«

Karls gerötetes Gesicht verzog sich zu einem Grinsen. »Großartig. So liebe ich das. Und wie genau? Womit?«

Sie schob ihre Brille zurück in die weißen Locken und kramte wieder in ihrer Handtasche. Plötzlich stockte sie. Die Kellnerin kam an den Tisch und brachte ihr den Cappuccino, den sie mit einem »Bitte sehr« abstellte. In der Zwischenzeit hatte Karl seinen zur Hälfte ausgetrunken, bestellte aber trotzdem schon einen neuen. Seine Gier war noch immer nicht gestillt.

Betty Schröder schloss ihre Handtasche und stellte sie auf den Boden. Karl stutzte. Was sollte das? Wollte sie nicht etwas aus der Tasche holen? Hatte er etwas verpasst? Er war sehr gespannt, welche Methode sie sich für seinen Vater hatte einfallen lassen. Ihm war es im Prinzip egal, sie sollte nur perfekt und sicher sein. Jetzt fiel es ihm auf. Auf dem Tisch lagen drei bunte Zuckertütchen nebeneinander. Wo kamen die jetzt her? Jedenfalls nicht von der Kellnerin.

»Geniale Idee, nicht wahr?« Betty Schröder strahlte ihn mit ihren grünen, listigen Augen an. »Ihr Vater sammelt diese Dinger doch, um keinen Zucker kaufen zu müssen, und da dachte ich mir, ich sammele sie auch und präpariere sie ein wenig.«

»Hm … ja, schon. Dann soll ich ihm also den Zucker in den … oder, nein, machen Sie das besser.«

»Nein, nein, da haben Sie mich falsch verstanden.« Sie lachte laut.

»Pscht! Nicht so laut! Was ist daran so witzig?« Sein Kopf zuckte zur Seite. Er wollte wissen, wie viele Gäste sie von nun an beobachten würden. Glück gehabt. Niemand sah zu ihnen hinüber. »Wieso drei Tütchen? Wirkt es nicht gleich beim ersten Mal?« Er wagte nicht, das Wort *Gift* auszusprechen, als könne allein das schon tödlich sein.

»Sie denken wohl, die alte Schachtel ist nicht mehr klar bei Verstand. Natürlich habe ich an alles gedacht, vielleicht sogar an mehr als Sie. Nur der Inhalt eines Tütchens ist gefährlich. In zweien befindet sich reiner Zucker.« Betty Schröder hielt sich die altersfleckige Hand vor den Mund und gluckste. »Gönnen Sie mir den Spaß. Ich werde Ihrem Vater alle drei Tütchen auf einem Teller zum Tee servieren. Er wird mit Sicherheit das oberste nehmen und wenn er nicht danach greift, werde ich einen Weg finden. Die Tütchen sind vorsichtshalber nicht markiert, aber ich bewahre das Gifttütchen bis dahin natürlich separat auf.«

»Natürlich.« Karl nickte. Alle drei Tütchen sahen gleich aus, wenn auch anders als ursprünglich. Man erkannte sofort, dass ein gestanzter Falz fehlte, weil eine Seite geöffnet, umgeschlagen und neu verklebt worden war. »In welchem ist es jetzt?«

»In diesem.« Sie tippte auf das rechte, von ihr aus gesehen. Sein Gedankenspiel bescherte ihm ein Kribbeln. Die Tütchen lagen so wie bei einem Hütchenspiel.

Auch Betty Schröder beugte sich interessiert vor. »So wäre es wie russisches Roulette, wenn ich nicht wüsste, in welchem es sich befindet.«

Es stieg ein wahnwitziger Glanz in Karls Augen, wie er nur bei Spielern zu sehen war. Er liebte solche Spielchen. Tödlich waren sie aber bisher noch nie gewesen. Karl sah Betty Schröder tief in die funkelnden Augen. Sie schien zu wissen, was er jetzt dachte. Sie nickte. Blitzschnell vertauschte er die Tütchen. »Und jetzt? Wo ist es jetzt?«

In Betty Schröder wurde ein Feuer entfacht, das sie mit äußerster Anstrengung überspielte. Sie zuckte mit den Schultern und zeigte auf das linke. Ihre Stimme vibrierte: »Finden wir es heraus.« Sie klatschte mehrmals leise in die Hände und redete auf einmal, als moderiere sie eine Kindersendung: »Eins, zwei oder drei? In zwei Tütchen ist reiner Zucker, im dritten *es*. Eins, zwei oder drei! Sie fangen an. Sie schütten den Zucker aus einem der Tütchen in Ihren Cappuccino und trinken ihn.«

Mikrofeine Schweißperlen bildeten sich auf Karls Stirn. Schnell trank er seine Tasse leer.

Betty Schröder kicherte. »Netter Versuch. Sobald die Kellnerin Ihnen den nächsten Cappuccino bringt, fangen Sie an. Wenn nur noch ein Tütchen da liegt, hören wir auf.« Sie nippte nur an ihrer Tasse, wollte sich den Kaffee aufsparen.

Karls Hände zitterten. Er stierte auf die Zuckertütchen. Wenn er es recht überlegte, war es sogar gut, wenn er anfing. Die Chance, den Zucker zu erwischen, wäre dann höher. Betty Schröder hatte nach ihm nur noch eine Fifty-Fifty-Chance. Er zögerte, hielt sich auf Spannung. »Wie schnell wirkt es?« Er dachte an Erste Hilfe, Krankenwagen, Magenauspumpen. Das wäre seine Rettung. Man würde ihn schon nicht liegen lassen.

»Es geht sehr schnell. Es ist schon etwas älter. Aber es hat nichts an Wirkungskraft verloren. Wissen Sie, früher gab es geruchsloses und geschmacksneutrales *es*. Das wurde dann aus verständlichen Gründen verboten und musste eingefärbt und bitter gemacht werden. Ich habe damals schon den Marktwert erkannt und mir eine große Tüte für schlechte Zeiten zurückgelegt. Meine Altersvorsorge sozusagen.«

Diese Frau wurde ihm immer unheimlicher.

»Was ist, wenn ich Pech habe? Sie wollen also das Risiko eingehen, dass ich hier … umkippe? Man wird Sie sofort festnehmen.«

Betty Schröder winkte lachend ab.

Die Kellnerin kam herbei und lachte unwillkürlich mit, so als habe sie den Witz, der keiner war, verstanden. Sie stellte das kleine braune

Tablett mit der Cappuccino-Tasse, den Zuckertütchen und den Keksen vor Karl auf den Tisch und nahm seine leere Tasse auf dem Tablett wieder mit. Sie griff nach den drei Zuckertütchen, die in der Mitte des Tisches lagen, weil sich auf dem neuen Tablett ausreichend viele befanden.

»Nein!«, schrie Karl sie an. Er sprang auf. Der Stuhl kippte um.

Gerade noch rechtzeitig, sie hatte sie noch nicht einmal berührt. Verstört verschwand die Kellnerin mit tausend Entschuldigungen auf den Lippen und hochrotem Kopf.

Betty Schröder rang nach Atem. »Das war knapp!«

»Weiter, weiter«, flüsterte Karl in höchster Erregung. Er wollte sich nicht durch solch einen Zwischenfall der Spannung berauben lassen. »Also, mir kann es ja egal sein, wenn Sie festgenommen werden. Ich bin ja dann schon …« Er schluckte. »Aber wenn Sie es wählen und Sie dann … nehmen sie mich mit. Das …«

Betty Schröder beugte sich vor: »Sie müssen noch viel lernen. Erstens: Wer wird denn schon auf die Idee kommen, dass eine Dreiundsiebzigjährige einen jungen Mann direkt im Café vor lauter Zeugen umbringt. Also bitte, da habe ich doch wohl in meinem Alter Narrenfreiheit. Sehe ich so aus, als wäre ich eine Mörderin? Zweitens: Wenn ich hier in aller Öffentlichkeit während einer Tasse Cappuccino im Gespräch mit einem jungen Mann das Zeitliche segne, wird man nur denken. ›Was für ein schöner Tod im Alter‹ oder ›Musste der Sohn seine Mutter so aufregen?‹ Also los. Was ist jetzt? Es ist das letzte Spiel für den Pechvogel unter uns.«

Fasziniert starrten sie gemeinsam auf die Zuckertütchen, als versuchten sie hellseherische Fähigkeiten zu entfalten. Betty Schröder musste niesen. Sie zückte ein Taschentuch und wendete sich höflich ab. Karl nutzte die Gelegenheit. Er tauschte blitzschnell das linke Zuckertütchen gegen eines von seinem Tablett aus. Entweder hatte er jetzt Glück und es befanden sich nun drei harmlose Zuckertütchen im Spiel, oder es war zumindest die Chance gleich geblieben, *es* zu erwischen. Falschspielen gehörte ja nun auch zum Spiel.

Betty Schröder drehte sich wieder zu ihm und sah ihn an. Nein, sie giftete ihn an.

»Geben Sie schon das Tütchen her. Es ist zwecklos, hier fehlt eins mit umgeschlagenem Falz.«

Karl rückte widerwillig das entwendete Tütchen heraus und warf es auf den Tisch. Betty Schröder tauschte es flugs um. Sie mischte die Tütchen noch einmal und murmelte dabei unverständliche Worte. »Los jetzt! Sie zuerst.«

Sein Herz hämmerte gegen den Brustkorb, sein Puls jagte. Er fühlte sich, als habe er eine Bombe zu entschärfen.

»Was ist jetzt? Ihr Cappuccino wird kalt.« Betty Schröders Ton wurde schärfer. »Kneifen wir etwa?«

Beherzt griff er nach dem mittleren Zuckertütchen, riss den Rand auf und schüttete den Inhalt auf die Milchschaumhaube. Er hob die Tasse …

»Verrühren! Wird's bald!« Betty Schröders Kopf wackelte.

Karl zerstörte die allererste heilige Cappuccino-Milchschaumhaube in seinem Leben, aber es machte ihm nichts aus. Er wollte gar nicht mehr aufhören zu rühren.

»Aufhören und trinken«, flüsterte sie gefährlich langsam.

Der Befehlston verstärkte seine Erregung. Er setzte die Tasse an die Lippen und trank in kleinen Schlucken aus. Er wartete ab … lächelte … lachte … lachte laut … lachte hysterisch und … fiel tot um.

Betty Schröder hatte mit nichts anderem gerechnet. Egal, zu welchem Tütchen er gegriffen hätte. Sie rief nach dem Notarztwagen und legte ungeahnte schauspielerische Fähigkeiten an den Tag. Aus ihren Augen rollten unentwegt Tränen. Es war das unterdrückte Lachen, das sie verkneifen musste, denn das würde kein gutes Licht auf sie werfen. Man nahm sie schnell zur Seite, schirmte sie ab, kümmerte sich rührend um sie, während alles andere im Hintergrund erledigt wurde. Betty bat, kurz zur Toilette gehen zu dürfen, und nein, sie brauche keine Hilfe, sie käme schon zurecht, obwohl ihr natürlich noch der Schock in den Knochen säße. Aber sie habe da mal ein dringendes Bedürfnis.

Sie schloss sich in einer der Kabinen ein und setzte sich, weil ihre Knie zitterten. Der Alte hatte recht gehabt, sein Sohn taugte nichts, nicht für das Erbe – das hätte er sowieso nur als Pflichtteil bekommen – und nicht als Spieler. Der Meinung war sie jetzt allerdings auch. Noch nicht einmal als Falschspieler war er gut gewesen.

Betty Schröder nahm ihr Handy hervor und drückte auf die Eins. Wählgeräusche ertönten, dann stand die Verbindung.

»Hallo Ursula. Ich bin's, Helga. Ich möchte dich zu meiner Hochzeit im Dezember einladen. Ich habe da einen steinreichen Mann kennengelernt. Er ist zwar schon etwas älter und meint durch mich als seine Frau die Pflegekosten sparen zu können, aber das macht mir nichts aus. Ich denke, dass ich mit ihm noch ein paar schöne Monate verleben kann.«

Die Schüsselkönigin

»Die Siegerin des Jahres ist …«

Ohrenbetäubender Tusch. Die in Schale geschmissenen Gäste blickten sich ein letztes Mal wohlwissend zu der einzig in Frage kommenden Person um und nickten …

»… unsere Britta Schwarzpost!«

Nun riss es alle von den Stühlen. Stehend applaudierten sie und hörten sich mit neidvoller Bewunderung den Grund des grandiosen Sieges an.

»Unsere Britta hat es im letzten Jahr geschafft, ihre, man höre und staune – ja, es ist nicht gelogen – ihre Verkaufszahlen zu verdoppeln! Somit steht sie, unsere Britta, mit großem Abstand an der Spitze der Top-Ten-Verkäufer und erhält die goldene Ehrennadel.« Tusch und Jubel unterbrachen die Rede des Präsidenten für einen Moment. Er hob die Hände wie zum Segen und bat um Einhalt. »Doch das ist noch längst nicht alles!« Tusch!

»Zusätzlich«, er blickte Britta, die mittlerweile scheinbar gerührt neben ihm auf der Bühne stand, tief in die Augen, »zusätzlich«, und nun drehte er sich wieder zum Publikum, »erhält sie den 1. Preis unseres Wettbewerbes: einen einwöchigen Aufenthalt im idyllisch gelegenen Burghotel Greiffenstein, mit einer Person ihrer Wahl.« Er wedelte demonstrativ mit der auf dem Computer geschriebenen Urkunde und las mit bedeutungsschwangerem Unterton die Vorzüge des exklusiven Hotels vor: »Das Burghotel Greiffenstein verfügt über ein Felsenschwimmbad mit Panoramafenster und Sauna«, er leckte sich die Lippen, »ein Restaurant mit Dachterrasse, Stallungen, Zwinger, Garagen und einen Golfplatz zu Füßen der Burg! Naa? Ist das was? Ist das was?« Er breitete die Arme aus und empfing auf Kommando frenetischen Applaus. Dann drehte er sich, die Pose innehaltend, zu Britta und erwartete deren Begeisterungsausbruch, der sich allerdings in Grenzen hielt.

Stattdessen lächelte sie verhalten, nahm die Präsente an und gab ihm einen nichtssagenden Kuss auf die rechte Wange. Britta brauchte diesen ganzen Rummel nicht, wollte keine allgemeine Lobhudelei. Sie wusste, dass sie gut war, und damit basta.

»Britta, verraten Sie uns Ihr Geheimnis? Wie haben Sie das geschafft?«, wollte der im Armani-Anzug steckende Präsident wissen.

»Hören Sie gut zu!«, ermahnte er die anderen Nieten. Einige Möchtegern-Top-Verkäufer und -Verkäuferinnen standen wie gebannt da, konnten sich nicht beruhigen. Sie klatschten in die Hände und schrien wie kleine Kinder, die um Kekse bettelten: »Jaa! Bitte! Ja!«

Es bereitete Britta einige Schwierigkeiten, ihre Verachtung vor diesen Leuten zu verbergen. Sie lächelte gequält und überlegte krampfhaft, was sie sagen sollte, sagen wollte. Noch nicht einmal unter Folter würde sie den Grund ihres Erfolges verraten, den sie sich in mühsamer Kleinarbeit erwirtschaftet hatte. Außerdem ging es ihr einzig und allein um das Geld – Manna, Asche, Knete – und nicht um so eine erbärmliche Reise. Sie wollte in Ruhe ihrer Arbeit nachgehen und dabei störten solche lästigen Unterbrechungen nur. Leider gab es nicht den Gegenwert in bar. Britta hatte sich vorher erkundigt.

»Tja, Sie merken es«, versuchte Mr. President die peinliche Stille zu überbrücken, »wer lässt sich schon gerne in die Karten schauen. Obwohl …«, er trat etwas näher an das Mikrophon und tat besonders wichtig, »Sie alle kennen bereits das Erfolgsgeheimnis, ja … Sie alle! Auch Sie und Sie und Sie …«, er wanderte mit dem Zeigefinger übers Publikum. Britta unterdrückte ein Gähnen. »Denken Sie darüber nach, und wenn Sie es eines Tages gefunden haben, stehen auch Sie hier und können sich als Sieger des Jahres feiern lassen, so wie unsere Britta heute!«

Britta reiste alleine. Zuerst hatte sie sich überlegt, den Gewinn einfach verfallen zu lassen, verwarf den Gedanken aber schnell wieder, als ihr Chef sie eindringlich darum bat, einen Bericht über ihren Aufenthalt im Burghotel zu schreiben, der im internen Blättchen abgedruckt werden sollte. Noch musste sie klein beigeben. Ihr bisheriger Verdienst reichte nicht aus, um sich in Mexiko zur Ruhe setzen zu können, trotz allem. Sie war auf die prompten Lieferungen angewiesen, denn wenn sie einmal eine Kundin in den rotlackierten Krallen hatte, musste es blitzschnell gehen. Die Bestellerin durfte keine Zeit mehr haben, es sich anders zu überlegen, um womöglich so ihren Plan zu durchkreuzen. Oder, was viel schlimmer war, sie auffliegen zu lassen.

Mit schwerem Gepäck und missmutigem Gesicht zog sie in ihr Urlaubsquartier ein. Weder dieser scheinbar dem Fernsehen entsprungene Portier mit dem bezeichnenden Namen Moser noch diese seltsame Freifrau von Greiffenstein hatten ein Lächeln für sie übrig. Auch gut. So würde sie die zwangsverordnete Ruhe finden und keine neugierigen Fragen zu beantworten haben.

Gelangweilt latschte Britta durch ihr Hotelzimmer, konnte an dieser angeblich luxuriösen Ausstattung nichts Besonderes finden. Sie begutachtete das Bad und beschloss kurzerhand, sich ein wenig frisch zu machen, um dann in der Sauna heiße Pläne zu schmieden.

Nur mit einem Badehandtuch bekleidet, sah Britta durch die winzige Scheibe der Saunatür und registrierte mit Wohlwollen, dass sich niemand darin befand. Ihr war nicht nach Baucheinziehen zumute. Gewissenhaft drehte sie die große Sanduhr an der Wand um, weil ihr Kreislauf nicht mehr als zehn Minuten Saunagang verkraftete. Britta war in Gedanken an eine neue Kundin versunken, die sie momentan in ihren Fängen hatte. Nächste Woche war die Arztgattin endgültig reif. Sie musste das komplette Neueinsteiger-Sortiment bestellen. Der Wert der bestellten Ware wäre ein Klacks gegenüber dem, was die ach so noble Neureiche sonst zu verlieren hatte. Und nur so funktionierte es. Ihre Kundinnen waren jedes Mal regelrecht erleichtert, wenn sie die lächerlichen Bedingungen hörten. Manche wollten lediglich bezahlen und lieber keine Ware erhalten, aber Britta durfte sich keine Fehler erlauben und blieb eisern. Geld gegen Ware und nichts anderes.

Die Saunatür ging auf. Es roch sofort nach billigem Herrenparfum. Ein schmächtiger Mann mit einem besonders Schmächtigen kam herein. Britta überkreuzte schnell ihre Beine und zog den Bauch ein.

»Guten Tag Britta! Das ist aber ein Zufall, dass wir uns hier treffen«, heuchelte der Neuankömmling und bekam aus mehreren Gründen einen roten Kopf.

Britta blickte ihn überrascht an: »Kennen wir uns?« Das Gesicht war zwar attraktiv, aber der Rest schreckte eher ab.

»Ja, zuletzt habe ich Sie auf der Preisverleihung gesehen.« Er versuchte den sich Aufbäumenden mit seinem Handtuch zu ersticken. Schweiß brach ihm aus. Es hinderte ihn aber nicht daran weiterzureden: »Ein toller Erfolg! Ich bin erst seit Kurzem dabei, möchte es Ihnen aber sehr bald nachmachen.«

»Machen Sie erst einmal die Tür zu, es zieht!«, mahnte sie ihn und hätte gerne ›von außen‹ hinzugefügt, hielt sich jedoch zurück.

»Ach, Entschuldigung, ich habe mich ja nicht vorgestellt. Ich heiße Daniel, Daniel Wechter.« Er wischte sich über die Stirn und flutschte anschließend mit der Hand über seine nackte Brust, dass der Schweiß nur so spritzte. Der Schmächtige hing leblos an ihm herab, ein dicker Schweißtropfen baumelte an seiner Spitze.

Britta wurde flau. Sie musste endlich die Sauna verlassen, bevor man sie heraustragen würde, denn die Sanduhr zeigte bereits zwanzig Minuten an, und das war weit über ihrem Limit.

Daniel nahm das Gespräch wieder auf, nachdem er sich gesetzt hatte: »Sie sind mir noch eine Antwort schuldig geblieben.«

»Ich wüsste nicht …«, gab Britta patzig zur Antwort.

»Auf der Siegerehrung – Ihr Erfolgsgeheimnis! Wie haben Sie es geschafft, die Verkaufszahlen zu verdoppeln? Ich muss es wissen!« Sein Gesicht spiegelte gieriges Interesse wider.

Ja, wo gibt's denn sowas? Dieser kleine Wicht! Wo kommen wir denn da hin? »Können Sie schweigen?«, säuselte Britta mit verstellter Stimme. Er rückte näher und hielt ihr sein feuchtes Ohr hin: »Ja … ja, sicher!«

»Dann tun sie es!« Sie stand auf und schnappte sich ihr Handtuch. Daniel versperrte schnell den Weg. Er hielt den Türgriff mit einer Hand fest umklammert und schlug eine andere Tonart an: »Irrtum, Sie werden für immer schweigen, wenn Sie es mir nicht verraten. Wer sind Ihre Kunden? Wie kommen Sie an die Adressen?«

Britta setzte ihr Haifischlächeln auf. So wie er vor ihr stand, so nackt und einladend, stellte sie fest, dass er ihr nicht gewachsen war. In keinster Weise. Sie hob blitzartig das Knie und stieß es in sein Gemächt, schubste dann den gekrümmten glitschigen Körper mit ekelverzerrtem Gesicht zur Seite und öffnete ruckartig die Tür.

Seit dem Vorfall heute Mittag wollte Britta lieber den Room Service beanspruchen und ihr Zimmer vorsichtshalber nicht mehr verlassen.

Sie hatte Wichtigeres zu tun, als lästige Größenwahnsinnige abzuschütteln. Überhaupt, wie dreist von ihm, ihr einfach so nachzureisen und aufzulauern. Eine Dreistigkeit, die vielleicht wirklich einmal zur Karriere führen würde, denn auch sie hatte mal so angefangen. Sie öffnete den Bademantel und genoss die Abkühlung. Ihr war immer noch heiß. Sauna im Hochsommer war wohl doch nicht so ideal.

Am nächsten Morgen wachte Britta erst gegen zehn Uhr auf. Ihr Schlaf war tief und fest gewesen. Es dauerte eine Zeitlang, bis sie realisierte, wo sie sich befand, und dann wurde es ihr erbarmungslos klar: Sie hatte erst einen Tag von sieben in diesem gottverlassenen Burghotel verbracht und ihre Verkaufszahlen um nicht einen Punkt steigern können. Das musste sich ändern. Sie griff zu ihrem Handy und wählte die Nummer der Arztgattin. Es war einen Versuch wert, den Verkauf vom Telefon aus zu tätigen.

»Sommerau«, meldete sich die etwas ängstlich klingende Stimme der Mitvierzigerin.

»Ja, guten Tag, Frau Sommerau – Schwarzpost hier, ja … *die* Frau Schwarzpost, richtig, von der Party bei Frau Berger. Schön, dass Sie sich an mich erinnern können. Ja, nicht, es war ein gelungener Abend … nur … Sie haben sich mit dem Kauf zurückgehalten. Wie ich sehe, haben Sie lediglich zehn Punkte erreicht.« Britta raschelte mit den Seiten der Hotelbibel.

»Ach, wissen Sie, ich habe einen ganzen Schrank voll mit Plastikschüsseln. Meine Schwiegermutter hat mir seinerzeit ihr komplettes Sortiment vererbt und da die Qualität ja unübertroffen ist, hält es bis zum heutigen Tage. Aber trotzdem, vielen Dank für Ihr Angebot und auf …«

»Nun, ja, das ist zwar ein Grund, aber kein Hindernis zu bestellen«, fügte Britta schnell hinzu, bevor die eingebildete Kuh auflegen konnte.

»Wie meinen Sie das?«

»Ich könnte mir vorstellen, dass Ihnen die neuen Farben und Formen viel besser gefallen würden …«

Britta ging zum Fenster, öffnete es und sah kurz auf den Weg, bevor sie sich auf die Marmorfensterbank setzte und dem Panorama den Rücken kehrte.

»Och, nein danke«, kam es nach einigen Anstandssekunden aus dem Hörer.

»… gerade weil Sie besonders viel Wert auf dynamische Formen legen.«

»Wie bitte?«

»… modisch junge, meine ich.«

»Frau Schwarzpost, könnten Sie sich bitte etwas genauer ausdrücken? Ich habe meine Zeit nicht gestohlen.«

»Von mir aus. Wie würde es Ihrem Mann gefallen, wenn er davon erführe, dass Sie sich dem modischen, dynamischen und vor allem jüngeren männlichen Geschlecht zugewandt haben?« Britta streckte ihr die Zunge raus.

Ein entrüstetes Schnauben drang durch den Hörer. So reagierten sie alle. Sie stritten es zuerst ab, heulten und bettelten, sprachen von einmaligen Ausrutschern, wollten ihr weismachen, dass ihre Männer es wüssten, und bestellten dann schließlich doch das, was sie wollte.

»Ich möchte Beweise!« Die Arztfrau hatte sich wohl gefangen.

»Kennen Sie die Richard-Wagner-Straße?«

Schweigen.

»Nummer 63? Muss ich den Namen noch nennen?«

»Das heißt gar nichts. Dort wohnt mein Heilpraktiker.«

»Reichen Ihrem Mann Fotos, oder soll ich ihm lieber eine Videoaufnahme vom Schlosspark Moyland zeigen, wo Sie Ihrem Geliebten vor der Phallus-Skulptur besonders tief in die Augen geschaut haben und Sie sich anschließend ausgiebig küssten?«

Ja, Britta hatte viel Zeit geopfert, Zeit, die man investieren musste, wenn man etwas in der Hand haben wollte. Und man musste gut vorbereitet sein, gut zuhören können. Es war mittlerweile ein Leichtes, ihre Plastikgeschirr-Büttenrede runterzurasseln, ab und zu ein Schüsselchen oder ein Gefäß hochzuhalten und nebenbei dem angeregten Klatsch und Tratsch der illustren Gesellschaft zuzuhören: den potenten Fremdgängerinnen, neidischen Rivalinnen oder ganz besonders den biederen Ehefrauen, die den anderen einen Strick daraus drehen wollten und alles unter dem Mäntelchen der Verschwiegenheit – Bloß nicht weitersagen! – eiligst weitergaben.

Britta würde nun mindestens eine Minute warten müssen. Bei einigen ging es etwas schneller, die wurden dann sofort hysterisch, manche legten einfach auf. Das war dann besonders lästig. Die ließ sie zur Strafe etwas länger zappeln und rief erst nach zwei Stunden wieder an.

In sich hineinlachend, rutschte Britta von der Fensterbank und bekam aus dem Augenwinkel gerade noch mit, wie ein dunkler Schatten an ihr vorbeihuschte. Waren das ihre Nerven oder roch sie wirklich dieses billige Parfum, das ihr bekannt vorkam? Der wird doch nicht … Shit!

Sie schloss das Fenster.

Britta musste sich erst bei Frau Sommerau in Erinnerung bringen, bevor sie dem nachgehen konnte: »Am besten ist, ich faxe Ihnen den Bestellschein fertig ausgefüllt zu, und Sie müssen lediglich unterschreiben und es zur Zentrale, unter meinem Namen, weitergeben. Per Fax oder Brief, das ist mir egal. Die wissen dann schon …«

»Halt!«, fuhr die Arztfrau dazwischen. »Woher weiß ich …«

Britta drückte auf den roten Aus-Knopf. Die Frage konnte sie bald singen. Natürlich gab es keine Gewähr. Sie musste sich ja schließlich ein paar Türchen offen halten. Aber in der Regel reichte die Bestellung eines kompletten Anfänger-Sortiments aus, denn das war nicht gerade wenig. Alles andere machte nur verdächtig.

Genauso verdächtig, wie sich Daniel Wechter eben gemacht hatte. Nur er konnte es gewesen sein, der gelauscht hatte. Sie musste diesen Kerl, diesen Nichtskönner einfach loswerden, wenn sie nicht Gefahr laufen wollte, dass ihr ganzer Plan durcheinander geriet. Aber wie? Es musste schnell und unauffällig geschehen.

Britta hatte da eine glänzende Idee.

Sie schnappte sich hastig ihren Bikini nebst ein paar Hotelhandtüchern und begab sich ins Felsenschwimmbad. Wie hieß es doch gleich? Felsenschwimmbad mit Panoramafenster – na, dann! Auf dem Weg dorthin blieb sie kurz an der Rezeption stehen und gab nur schnell das Bestellfax auf. Das war erledigt und nun der Nächste.

Britta war beeindruckt. Lag es an der totalen Unterbelegung des Hotels, die die Anlage riesengroß erscheinen ließ, oder an dem wahnsinnigen Ausblick durch eben das Panaromafenster, der die Landschaft, jetzt im Hochsommer, in den schönsten Farben darbot? Welchen Grund es wohl hatte, dass so wenige Touristen hier waren? Es konnte nicht nur an der Unfreundlichkeit der Freifrau und ihres sinistren Portiers liegen, oder doch? Egal, sie musste sich nun wesentlicheren Dingen zuwenden. Das wäre doch gelacht, wenn sich ihr DLRG-Schein nicht auszahlen würde – außerdem fällt im Wasser so manches leichter. Erst ertränken, und dann so tun, als ob sie sein erbärmliches, viel zu kurzes

Leben retten wollte. Ja, so könnte es gehen. Nach ein paar Bahnen entdeckte sie ihn endlich. Nackt war sein Körper schon hässlich, aber nun, in der knielangen rot-weiß-längsgestreiften Bermuda-Shorts, wirkte er geradezu skelettartig und zwei Meter groß. Britta tat so, als ob sie ihn nicht gesehen hätte, und schwamm ihre Runden. Mit einem lauten Platscher schmiss er sich ins Wasser. Dem Geräusch nach zu urteilen musste er sich mindestens drei Rippen gebrochen haben, aber leider zeugte sein schnelles Schwimmen nicht davon. Auf halber Höhe begegneten sie sich und schwammen an den Rand.

»Hallo Britta! Das war nicht nett – gestern in der Sauna«, grinste er verbissen, dabei unverschämt auf ihr Dekolleté stierend.

»Man tut, was man muss!«, entgegnete sie forsch und sah sich vorsichtshalber einmal um, wie viele Leute im Schwimmbad zugegen waren – nur eine Person – eine mittelalte, kugelrunde Frau mit einer kitschigen Plastik-Blümchen-Badekappe und lilafarbenem Badeanzug, Marke: ›Letzter Versuch‹. Sie rückte gerade ihre Brille zurecht und watschelte zum Nichtschwimmerbereich. Wie ein Walross plumpste sie ins Wasser. Sie zappelte übermütig mit den dicken Beinen. Bei jeder dadurch entstehenden Welle schwappte der füllige Körper ein Stück nach oben und bereitete ihr damit einen infantilen Spaß. Solange sie derart beschäftigt war, musste Britta nichts befürchten. Daniel verfolgte ihren Blick. Er wandte sich kopfschüttelnd ab und bearbeitete sie weiter: »Man tut, was man muss? Das ist auch mein Motto. Wir werden zukünftig zusammenarbeiten und uns den Reibach teilen.« Er zog ihr mit seinen klebrigen Blicken den Bikini aus. »Du nennst mir die Namen und ich besorge das Beweismaterial«, duzte er sie dumm-dreist.

Wie sie richtig vermutet hatte: Er war der Schatten. Er hatte alles mit angehört und wusste Bescheid. Britta ärgerte sich über ihre eigene Dummheit. Seinen impertinenten Vorschlag würde sie nie akzeptieren!

»Wir können *das* Erfolgspaar werden! Die besten Verkäufer weltweit!« Er zeichnete dabei mit seinen mageren Armen einen großen Kreis in die Luft und ließ sie dann ins Wasser klatschen. Britta bekam einen Wasserspritzer ins Auge und kniff es unwillkürlich zu.

»Ich wusste, dass du damit einverstanden bist.« Spontan umarmte er sie und drückte ihr einen ekelhaft feuchten Kuss auf den Mund.

Wollte er sie umbringen? Das war zu viel! Entsetzt holte sie aus, sprang halb aus dem Wasser und drückte ihn unter die

Wasseroberfläche. Es spritzte. Daniel wehrte sich heftig. Große Blasen stiegen auf. Er ruderte mit seinen Armen und zerriss dabei die Träger ihres Bikinioberteils. Ihre dicken Brüste tanzten auf dem Wasser.

»He, Sie da! Machen Sie das gefälligst in Ihrem Hotelzimmer!«, schrie der Portier Moser aus einiger Entfernung. Neben ihm stand die Kugelrunde, deren Gesicht die Farbe des Badeanzuges angenommen hatte. Britta ließ ab. Sie hatte alle Hände voll zu tun, um ihren Busen zu bedecken. Daniel rang keuchend nach Luft und stieg aus dem Wasser. Seine Bermudashorts waren stark ausgebeult, was wiederum die Lilane zu einem empörten Aufschrei veranlasste. Erst jetzt hielt er sich die Hand davor und ging schleppenden Schrittes, hustend aus der Schwimmhalle.

Britta lief in ihrem Hotelzimmer auf und ab. Für sie war es die beste Methode ihr überschüssiges Adrenalin loszuwerden. Es misslang gewaltig. Der Bursche war nicht nur dürr, sondern auch zäh und ebenso hartnäckig, wie … wie … ihr fiel kein passender Vergleich ein. Selbst wenn sie auf der Stelle abreisen würde, er käme mit Sicherheit hinterher. Ein neuer, gut ausgeklügelter Plan musste her und spätestens morgen ausgeführt werden. Ihr Handy klingelte.

»Hallo?«

»Frau Schwarzpost?«

»Ja, doch!«, gab sie gereizt zurück.

»Hier ist Frau Hecker, von der Plastik-Zentrale. Eine Frau Sommerau hat eine Bestellung aufgegeben, eine ziemlich umfangreiche – das komplette Neueinsteiger-Sortiment wurde geordert …«

Britta zog eine imaginäre Notbremse und presste gleichzeitig ein leises ›Ja!‹ heraus.

»… nun steht hier zwar Ihre Mitarbeiternummer und Ihre Adresse in einer Ecke, aber der Name unten rechts ist durchgestrichen worden und stattdessen ist der Name Daniel Wechter vermerkt. Was ist denn jetzt richtig?«

Richtig ist, dass Daniel Wechter das nächste Lebensjahr nicht mehr erreichen wird. Falsch ist, dass sein elendiger Name auf ihrer mühsam erkämpften Bestellung prangte.

»Natürlich muss da mein Name hin, wie blöd sind Sie denn eigentlich? Wer hat denn da unterschrieben, ich oder der Wechter, he?«

»Ja, wenn Sie mich so fragen … Moment …« Britta hörte Papierrascheln.

»Was gibt es denn da zu rascheln?«, schrie sie außer Kontrolle geraten. »Wieso verdammt noch mal rascheln Sie da? Das steht auf der ersten Seite!«

»Ja, hallo, sind Sie noch da? Beide – Sie und Herr Wechter. Was ist denn …«

»Streichen Sie gefälligst den Namen Wechter und rutschen Sie mir den Buckel runter!«

Britta schlug auf den Ausknopf und verließ im Amoklauf ihr Zimmer.

Es war Mittagszeit und ein blasser Daniel Wechter saß, ab und zu hustend, an einem Ecktisch im Speisesaal. Vor ihm stand ein halbvolles Glas Pils. Welke Salatblätter umrandeten das zerstocherte Mittagessen.

Britta musste sich stoppen. Die Gummisohlen quietschten auf dem blankgewienerten Boden. Ihr Schauspieltalent wurde gefragt wie noch nie. Mit selbstzerstörerischer Beherrschtheit ging sie lächelnd auf ihn zu und setzte sich ihm gegenüber.

»Ich habe es mir überlegt«, eröffnete sie die Schlacht und starrte fest in seine panikgeweiteten Augen, die nun den Ausdruck von Entzücken annahmen. Sie spürte ihre Stimmbänder flattern, biss sich auf die Zunge und presste es heraus: »Du bist dabei!«

Daniel sprang auf. Britta griff zum Steakmesser. Er setzte sich wieder.

»Also …«, nun fiel es Britta wieder leichter zu reden, man gewöhnte sich tatsächlich an alles, »… im Burghotel ist eine der potentesten Kundinnen. Sie erwartet heute ihre Busenfreundin, wenn du weißt, was ich meine. Ihr Mann darf davon aber nichts wissen, denn er ist ein hohes Tier, kommt aus der Politik. Die Partei spielt keine Rolle. Es würde ihm sehr schaden, wenn bekannt werden würde, dass seine Frau andere Ufer beschreitet, denn er möchte in der nächsten Legislaturperiode als Ministerpräsident aufgestellt werden, kapito?«

»Nee, klar«, gab Daniel kurz von sich, bevor er den Mund zum Staunen wieder offen ließ, was seinen Intelligenzquotienten deutlich widerspiegelte.

Britta beugte sich mit dem Oberkörper nach vorne und sprach eine Spur leiser: »Die beiden wollen heute am späten Nachmittag einen kleinen Ausritt machen und du wirst rechtzeitig am Stall sein.«

Daniel nickte ergeben. Er nahm einen großen Schluck Bier, nickte erneut, zwinkerte mitwisserisch mit dem rechten Auge und hob den Daumen zum Siegeszeichen. Seine Euphorie sackte plötzlich in den Keller: »Und dann?«

Diese Blödheit war nicht zu überbieten.

»Dann fotografierst du die beiden, knipst einen ganzen Film voll, mit verfänglichen Situationen – aber unauffällig!«, mahnte sie ihn. Nachdem sie den genauen Treffpunkt und die Uhrzeit verraten hatte, zupfte er nervös an seinem Kragen.

»Wie erkenne ich die Frauen denn, ich meine, wie sehen sie aus?« Er hielt einen Knopf in der Hand.

»Eine von ihnen kennst du bereits – es ist die lilafarbene Badenixe von heute Morgen«, log Britta und weidete sich an seinem schreckverzerrten Gesicht. Daniels Frage konnte sie natürlich nicht ehrlich beantworten, denn sonst würde das mit seinem letzten Stündchen nicht mehr klappen.

Der laue Sommertag beflügelte Britta in ihrem Vorhaben. Nun war es also soweit. In wenigen Minuten würde sie endlich frei sein von diesem Schmarotzer, könnte wieder ungestört ihren Geschäften nachgehen. Ja, sie hatte längst entschieden, am Morgen danach abzureisen und es mit dringenden Geschäften zu begründen.

Zufrieden sog sie die milde Luft tief ein und sah sich im Reitstall um.

Sie hatte sich eine erstklassige Traberstute ausgesucht. Traber, das wusste sie noch von ihrem Reitunterricht, den sie als junges Mädchen einmal genossen hatte, waren immer etwas nervös. Alte Berufskrankheit. Wenn die Pferde aus gesundheitlichen Gründen nicht mehr in den Rennen eingesetzt werden konnten, hatten sie ihren Spleen weg. Fast tat ihr das Pferd leid, aber für ihr Vorhaben war es bestens geeignet.

Von weitem sah sie Daniel angeschlichen kommen. Er trug eine dunkle Sonnenbrille. Wahrscheinlich seine Interpretation von Unauffälligkeit. Um den Hals hatte er ihre automatische Billig-Kamera hängen, die sie für diesen Zweck gerne opferte. Er tat so, als hätte er Britta nicht gesehen, und lief an ihr vorbei.

»He, hier bin ich!«, rief Britta. »Nimm die blöde Sonnenbrille ab, oder soll sich das Pferd vor dir erschrecken?«

Er stellte sich zu Britta, die vor dem Traber stand, und klopfte dem Pferd auf den Hals. Es tänzelte. »Hoh!«, redete Britta beruhigend auf den Rotfuchs ein und zog am Führstrick.

»Und, wo ist sie?«, flüsterte Daniel, der die Scheu des Tieres nicht verstärken wollte.

»Sie muss jeden Moment kommen«, gab Britta vor und staunte nicht schlecht, als die Kugelrunde tatsächlich just in diesem Moment in einer lilafarbenen, kurz vor dem Zerbersten stehenden Reithose angewackelt kam. In der Hand schwang sie eine Gerte.

Damit hatte Britta ja nun wirklich nicht rechnen können. Die Geschichte war doch erstunken und erlogen, um Daniel hierher zu locken.

Es gab kein Zurück mehr. Wenn sie es geschickt anstellte, hätte sie sogar eine Zeugin für den nun folgenden ›Unfall‹.

Es ging alles blitzschnell. Britta riss das Pferd zur Seite. Es wieherte auf und trat mit den Hinterbeinen aus. Ein widerwärtiges, dumpfes und gleichzeitig knackendes Geräusch, gefolgt von Schreien, ertönte. Britta konnte das Pferd nicht mehr halten. Sie ließ es los. Daniel lag blutüberströmt am Boden. Sein Kopf war zertrümmert, genauso wie die Kamera, die danebenlag.

»Ich habe es genau gesehen!«, schimpfte die Kugelrunde, »Sie haben das Pferd mit einer Nadel gestochen, damit es austreten sollte!«

Sie blickten sich feindselig in die Augen. Zum ersten Mal in ihrem Leben lief Britta rot an – aus Wut oder aus Scham, sie wusste es nicht, spürte nur diese unsägliche Hitze in ihrem Kopf und klammerte die rechte Hand in ihrer Hosentasche fest um die Brosche. Wie viel Zeit würde ihr noch bleiben, um die Kugelrunde verschwinden zu lassen, überhaupt, wie ließ man Kugelrunde so einfach verschwinden?

»Wir holen jetzt einen Arzt«, bestimmte diese aufgeregt, »und erzählen ihm, dass es ein Unfall war.«

Britta musste endlich einmal ihre Vorurteile ablegen, durfte nicht davon ausgehen, dass jeder so schlecht war wie sie. Sie nickte zustimmend.

»Anschließend begleiten Sie mich auf mein Zimmer, um den Bestellschein auszufüllen.«

»Bestellschein?« In Brittas Kopf heulten Sirenen.

»Ja, für die wunderbaren Edelstahltöpfe 18/10 …«

»Aber, ich habe doch schon …« Britta sackte in sich zusammen. In diesem Moment wusste sie, dass es zwecklos war zu widersprechen.

Epilog:
Es handelt sich hier um eine rein erfundene Geschichte. Jede Ähnlichkeit … Sie wissen schon … machen Sie sich also bitte keine allzu großen Gedanken, wenn Sie in einen Haushalt kommen, in dem komplette Sortimente an Plastikschüsseln oder Kochtöpfen vorhanden sind. Das hat mit Sicherheit nichts zu bedeuten … höchstwahrscheinlich.

Wer sich verliert, findet die Welt

Eine Hommage an Erich Maria Remarque.

»**Hören Sie auf damit!** Sie werden Ihren Körper ruinieren.«

»Binn ruiniertt.« Ich sprang vom Barhocker.

»Sie machen sich zum Affen. Merken Sie das nicht?«

»Nix merkich. Allso, werwill mehr? Grappaher und isch maches.«

»Prost, Marlene.« Der Barkeeper vom *Amici* wischte die Pfütze von der Theke und knallte diesmal drei Grappagläser darauf.

Ich holte tief Luft, stürzte den Schnaps auf ex hinunter und schüttelte mich. »Okay. Einen habich noch: Wer geggen Hallumimiumm minimall immmun isst … phhhh … besitzt Hallummimiumimmmunnitaettt … ähm Momment … Hallu …«

»So hören Sie doch auf damit. Sie haben genug getrunken. Wo wohnen Sie?« Der Fremde ließ nicht locker. »Ich möchte Sie nach Hause bringen.«

»Nischt nötig. Ischhab kein Zuhausemehr.«

»Kommen Sie mit, Marlene. Sie können bei mir übernachten. Im Gästezimmer sind Sie ungestört.«

»Gips dort Grappa? Dann kommisch. Übrissens … Siesehnaus … sehnaus wie Remackkkkk.«

»Ich … muss mich … entschuldigen. Das … von gestern Abend … ist mir so peinlich«, sagte ich am anderen Morgen schleppend. Meine Augen brannten, der Kopf dröhnte, die Zunge war schwer und pelzig, wie eine tote Maus, ich fühlte meine Vierzigplus. »Meine Güte, was habe ich nur getan, kenne noch nicht einmal Ihren Namen.«

»Mark. Nennen Sie mich Mark. Gerne auch per du, so wie gestern Abend.«

Ich nickte und sah mich in der riesigen Küche der Villa um. Mark schwamm anscheinend im Geld.

»Wohin darf ich dich nach dem Frühstück bringen lassen?«, fragte er. Seine Wohltäterrolle schien noch nicht beendet zu sein.

Ich schämte mich, es sagen zu müssen: »Das war gestern Abend kein Scherz, ich lebe wirklich auf der Straße. Oder in der Bar.«

»Und bevor du dich zu diesem Luxusleben entschlossen hast, wo hast du da gewohnt?«

»In Deutschland, aber dahin will ich nicht mehr zurück.«

»Du könntest für eine Weile hier wohnen, wenn du magst. Aber iss erst etwas. Vielleicht etwas Culatello oder Wildlachs, frisch gepressten Orangensaft dazu?«

»Danke. Bei dir wohnen? Ich sagte doch, ich habe kein Geld.«

»Du kannst etwas dafür tun.«

»Waschen, putzen, kochen?« Mir drehte sich der Magen um.

»Nein, nein, dafür ist genügend Personal vorhanden. Da ich die meiste Zeit unterwegs bin, brauche ich jemanden, der in der Villa lebt.«

»Aber – wieso vertraust du mir?«

»Ich vertraue meiner Menschenkenntnis. Habe aber zwei Bedingungen: Alkoholexzesse und Männer sind in diesem Haus tabu.«

Alkohol und Männer, meine beiden Probleme. Es schüttelte mich. Ich weinte hemmungslos.

»Was ist passiert, was macht dich so fertig? Geht es um die Liebe?«, fragte er.

»Wie kommst du darauf?«

»Es geht bei Frauen immer um die Liebe.«

»Ja, das stimmt. ›Es geht immer um die Liebe, das Leben und den Tod‹. Das hat Remarque mal gesagt. Du siehst aus wie er. Das war mir gestern Abend schon aufgefallen. Deine buschigen Augenbrauen, das markante Gesicht …«

»Ich kann dir versichern, dass ich es nicht bin.«

»Das hätte mich auch gewundert. Übrigens ist Remarque auch der Grund, warum ich hierher an den Lago Maggiore gekommen bin.

Wäre ich doch nur in Porto Ronco geblieben, aber nein, ich wollte weiter nach Ascona. In Ascona kam mein Ruin. Es war so furchtbar. Es begann mit … Ach, entschuldige, dass ich dich damit belästige, wir kennen uns ja kaum.«

»Wenn du darüber reden möchtest, nur zu. Es bleibt unter uns.«

»Warum eigentlich nicht? Habe ja sonst niemanden mehr. Es begann mit meinem Erbe – in Deutschland. Ich saß vor den Kisten mit den Büchern und wusste nicht, ob ich lachen oder weinen sollte. Ich hätte lachen müssen. Es waren Bücher von anspruchsvollen Dichtern und Denkern wie Hermann Hesse, Hemingway, Dostojewski, Thomas Mann, Goethe, Stefan Zweig – und sie gehörten mir. Sie waren bestimmt einiges wert – nicht unbedingt finanziell, aber sonst.

Nein, ich hätte weinen müssen. Es waren die Bücher von einer Toten. Nachdem ich Sybille, also Schwiegermutter, im ewigen Schlaf auf der Couch sitzend gefunden hatte, sah ich neben ihr einen Brief liegen, in dem sie angefangen hatte, ihre Besitztümer zu verteilen: ›… und die Bücher gehen an: Marlene Dittrich.‹ Kurz kam ich mir vor, als hätte ich einen bedeutenden Preis gewonnen.

›Die Bücher willst du doch nicht alle behalten, oder?‹, fragte mein Mann Anton. Anton stand neuerdings für die Synonyme: aufbrausend, egoistisch und mürrisch.

Anstatt mich über ihn zu ärgern, sortierte ich die literarischen Werke. In der letzten Kiste entdeckte ich ein Bündel Bücher in Packpapier. ›Marlene – Bitte unbedingt lesen!‹, stand darauf.

Es waren Werke von Erich Maria Remarque, offenbar ihr Lieblingsautor. Das graublaue Cover des obersten Buches war abgegriffen und leicht fleckig. *Im Westen nichts Neues*. Diese Anti-Kriegs-Bibel musste ich unbedingt als Erstes verschlingen.

Anton tobte, als er mich andauernd lesen sah: ›Kannst du auch noch etwas anderes?‹ Er verließ das Schlafzimmer. *Ich* befand mich gerade im Ersten Weltkrieg und hatte einen jungen Soldaten im Graben erlebt, dem sie die Eingeweide rausgeschossen hatten. Seine markerschütternden Schreie und sein immer schwächer werdendes Stöhnen hielten mich wach, weil ich das Szenario nicht aus dem Kopf bekam.

In den frühen Morgenstunden schlug ich das Buch zu. Es hörte sich wie ein finaler Schuss an. Das Ende war gewiss kein glückliches, aber ein friedliches. Ich wollte mehr von diesem grandiosen Schriftsteller lesen und gegen Mittag hob ich das nächste Buch vom Stapel: *Der Himmel kennt keine Günstlinge*. Beim Aufschlagen der ersten Seite fiel ein Zettel heraus. Sofort erkannte ich die schräge Schrift meiner Schwiegermutter: ›*Wer sich folgt, geht nicht fehl. Wer sich verliert, findet die Welt. Wer die Welt findet, findet sich.*‹ – *Remarque*. Und darunter ihr Kommentar: *Ich bin verloren.*

Ich fragte mich, was sie wohl damit meinte: Ich bin verloren. Hing es damit zusammen, dass Sybille die letzte Zeit sehr oft am Lago Maggiore war und sich dort verloren hatte? In ihrem Kalender hatten Anton und ich die Eintragungen einiger Treffen entdeckt, immer zur selben Zeit im selben Café, auf der Piazza Motta in Ascona.«

Mark, der aufmerksam zugehört hatte, schob die dichten Augenbrauen in die Höhe. »Stand da ein Name, wisst ihr, mit wem sie sich getroffen hat?«

»Ja, aber es brachte uns nicht weiter. Da stand: *Remarque*. Wie auch immer, ist jetzt nicht so wichtig. Jedenfalls bekam ich durch Remarques Bücher eine ungefähre Ahnung davon, was Sybille jedes Jahr an den Alpensee getrieben hatte.

Anton beobachtete meinen ›Lesewahnsinn‹, wie er es nannte, und versuchte mich zu erpressen: ›Entweder du verkaufst die Staubfänger, oder aber *ich* kümmere mich darum. Das sieht dann so aus …‹ Er schnappte sich *Im Westen nichts Neues* vom Teetisch und warf es in hohem Bogen in den offenen Kamin. Funken sprühten. Gierige Flammen umzüngelten das Buch, dessen Cover sich sofort nach oben wölbte und das Herz aus bedruckten Seiten freigab. Durch die Hitze angefacht und vom Luftzug angesogen, schwebte ein hauchdünner, aschgrauer Papierfetzen wie die Seele des Buches durch den Kamin. Fassungslos schnellte mein Blick zu dem spöttisch lachenden Mann, der mir wie der Teufel persönlich vorkam.

Von da an herrschte zwischen Anton und mir Funkstille. Remarque war mein einziger Halt. Mit dem Buch *Der Himmel kennt keine Günstlinge* nahm eine bisher ungekannte Sehnsucht von mir Besitz. Während ich die darin beschriebene mondäne Welt der Rennfahrer und Prominenten auf mich wirken ließ, erwachte in mir die Lust auf Abenteuer. Noch nie war ich in Rom, Budapest, Wien, Monaco, Paris, noch nicht einmal in Amsterdam, München oder Ascona gewesen.

Noch nie hatte ich mondän gespeist. Hummer und Jakobsmuscheln kannte ich nur aus den Kochsendungen. Meine modische Kleidung beschränkte sich auf Klamotten aus dem Textildiscounter. Nein, ich schwelgte ganz und gar nicht im Luxus, unser Haus mit dem offenen Kamin war alt und baufällig. Nicht, dass wir uns missverstehen. Ich war nicht neidisch, nur traurig, so vieles in meinem Leben verpasst zu haben – ich war nicht verschwenderisch, nur neugierig auf das luxuriöse Leben da draußen.

Auch dieses Buch war schnell gelesen. Die Liebesgeschichte zwischen dem alternden Rennfahrer Clerfayt und der schönen Lillian Dunkerque hatte mich fasziniert. Sie, die Todkranke – er, der Mann, der ihr die letzten Tage des Lebens erträglich machen möchte, und dann ein sehr trauriges Ende.

Zu diesem Zeitpunkt dachte ich über eine Trennung von Anton nach. Der Entschluss, mehr aus meinem Leben machen zu wollen, war gefasst. ›Ich hab dein Bier vergessen‹, rief ich Anton im Hinausgehen zu. Ich fuhr aber nicht zum Supermarkt, sondern mit meinem Gesparten direkt zum Flughafen. Im Handgepäck ein ungelesenes Remarque-Buch. Noch nie in meinem Leben war ich so gespannt und doch gelöst.

Milano überwältigte mich. Ich stürmte in die exklusiven Modeläden, zum Friseur und zur Kosmetikerin und ließ mich stylen. Mit einer geliehenen Limousine kutschierte ich am romantischen Seeufer von Porto Ronco entlang und sah mir die Remarque-Villa *Casa Monte Tabor* an. Ich war beeindruckt, musste unbedingt auch zum Friedhof, das Grab des Schriftstellers besuchen. Hoch über dem See war der Ausblick auf Ascona überwältigend. In der Stille und Endgültigkeit des Friedhofes dachte ich über mein Leben nach und darüber, wie es weitergehen sollte. Ich entschloss mich nach Ascona zu fahren und setzte mich auf der Piazza Motta vor dasselbe Café, das Sybille so oft aufgesucht hatte, und stellte mir vor, Remarque zu treffen.«

»Nur Remarque?«, fragte Mark herausfordernd.

»Du hast recht, nicht nur Remarque. Ich war bereit für ein Liebesabenteuer. Es gelüstete mich, unbekannte Früchte der Liebe zu kosten. Ich hoffe, du denkst jetzt nichts Schlechtes über mich.«

Mark schüttelte langsam den Kopf.

»Auf dem Höhepunkt meiner erotischen Gedanken sah ich den Adonis mit dem strahlenden Lächeln auf mich zukommen. Er fragte, ob der Platz neben mir noch frei sei, und setzte sich direkt in mein Spinnennetz. Ich beschloss, mir mein Ausgehungertsein nicht anmerken zu lassen. Stunden später verschlang ich ihn mit Haut und Haaren.

Er war noch nicht einmal ein feuriger Italiener, sondern ein deutscher Student mit persischen Wurzeln. Abgesehen vom großen Altersunterschied hatten wir viele Gemeinsamkeiten. Alles, was ich gut fand, gefiel auch ihm. Ich erfand mich neu, erzählte etwas vom anstrengenden Managerposten in Deutschland. Die Zeit mit ihm war wunderbar, bis zu dem Tag, an dem mein Gespartes aufgebraucht war. In den Bars und Cafés machte er sich lauthals über mich lustig, sagte, ich sei eine sex- und trunksüchtige Hochstaplerin. Abreisen kam für mich nicht infrage, ich wollte mich nicht vertreiben lassen. Ich versuchte, mir mein Selbstbewusstsein anzutrinken, es schlug ins Gegenteil um. Der viele Schnaps für die Zungenbrecher trug zu meinem Unglück bei. Es gab kein Vor und Zurück mehr. Steile Karriere, nicht wahr?«

»Marlene, ich möchte dir helfen. Nachdem du mir das alles erzählt hast, mehr denn je. Nur – ich muss dich auch warnen. Eines kannst du nie von mir bekommen und das ist: Liebe. Weder körperliche noch platonische. Ich helfe dir nur, aus deinem Teufelskreis herauszukommen. Nicht mehr und nicht weniger.«

»Dann sind wir uns einig.«

Ich für meinen Teil liebte ihn als Gönner schon jetzt, körperliche Liebe brauchte ich nicht mehr, bildete ich mir ein.

Endlich durfte ich das ersehnte Luxusleben genießen, hatte meine Fehltritte erfolgreich verdrängt. Sechs Monate wohnte ich nun bei Mark, sechs Monate, in denen ich ihn schätzen gelernt hatte. Er war charmant, klug und einfühlsam. Ich übernahm immer mehr Verwaltungsarbeiten und er überhäufte mich mit Geschenken. Jedoch: Umarmungen – auch zum Dank – ließ er nicht zu und freundschaftliche Küsse schon gar nicht. Ich verzehrte mich vor Sehnsucht, einmal von ihm in den Arm genommen und geküsst zu werden. Mit ihm schlafen zu gehen und gemeinsam aufzuwachen, schien da ein unerreichbares Ziel.

»Ich habe mich in dich verliebt«, gestand ich ihm eines Abends nach dem Dessert.

»Du weißt: Ich kann dir keine Liebe geben«, sagte er bestimmt. »Nicht seitdem …«

»Seitdem was?«

»Seitdem ich erfahren musste, was ich mit meiner Liebe anrichten kann. Mehr sage ich nicht dazu.«

Es ließ mir keine Ruhe. Was wusste ich über ihn persönlich? In seiner Abwesenheit wühlte ich in den privaten Sachen. Ich fand nichts Auffälliges, nur ein Handy, dessen Pin-Nummer ich auf einer Notfallliste im PC fand. Ich scrollte im Kalender und sah es: *15.00 Uhr Treffen S., Café Ascona* und danach immer wieder *S.*, immer wieder *Café Ascona. S* wie Sybille? War er Remarque? War es sein Spitzname, weil er ihm so ähnlich sah?

Akribisch legte ich alles zurück. Mark sollte es nicht merken. Dabei fiel mir ein Umschlag in die Hände. Nie hätte ich hineingesehen, wenn er nicht offen gewesen wäre und nicht diese neun Buchstaben darauf gestanden hätten: Testament.

»… vermache ich mein gesamtes Vermögen, über 5 Millionen CHF, wie nachfolgend aufgelistet, meiner Verwalterin Marlene Dittrich … unter der Bedingung, dass sie zeitlebens in der Villa wohnen bleibt.« Unterschrift, Datum. Es war das unvergessliche Datum, an dem ich ihm meine Liebe gestanden hatte.

»Ich bin's, Marlene. Am Lago Maggiore. Wo genau, spielt jetzt keine Rolle, Anton. Warum sollte ich zurückkommen? Nein, es geht mir sehr gut. Ich habe das große Los gezogen. Nein, kein Lottogewinn, so ähnlich. Das erkläre ich dir alles später. Bitte schau mal in den Kalender deiner Mutter unter letztem Jahr März nach. Bitte Anton! Es ist sehr wichtig. Wann waren die Treffen mit Remarque? Ich warte. Okay. Das passt. Ja, ich melde mich schon bald, dann reden wir über alles. Adieu.«

Mark war aus Tokio zurückgekehrt. Wir gingen kurz die Neuigkeiten durch. »Du bist die beste Verwalterin, die ich mir vorstellen kann. Hier ist deine Amex Card, sie wird dir die Abwicklungen für mich erleichtern, bezahle auch deine Spesen damit – und dann ist da noch etwas … Ich …« Er nahm meine Hände, was er zuvor noch nie gemacht hatte.

»Ja?« Mir wurde heiß vor freudiger Erregung.

»Marlene … ich möchte, dass du zeitlebens hier wohnen bleiben kannst, wenn mir etwas auf meinen weiten Reisen zustößt. Da ich keine Familie mehr habe, habe ich mein Testament zu deinen Gunsten verfasst. Wirst du es annehmen?«

Mein »Ja« hauchte ich wie ein Eheversprechen, für das ich jederzeit auf das Erbe verzichtet hätte – und dann erfuhr ich, was mit seiner Frau geschehen war und warum er sich auferlegt hatte, nie wieder eine tiefe Zuneigung zu einer Frau empfinden zu dürfen.

Am nächsten Morgen war ich in Ascona shoppen, wollte mich für Mark an seinem freien Abend hübsch machen, wir wollten feiern. Da klingelte mein Smartphone. Anrufer unbekannt.

»Remarque hier. Können wir uns um 12 Uhr im *Café Ascona* treffen? Ich habe Ihnen etwas Wichtiges mitzuteilen.« Die Stimme kannte ich nicht, sie hörte sich verstellt und unheimlich an.

Es war wie ein böser Traum, als ich ihn am langen Tisch sitzen sah: Anton! Er bat mich zurückzukommen, jammerte, er liebe mich doch so sehr, beschimpfte mich, es sei so ungerecht, dass es mir so gut gehe, immerhin seien wir noch verheiratet, müssten alles teilen.

Ich sagte ihm in meiner Wut viel zu viel. Etwas von große Liebe gefunden und Villa erben, ihn nicht nötig, ausgesorgt ... Demonstrativ bezahlte ich mit meiner Amex die vier Grappa. Weder mir noch Anton war der Alkohol gut bekommen. Ich lechzte nach mehr, Anton nach mir. Er presste mich beim gemeinsamen Verlassen des Cafés gegen die Hauswand, versuchte mich zu küssen. Ich solle es ihm büßen, sagte er, als er seine blutende Zunge aus meinem Mund zog.

Am Nachmittag rief Mark an. Er bat mich, den heutigen Termin für den Steuerberater im *Café Ascona* abzusagen, den er verschwitzt hätte. Ich erzählte von Antons Übergriff. Mark rang nach Fassung. »Pass gut auf dich auf. Wer weiß, wozu er noch fähig ist.«

Knapp eine Stunde später standen diese uniformierten Männer vor der Eingangstür der Villa. »Frau Marlene Dittrich? Wir müssen Ihnen leider mitteilen, dass es heute Morgen auf der Passstraße einen schweren Autounfall mit Todesfolge gegeben hat. Ihr Mann, Entschuldigung, Ihr Partner ... Herr Mark ...«

Remarque hatte recht: *»Das menschliche Leben ist zu lang für die Liebe. Einfach zu lang ... Einer verlässt den anderen immer ... Und der andere, der sitzt dann da und stiert. Stiert wie wahnsinnig.«*

Erst am späten Abend tippte ich Antons Nummer ein. Er war noch immer in Ascona, wo sonst? Ich erzählte von Marks tödlichem Unfall und heuchelte, seelische Unterstützung zu brauchen. Ich wollte zu ihm, wollte die Wahrheit aus seinem Mund hören. Musste vorher etwas erledigen.

Wir fuhren auf den *Monte Verità*, den *Berg der Wahrheit*. An einem besonders passenden Aussichtspunkt stiegen wir aus.

»Oh, du hast an Champagner gedacht.« Er schlang seinen schweren Arm um mich: »Lass uns von vorne anfangen. Habe mir die Villa mal angesehen. Bald gehört sie dir.«

»Woher willst du das wissen?«

»Du hast es mir im Café selbst gesagt. Ich habe mich mal umgehört. Dein Mark hatte keine Kinder und seine Frau starb im letzten Jahr an einer Tropenkrankheit. Man munkelt, er habe sie angesteckt. Keine Familie – keine Erben und da du … Wann soll ich einziehen? Ach, übrigens, meine Mutter hatte sich nie mit ihm getroffen. Habe dem Cafébesitzer ihr Foto gezeigt. Er erinnerte sich. Sie saß immer allein am Remarque-Tisch.«

Ich ignorierte es, schlenkerte mit der Flasche hin und her. »Hast du mich jemals geliebt, Anton, jemals?«

Er machte eine abfällige Handbewegung. »Klar, ich habe es nur für uns getan. Das ist doch Beweis genug. Habe mich in letzter Sekunde mit meinem Wagen quer auf die Serpentinenstraße gestellt. Hätte selbst dabei draufgehen können.«

Ich holte mit meiner gläsernen Waffe weit aus, Richtung Antons Kopf. Der wehrte den Schlag ab, die Flasche fiel ins Gras. Ich schrie, schlug in meiner Verlassenheit wild um mich, merkte, wie er Gewalt über mich bekommen würde, riss mich los. »Nichts bekommst du! Nichts!« Ich stolperte Richtung Auto, warf einen Blick zurück zu Anton, der mich mit hoch erhobener Champagnerflasche einholte und sie niedersausen ließ. Es krachte. Mein Kopf explodierte. Ich stürzte den Abhang hinunter – watteweiche Schwerelosigkeit. Ein blutroter Samtvorhang öffnete sich. Mein ganzes Leben lief vor mir ab. Ein Leben ohne Liebe.

Anton saß da und stierte … stierte wie wahnsinnig auf die amtliche Verzichtserklärung, die er in Marlenes Tasche fand.

Anmerkung / Zitate:
›Es geht immer um die Liebe, das Leben und den Tod‹
aus der Biographie Erich Maria Remarque: *Als wäre alles das letzte Mal, S. 10, Wilhelm v. Sternburg, KIWI Köln*

›Das menschliche Leben ist zu lang für die Liebe. Einfach zu lang … einer verlässt den anderen immer … Und der andere, der sitzt dann da und stiert. Stiert wie wahnsinnig.‹
aus der Biographie Erich Maria Remarque: *Als wäre alles das letzte Mal, S. 258, Wilhelm v. Sternburg, KIWI Köln*

›Wer sich folgt, geht nicht fehl. Wer sich verliert, findet die Welt. Wer die Welt findet, findet sich.‹
aus der Biographie Erich Maria Remarque: *Als wäre alles das letzte Mal, S. 128, Wilhelm v. Sternburg, KIWI Köln*

Der Stimmenfänger

»Hast du schwarze Reizwäsche an?«, hauchte eine anonyme männliche Stimme durch den Hörer. Angela, die noch nie einen Mann gehabt hatte, kicherte wie ein Backfisch. Eine lustige Vorstellung. Sie und Reizwäsche … mit ihren dreiundachtzig Jahren! Eher halblange, wollene Schlüpfer trug sie … In Rosé, aber das ging ihn nichts an. Angela antwortete mit ihrer jugendlichen Stimme, die sie sich trotz ihres hohen Alters bewahrt hatte: »Nein … nein, so etwas trage ich nicht.«

Klick – eingehängt.

Schade, sie hätte sich gerne länger unterhalten. Sie vereinsamte in letzter Zeit, seitdem ihr Heini verstorben war, und ein neuer Wellensittich kam nicht mehr in Frage.

»Bist du alleine?«, klang es lüstern am anderen Ende. Leichtes Stöhnen war zu hören. Angelas Gesicht hellte sich auf. Da war er wieder, ihr anonymer Anrufer, und diesmal konnte sie sogar auf ihn eingehen.

»Ja, sehr alleine und Sie?« Sie hütete sich, nach seinem Namen zu fragen, weil sie ihn, mit der sanften, dunklen Stimme, nicht als Gesprächspartner verlieren wollte.

»Dann lass es uns machen!«, säuselte er, erregter als zuvor. »Komm, Baby! Zieh deine schwarzen Strapse an!«

›Baby!‹ Angela hielt sich die Hand vor den Mund, um nicht laut kichern zu müssen.

»Komm, du willst es doch auch!«, schmeichelte er ihr.

»Ja, sicher! Sehr gerne!«, entgegnete Angela schnell.

»Aah … gut! Streichle dich!«

Angela sah verblüfft auf die Hörmuschel. Sie hob zitternd die faltige Hand und strich zart über ihre Wange.

»Machst du es?«, fragte er winselnd.

»Ja … ja, ich bin dabei«, sagte sie etwas verlegen.

»Ooh … ooh …«

»Ist Ihnen nicht gut?«, erkundigte sich Angela ängstlich.

Er ignorierte ihre Besorgnis, sprach abgehackt: »Jetzt geh tiefer mit deiner Hand, tiefer und reibe heftig!«

»Ja, ist gut«, antwortete sie artig, ließ ihre gichtknotige Hand von der Wange zum Hals gleiten und rieb sich ihre Kehle. Sie schrie auf – ihr Kropf drückte.

»Das tut mir weh!«, protestierte sie.

»Gut … ja, das ist gut … aah!«

Klick – aufgehängt.

Angela wurde ärgerlich. Der brauchte ihr nicht mehr zu kommen. So ein Rüpel. Überhaupt, was sollte das, wenn man sich mit ihm noch nicht einmal richtig unterhalten konnte.

»Angela …! Bist du bereit?«

Angela stockte. Jetzt nannte er sie schon beim Namen.

Sie war verwundert, wie schön er ihn aussprechen konnte, so voller Leidenschaft und Wärme. Na, gut, sie würde ihm noch einmal eine Chance geben. Sie sagte, was sie von ihm wollte: »Ich möchte mit Ihnen reden«, bat sie.

Stille.

»Gut, erzähl mir, wie alt du bist, wie du aussiehst. Hast du einen schwarzen Spitzen-BH und deine Strapse an?«

Das hatte sie nun davon. Aber sie musste verhindern, dass er wieder auflegte, jetzt, da er zu einem Gespräch bereit war. Das mit der Spitzenwäsche war ihr zu dumm, lieber umging sie die Frage mit dem Alter.

»Alt fühle ich mich nicht – eher reif.«

»Reif!« Er schluckte, als liefe ihm das Wasser im Mund zusammen.

»Ist deine Feige schön saftig?«

Er sprach wie immer in Rätseln. Angela blickte zu ihrer Obstschale. Feigen hatte sie keine.

»Feige? Äpfel habe ich.«

»Schöne runde?« Er stöhnte auf.

»Ja, dicke rote!«

»Rote?«, klang es entsetzt.

»Ja, also … eigentlich dicke rotgrüne …«, sagte Angela stolz. Dass es sie bei Edeka im Angebot gab, wollte sie noch hinzufügen, aber er ließ sie nicht ausreden.

»Grün?«, seine Stimme klang immer nüchterner, aber auch irgendwie verärgert.

»Ja, und eine Eierpflaume habe ich noch, die ist schön saftig und Ba…«

»Jaa … eine saftige Pflaume, aah …!«

Klick – aufgelegt.

Angela vermisste seine Anrufe irgendwie. Sicher, die Gespräche waren nicht gerade erschöpfend. Sie hätte so gerne über ihr Lieblingsbuch ›Angelique‹ gesprochen oder ihm ihr Lieblingslied vorgesungen, das mit dem Röslein. Er legte jedoch stets zu früh auf, sodass sie nicht dazu kam. Ein seltsamer Mann. Sie wusste plötzlich, warum sie nie hatte heiraten wollen. Vielleicht sollte sie sich endlich mal einen Fernseher bestellen, um wieder ein paar vernünftige Leute um sich zu haben. Aber nein, da zeigten sie sowieso nur Schweinkram. Sie las ja die Programmvorschau in der Tageszeitung, sah die Bilder, sie wusste, was da lief. Wenn sie nur etwas jünger wäre, würde sie gegen das Übel ankämpfen. Es waren sicher nur Männer, die solche Filme machten und die Frauen dazu zwangen, sich vor der Kamera auszuziehen. Empört schaltete sie das Radio ein, nahm die *Rheinische Post* vom Ohrensessel und machte es sich bequem. Angela lächelte glückselig.

Ihr Hansi Hinterseer sang nun herzallerliebst etwas von Frieden und Freude und …

»Angela … ooh … Komm, mach mich an! Zieh deinen schwarzen Spitzenslip aus, oder ist er heute rot?«, tönte es heiß durch den Hörer.

Angela hatte zwar nicht mehr damit gerechnet, dass er anrief, es sich jedoch gewünscht, um ihm ordentlich Bescheid zu stoßen. Sie würde gar nichts ausziehen.

Gestern, nach der Volksmusik, war in einer Lokalsendung im Radio vor solchen Anrufern gewarnt worden, die Frauen belästigten und nötigten, irgendetwas zu tun, was diese nicht wollten. Meist waren es auch noch unscheinbare Familienväter.

Und er war so einer, der die Frauen verunsicherte und ihnen schmutzige Dinge ins Ohr keuchte und sich womöglich dabei noch … sie wagte es nicht auszusprechen, geschweige denn, es sich vorzustellen, pfui Teufel. Wenn sie vorher gewusst hätte, was mit dem los war. Nie wäre sie auf ihn eingegangen.

Ja, sie war nun bestens informiert und auf seinen Anruf vorbereitet. Sie hatte sich genauestens überlegt, was sie sagen wollte.

»Angela? Bist du noch da? Was machst du gerade?«

Er stöhnte auf.

Lauthals legte Angela los: »Sie Ferkel! Nichts mache ich mehr mit Ihnen! Ich weiß, wer Sie sind. Sie sollten sich was schämen!« Angela schnappte nach Luft. So sehr regte es sie auf. »Ich habe Sie bereits angezeigt. Die Polizei ist unterwegs, um Sie festzunehmen!«

Warum Angela bei ihm im Hintergrund plötzlich Polizeisirenen hörte, wusste sie zwar nicht, denn sie hatte ja nur geblufft, aber praktisch war es allemal.

»Hören Sie? Da sind sie schon«, ereiferte sie sich, »Sie stürzen keine Frauen mehr ins Unglück! Sie nicht! Ich werde Ihre Frau verständigen, jawohl!«

Sie hoffte nur inständig, dass er endlich kuriert war von seiner Abnormität und keine Damen mehr belästigen würde.

Klick – eingehängt.

Angela kannte natürlich ebenso wenig seine Frau, wie sie die Polizei verständigt hatte. In diesem Falle musste ihr die Notlüge aber gestattet sein. Solchen Männern musste Einhalt geboten werden. Erst allmählich beruhigte sich ihr Blutdruck und später dachte sie immer seltener an ihren anonymen Anrufer.

Bis sie zwei Tage danach die Zeitung aufschlug und mit der Lupe las. Da wurde auf der Lokalseite von einem Mann berichtet, der sich aus dem Fenster gestürzt hatte. Ein Mann, den sie aus der Zeitung und von den Plakaten her kannte. Er hatte um Wählerstimmen in der Stadt geworben, und sie hatte ihm ihre gegeben. So nett und glücklich hatte er auf dem Wahlplakat ausgesehen, mit Frau und Kind im Arm.

Angela war entsetzt, dass ausgerechnet er sich selbst getötet hatte, und studierte den Artikel ein zweites Mal.

Warum stand da nicht, weshalb er aus dem Fenster gesprungen war? Sie hätte es zu gern gewusst.

Der Hausbesuch

»**Was ist das?**« Silvio warf das laminierte Pappkärtchen in Richtung Computertastatur, direkt auf ihre tippenden Finger. Es prallte ab und flog auf den Boden.

Unter Stöhnen hob sie es auf. »Was soll das schon sein? Eine Visitenkarte. Siehst du doch.«

Er ging um den Anmeldetisch des Friseursalons herum und hackte wie ein Specht im Wahn mit seinem Kuli darauf: »Und was steht da?«

»Danielle Hartwig. Das bin ich.«

»Quatsch nicht. Ich weiß sehr gut, wie du heißt, das darunter meine ich, was steht da?«

»Was soll die Fragerei?«

Er riss ihr die Visitenkarte aus der Hand. »Wie du willst, dann lese ich es vor, damit du mal hörst, wie es klingt: ›Flexible Friseurin macht Hausbesuche – auch in den Abendstunden, von 21 bis 24 Uhr.‹ Na, wie hört sich das an?«

»Gut hört sich das an. Welche Friseurin kommt sonst noch so spät am Abend ins Haus? Nenn mir nur eine. Klingt nach Marktlücke, oder?«

»Marktlücke für Verrückte.«

»Wieso?«

»Bei deinem Aussehen gehst du nachts in die Wohnungen fremder Männer?«

»Ja und? Was soll ich denn machen, wenn du mich nicht übernimmst und ich keine andere Stelle finde? Es geht doch nur ums Haareschneiden. Außerdem frisiere ich auch Frauen, und ich bin schon lange volljährig. Kann selbst auf mich aufpassen.«

»Wie naiv bist du eigentlich, Bella? Wenn die Männer dich sehen, denken sie, du modelst, und wenn du ihnen die Haare schneidest, denken sie das erst recht, und wenn sie dann erfahren, dass du Single bist, wird es sich rasend schnell herumsprechen. Du wirst dich vor Angeboten nicht mehr retten können.«

»So soll es auch sein, ansonsten helfen vielleicht die zweihundert Visitenkarten, die ich in der Krefelder Innenstadt verteilt habe.«

Silvio schlug die Hände über dem Kopf zusammen: »Mamma mia, du willst mich nicht verstehen. Ausgerechnet du – Flexible Friseurin – nachts! Das geht nicht gut. Hör auf deinen Chef – nur ein einziges Mal.«

»Ach was, mir passiert schon nichts.«

»Hier spricht die flexible Friseurin, Danielle Hartwig. Einen schönen guten Abend. Womit kann ich Sie begeistern?«

»Na, das hört sich ja schon mal gut an. Wenn ich gewusst hätte, dass Sie so eine nette Stimme haben, hätte ich viel eher angerufen.«

»Es ist nie zu spät, Herr …«

»Boswicht. Sie kommen tatsächlich auch nachts ins Haus, wie es auf Ihrer Karte steht?«

»Selbstverständlich.«

»Ich habe da einen sehr eiligen und – sagen wir mal – sehr speziellen Auftrag.«

»Darauf bin ich spezialisiert. Was kann ich für Sie tun?«

»Das erkläre ich Ihnen genauer, wenn Sie bei mir sind. Bitte bringen Sie Ihre üblichen Utensilien mit. Können Sie auch schminken?«

»Ähm … ja … sicher. Soll ich Sie …?«

»Um Himmels willen! Nein, nein, nicht, dass wir uns missverstehen. Es ist für meinen Onkel. Ihn müssten Sie schminken und ihm die Haare schneiden – aber bitte natürlich schminken. Er darf anschließend nicht so aussehen wie ein Zirkusclown. Das würde nicht zu ihm passen.«

»Ähm … natürlich, kein Problem. Er kann mir ja sagen, wie er es haben will.«

»Lassen Sie uns später darüber reden. Schaffen Sie es jetzt gleich noch? Sagen wir allerspätestens in einer Stunde? Je eher Sie kommen, umso leichter wird es für Sie sein. Ich wohne nicht weit weg, in Düsseldorf, auf der anderen Rheinseite, direkt hinter der Theodor-Heuß-Brücke …«

»Guten Abend, ich bin Danielle, die …«

»… die flexible Friseurin. So habe ich Sie mir nicht vorgestellt«, sagte er mit sanfter, aber eindringlicher Stimme. Es klang fast wie ein Vorwurf.

Danielle strich provozierend langsam über ihre langen blonden Haare und betrachtete ihn dabei. »Ich hatte auch ein anderes Bild von einem Boswicht. Entschuldigen Sie, wenn ich zu spät komme. Der Hauseingang liegt so versteckt, habe lange danach suchen müssen.«

»Ich hätte Sie vorher warnen sollen. Kommen Sie rein und geben Sie mir Ihren Koffer.«

»Danke, nicht nötig. Ich kann ihn hinter mir herziehen, er hat Rollen.«

»Das möchte ich nicht. Ich meine, das wäre nicht gut, für meinen Parkettboden, den ich vorhin erst gesäubert habe. Ziehen Sie bitte auch Ihre Highheels aus.«

»Von mir aus. Kein Problem. Wohin soll ich jetzt gehen?«

»Immer geradeaus, den Flur entlang. Er ist im Schlafzimmer. Letzte Tür.«

»Letzte Tür? Schlafzimmer? Ist er krank?«

»Todkrank. Ich sagte ja, es ist sehr speziell. Haben Sie an alles gedacht?«

»Sicher, alles dabei.«

»Das Make-up auch? Er soll wie das blühende Leben aussehen. Ich sagte ja bereits am Telefon, es soll natürlich wirken.«

»Ich kann nur natürlich.«

»Prima. Moment bitte. Ich hole nur rasch ein paar Handtücher, bin gleich wieder bei Ihnen. Gehen Sie bitte erst rechts ins Gästezimmer und warten Sie da auf mich. Wir sollten zusammen hineingehen.«

Danielle betrat den Raum und schaute sich darin um. Es sah alles verwohnt und verstaubt aus. So als hätte man vierzig Jahre lang nicht renoviert und mindestens ein Jahr lang nicht geputzt. Dieses Zimmer war ihr unheimlich. In den Regalen standen viele kleine Schachteln, die nummeriert waren. Sie traute sich nicht hineinzusehen. Dieser Boswicht, was für ein Name, würde jeden Moment wiederkommen. »Was ist das?«, stieß sie leise aus, als könnte ihr jemand die Frage beantworten. Die Couch stand seltsam schief. Beim genaueren Betrachten hingen sogar zwei Couchbeine an einer Seite minimal in der Luft, so als ob ein dicker Gegenstand darunter läge. Sie bückte sich und sah einen prall gefüllten blauen Müllsack. Kurz ging die Phantasie mit ihr durch. Ob er darin jemanden entsorgt hatte? Oh nein, in diesem Raum wollte sie nicht länger alleine sein. Danielle schlich zur offen stehenden Tür, hielt sich am Rahmen fest und schob nur den Oberkörper ein klein wenig vor. Sie spähte in den langen Flur. Das glaubte sie nicht, was sie da sah. Jetzt reichte es ihr.

»Was machen Sie mit meinen Schuhen?«

Herr Boswicht zuckte zusammen. »Haben Sie mich erschreckt. Ich … ich stelle sie nur beiseite, damit niemand darüber stolpert.« Boswicht ließ ihre Highheels wie heiße Kartoffeln fallen, genau an der Stelle, an der Danielle sie ausgezogen hatte. Plötzlich wurde er wütend: »Ich sagte doch, ich bin gleich wieder da.«

Er kehrte ihr den Rücken zu und ging Richtung Haustür. Dort griff er in die Hosentasche. Was er herausholte, konnte sie nicht sehen, sondern nur klimpern hören. Kurz darauf rastete das Schloss geräuschvoll ein.

Danielle blieb vor Schreck steif stehen. »Lassen Sie mich sofort raus!« Ihre Hände fingen an zu zittern. Er sollte es nicht sehen. Sie vergrub sie schnell in den Jackentaschen, spürte in der rechten ihr Smartphone und umklammerte es. Das konnte ihre Rettung sein, aber nur, wenn sie es jetzt nicht herausholte. So dachte er vielleicht nicht daran, es ihr abzunehmen. Sie könnte danach … danach? Nach was? Was hatte er bloß mit ihr vor?

»Hast du es ihr schon gesagt?«, klang eine monotone Frauenstimme dicht hinter ihr. Danielle fuhr mit dem Kopf herum, wich zurück. Die weißhaarige blasse Frau mit den eisblauen Augen zeigte mit einer Schere auf sie.

»Nein, habe ich nicht.« Nun kam ihr Boswicht von der anderen Seite bedrohlich nahe.

Danielle presste ihren Rücken an die Flurwand. Auch das weißhaarige Gespenst rückte näher.

In dem Moment streckte Boswicht seine langen, feingliedrigen Hände nach Danielle aus, drückte ihre hochgezogenen Schultern herunter. »Sie müssen keine Angst vor uns haben. Sie sollen uns nur helfen. Wir sitzen in der Klemme. Wir …«

Danielle hätte beinahe hysterisch gelacht. Fragte sich, wer hier in der Klemme saß. Hätte sie doch nur auf Silvio gehört, hätte sie nur nicht diese dämlichen Visitenkarten drucken lassen, diese grottenschlechte Idee gehabt. Zu spät! Sie musste alles auf sich zukommen lassen und hoffen, in letzter Sekunde mit einem Anruf mit dem Handy ihre Haut retten zu können.

»Kommen Sie! So kommen Sie doch! Wir zeigen Ihnen, worum es geht.« Die Weißhaarige zog Danielle mit einer Hand und unbändiger Kraft, die so gar nicht zu ihrem hageren Aussehen passte, von der Wand. In der anderen Hand hielt sie immer noch die Haushaltsschere.

Danielle versuchte sich aus dem Griff zu befreien, ihre Stimme drohte zu versagen: »Lassen Sie mich los! Ich komme mit, aber stecken Sie die Schere weg.«

Die Weißhaarige reichte Boswicht die Schere, der sich damit hinter Danielle stellte, was die Lage keinesfalls entspannte. Das Gespenst nickte ihm verschwörerisch zu und öffnete die graulackierte Schlafzimmertür so langsam, als könne eine freilaufende Vogelspinne entfliehen.

Danielle sah einen alten Mann im Bett liegen – kreidebleich, die Haare wirr vom Kopf abstehend.

Nun war es Boswicht, der die Fassung verlor: »Glauben Sie mir, wir können nichts dafür! Er fiel plötzlich um und war tot. Wir sind unschuldig. Nur wird uns das keiner glauben und deshalb haben wir sie hierher bestellt. Sie müssen es wieder richten!«

Danielle war nicht in der Lage, Tote wieder lebendig zu machen. Das lag nicht nur daran, dass aus ihr selbst sämtliche Kraft gewichen war. Sie fühlte sich blutleer, die Nase kribbelte, die Knie wurden weich. War sie die Nächste, die schlagartig umfiel?

»Sie brauchen *mich*?«, krächzte Danielle. »Als was? Als … Zeugin?«

»Nein. Das heißt, ja, auch. Zuerst als Friseurin, dann als Zeugin. Außerdem sollen Sie ihn ein wenig herrichten, so, als sei er noch nicht allzu lange tot, damit wir ein Alibi haben. Sie sind unsere letzte

Rettung. Wir haben ein paar Stunden zu überbrücken. Die Gerichtsmedizin ist doch heutzutage so weit – aber bei CSI habe ich mal gesehen, dass man den wahren Todeszeitpunkt manipulieren kann. Wir zahlen gut.«

»Sehr gut, zahlen wir, sehr gut!«, leierte die Weißhaarige.

Danielle hatte in ihrem fünfunddreißigjährigen Leben schon zwei Tote gesehen, einmal unfreiwillig und das andere Mal sogar freiwillig, als sie sich von ihrer Oma am Totenbett verabschiedet hatte. Ein sogar friedliches Bild. Aber dieser Mann hier – der sah so anders aus, so verkrampft, als habe er nicht sterben wollen. Sie ging auf Zehenspitzen zu ihm, obwohl sie ihn nicht mehr aufwecken konnte.

Vorsichtig streckte sie ihre Hand nach ihm aus und berührte den Arm. Sie zuckte zurück, wie bei einem Stromschlag.

»Er ist noch warm! Er lebt! Einen Arzt! Rufen Sie einen Arzt! So machen Sie doch was!«

»Das haben wir der Heizdecke zu verdanken … da sehen Sie, das Kabel. Aber Sie sollten sich dennoch beeilen«, sagte die Weißhaarige.

Irre, lauter Irre! Danielle musste hier raus. Schnell. Sie wollte in nichts hineingezogen werden. Keinesfalls. Ihr Handy! Sie musste die Polizei anrufen … aber wie? Einschließen … wo?

»Ja, ja, ich mache alles, aber ich … ich müsste da mal dringend irgendwohin … dauert nicht lange. Dann fange ich sofort an. Eine Minute, höchstens. Bitte, es ist dringend, bevor ein Unglück passiert.«

Boswicht ergriff ihren Arm. »Kommen Sie, ich bringe sie um die Ecke.«

Danielle suchte in der engen Gästetoilette vergeblich nach der Möglichkeit, hinter sich abzuschließen. Selbst daran hatten sie gedacht. Sie setzte sich auf den Klodeckel und war völlig außer Atem. Ihr ganzer Körper vibrierte. Gut, dass es nicht ihr Handy war, denn nach *dem* Vibrieren würde unweigerlich ihre Freundin nach ihr rufen und das mit 120 Dezibel. Das hatten sie mal aufgenommen und als Klingelton eingestellt.

Sie holte das Mobiltelefon aus der Tasche und betätigte wenig später die Spülung, damit sie sich nicht verdächtig machte. Hoffentlich stand dieser Boswicht nicht lauschend hinter der Tür. Danielle traute sich nicht nachzusehen, sondern ließ es darauf ankommen. Hatte sie hier überhaupt eine Verbindung? Okay. Drei Antennenstriche mussten genügen. Sie sah auf die Akkuanzeige: Ein Balken. Für einen kurzen Notruf mit Straßenangabe reichte es. Los jetzt! Wie war noch mal die Nummer? 112 mit +49 davor, oder nicht? Sie konnte keinen klaren Gedanken fassen. Oder 110? Wo war das Tastenfeld? Wieso öffnete es sich nicht? Es klopfte an die Tür.

»Sind Sie soweit? Bitte beeilen Sie sich!«, hörte sie wie durch Watte.

Danielle spürte heiße Tränen die Wangen hinunterlaufen. Sie sah alles verschwommen. Eine unbändige Wut stieg in ihr auf. Sie hätte schreiend Amok laufen können. Eine Waffe musste her, um die Schlüsselherausgabe für die Haustür zu erzwingen. Sie sah zu der scheinbar nagelneuen Klobürste, entdeckte den Plastikdelphin, der als Seifenspender diente. Das war alles. Nein, das war nichts. Was tun, wenn Boswicht gleich die Tür aufriss? Sie stemmte sich mit Po und Rücken dagegen, sah in ihrer Verzweiflung auf das Smartphone und quetschte es. Dadurch erschienen plötzlich die Tasten, die sie in der Aufregung vergessen hatte zu entsperren. Um sie klar erkennen zu können, wischte sie sich immer wieder hektisch die Tränen weg. Unter murmelnden Beschwörungen tippte sie 1 …1 …

»Was machen Sie da? Kommen Sie raus! Ich muss Ihnen etwas sagen.«

Was war das jetzt für eine Stimme? Eindeutig männlich, aber laut und kratzig und nicht so sanft, wie Boswichts Stimme. Zeigte er nun sein wahres Gesicht, oder war er kurz vorm Durchdrehen? Sie durfte ihn nicht länger warten lassen. Bestimmt sah er durchs Schlüsselloch.

Danielle drückte schnell noch einmal die Spülung. Wer weiß, wozu die beiden sonst imstande waren, wenn sie dahinter kamen, was sie hier machte. Sie hatten nichts mehr zu verlieren. Was spielte da eine Tote mehr oder weniger noch für eine Rolle?

Die Tür wurde aufgerissen. »Bevor Sie jetzt …«

Danielle riss die Augen auf. Das war ja … ihr wurde schwarz vor Augen. Sie sackte zusammen.

Langsam kam Danielle wieder zur Besinnung. Noch immer stand der Mann wie der Leibhaftige mit einem kreidebleichen Teint und rotgeränderten Augen vor ihr und sah auf sie hinunter.

Es war der Tote aus dem Schlafzimmer!

»Alles wird gut. Das wollten wir nicht.«

»Nein wirklich nicht«, stammelte Boswicht, der über ihn hinweg schaute. Auch die Weißhaarige drängte sich zu ihr, sah sie zum ersten Mal mitleidig an und sprach mit völlig normalem Tonfall: »Die Tür ist jetzt aufgeschlossen. Ich bringe Sie gleich nach Hause. Hier nehmen Sie einen Schluck Wasser. Das wird Ihnen gut tun.«

»Aber … was sollte das …? Wieso?«

»Fragen Sie besser nicht.«

»Hallo, Danielle? Silvio hier. Ich habe es mir anders überlegt. Wenn du mir versprichst, keine Hausbesuche zu machen, verlängere ich deinen Vertrag. Du bekommst sogar eine Gehaltserhöhung. Ich kann es nicht länger mit meinem schlechten Gewissen vereinbaren.«

»Was? Ja, danke, prima. Wie …«

»Wie geht es dir? Habe heute deine Krankmeldung bekommen.«

»Es geht so. Nachts kann ich noch nicht durchschlafen, aber von meiner Idee mit der flexiblen Friseurin bin ich endgültig kuriert. Ich schwöre. Solange ich lebe, werde ich das nicht mehr tun. Das war mein erster und letzter Hausbesuch. Habe da etwas Fürchterliches erlebt. Du glaubst es nicht.«

»Doch, doch, ich weiß.«

Bei Tönung Tod

Friseurmeisterin Bridget beugte sich zur Kundin hinunter und flüsterte ihr ins Ohr: »Verona hat ihre Prüfung mit Bestnote bestanden. Sie hat das größte Talent von allen, die ich bisher ausgebildet habe. Sie ist mein Goldstück und wird später bestimmt Starfriseurin in Amerika, so ehrgeizig wie sie ist. Denken Sie an meine Worte.«

Bridget verscheuchte den quälenden Gedanken, diesen Traum nicht selbst gelebt zu haben. Aber sie musste zufrieden sein, immerhin besaß sie am Rande von Krefeld diesen kleinen, aber feinen Friseursalon. Eine sichere Existenz, die ihr niemand nehmen konnte, wenn nicht etwas Weltbewegendes dazwischen kam.

Bridget war eine gewissenhafte Ausbilderin und das seit über zwanzig Jahren. Dabei setzte sie hohe Maßstäbe an und verlangte erst einmal einen soliden Grundstock an Allgemeinwissen, ein gewisses Geschick und eine Leidenschaft für den Beruf. Doch es gab immer weniger Anwärter, die sich für den Friseurberuf eigneten. Zuviel Negatives hatte sie mit den letzten Bewerbern erlebt. Manche verhielten sich so, als würden sie auf nichts und niemanden Wert legen, andere wiederum waren dummdreist und fielen gleich mit der Tür ins Haus: »Kann ich zwei Stunden später anfangen? Ich komme morgens so schlecht raus. Wann gibt's Urlaub?«

Von Jahr zu Jahr hatte sie deshalb die Anzahl der Auszubildenden reduzieren müssen, die sie unter Vertrag nahm, und selbst über die musste sie sich maßlos ärgern. Durfte sie von ihren Azubis nicht erwarten, dass sie wussten, was auf sie zukam? Warum war denen nicht bekannt, dass ein Friseursalon ein Dienstleistungsunternehmen ist? Ist es denn so schwer, mal von sich aus zu fragen, ob Frau Meier-Schmitz eine Zeitung haben möchte oder einen Kaffee, ein Glas Sekt? Zu oft hatte sie gesehen, wie die desinteressierten, talentfreien Möchtegern-Friseurinnen mit den Händen in den Taschen, in denen sich vermutlich je ein Handy befand, in der Gegend herumstanden und sich langweilten. Sie langweilten sich! Selbst wenn auf dem Fußboden die abgeschnittenen Haare einen hochflorigen Teppich bildeten, langweilten die sich … und Bridget benutzte hier bewusst die Mehrzahl, weil es kein Einzelfall war!

Und dann dieser Kontrast – dieser Glücksfall! Diese wohltuende und immer bestens gelaunte und fleißige Verona, dieser Jungbrunnen aller Plus-Vierzigjährigen, dieser Sonnenschein, die Zuvorkommende, die bereits an ihrem Vorstellungstag der alten Frau Drösel erst den Mantel und dann die Tür aufgehalten hatte. Verona war es auch, die nicht sofort nach ihrem Anfangsgehalt als Auszubildende fragte – was ihr gutes Recht gewesen wäre – nein, sie sprach sogar von einem dreimonatigen Praktikum, falls es mit einer Lehrstelle zeitlich gerade nicht passe. Ihr käme es hauptsächlich darauf an, sich ihren größten Wunsch zu erfüllen, nämlich Friseurin zu werden und zwar nur in genau diesem Haarstudio. Bridget war gerührt. Anderntags hatte sie ihr den Ausbildungsvertrag ausgehändigt und sie dem Team vorgestellt, das nun aus insgesamt fünf Personen bestand. Ein Rad zu viel am Wagen, wie sich sehr bald herausstellen sollte.

Claudia, die älteste Angestellte und ehemaliges Goldstück, nutzte als Erste die Gelegenheit zu meutern. Sie saß in der Pause mit den beiden anderen Kolleginnen im Aufenthaltsraum. »Wo ist denn Verona?«, fragte sie hinterhältig, weil sie die Antwort schon ahnte, denn bestimmt sortierte die wieder in ihrer Pause die Handtücher ein oder putzte die Regale.

»Verona ist mit der Chefin zum Großhandel gefahren«, meinte Sina und grinste. »Was, das ist doch meine Aufgabe«, sagte Claudia.

»Tja, anscheinend nicht mehr«, lästerte Nadine. »Die Chefin lässt sich wohl lieber von einer Zwanzigjährigen beraten, weil sie so pfiffige Ideen hat.« Im Gegensatz zu den anderen regte sie sich schon lange nicht mehr darüber auf, dass Verona hier der Star war. Hauptsache, sie verlor wegen der nicht die Stelle. Seitdem Verona ihre Ausbildung beendet hatte, fühlte Nadine sich – selbst als Meisterin – hier irgendwie überflüssig.

»Das Schlimme ist, man kann es ihr noch nicht einmal übel nehmen«, sagte Sina. »Das war ja wohl der Wille der Chefin. Ach, wenn Verona doch nur nicht so nett wäre … kein bisschen arrogant, schleimt überhaupt nicht …«

»Ja, ist euch mal aufgefallen, dass wir während ihrer gesamten Ausbildungszeit nie Streit mit ihr hatten und sie fast alles richtig gemacht hat? In den seltenen Fällen, in denen mal was danebenging, weil wir es ihr falsch gesagt hatten, richtete sie alles wieder – und zwar besser als vorher. Sie nimmt uns auch viel Arbeit ab, oder könnt ihr euch daran erinnern, dass jemals ein Azubi im ersten Lehrjahr Aufgaben erledigt hat, die für eine Angestellte gedacht waren?«

Claudia schaute verzweifelt in die Runde. »Aber sie ist so … so aalglatt. Nirgendwo zu packen. Das sind die Schlimmsten. Ihretwegen ist die Chefin ungerecht zu uns geworden. Jahrelang waren wir ihr gut genug und seit Verona bei uns ist …

»Seit Verona bei uns ist, sind die Regale jedenfalls so sauber wie noch nie und die Handtücher superflauschig. Sogar die Termine stimmen, und es gibt kaum Leerlauf und alle Kunden strahlen und wollen nur noch von ihr bedient werden – eigentlich ideal für uns.«

»Ja, Sina, aber nicht für unser Image und unsere Trinkgeldeinnahmen. Mein Schwein Claudia verhungert bald.«

»Meinem Elefanten geht es genauso. So hohl hat der noch nie geklungen. Eines Tages vermacht die Chefin ihr den Laden und wir müssen gehen. Lass mal überlegen. Hm … Verona könnte schludrig werden und langsamer«, meinte Nadine, »sie müsste sich unserem Tempo anpassen.«

»Das wird wohl das Einzige sein, was sie nicht kann. Da bleibt nur eins«, Sina stöhnte, weil sie wusste, wie schwer es ihr fallen würde: »Wir sollten genauso arbeiten wie Verona und uns mehr anstrengen.«

»Unmöglich. Das halte ich nicht durch. Was ist denn das für ein Leben?«, protestierte Nadine.

Sina nickte.

Claudia war noch etwas eingefallen: »Habe ich euch noch gar nicht erzählt: Vorhin zeigte dieses Küken mir, wie man die Tönungsfarbe noch schneller und besser mischen kann – ausgerechnet mir.«

»Und? Hast du ihr ordentlich Bescheid gegeben?«, fragte Nadine, der sich ein Lächeln auf die Lippen schlich.

»Konnte ich nicht – sie hatte recht. Ich bin's so satt! Seit sie hier ist, ist es so ungemütlich geworden, aber ich kann es mir in meinem Alter nicht vorstellen, woanders zu arbeiten. Wir drei sind doch schon so lange hier und ein eingeschworenes Team … nur diese ständigen Vergleiche mit Verona, das macht … Telefon!« Claudia schaute auf die Wanduhr. »Fünf vor Drei. Als wenn die Kunden das extra machen. Ich geh schon.«

Nadine beugte sich zu Sina vor: »Da lobe ich mir die Zeit, als die Chefin mit den Azubinen ausgelastet war und wir immer Schuldige hatten.«

Sina seufzte: »Tja, die Ruhe ist vorbei. Man munkelt sogar, dass die Chefin nicht mehr ausbilden will.«

Die Chefin hielt Verona die Tür auf und ließ sie mit den schweren Einkaufstüten vorbei.

»War was?«, rief die Saloninhaberin in den Raum und sah, wie Nadine und Sina plötzlich auseinander stoben und beschäftigt taten.

Claudia legte den Hörer auf die Feststation und antwortete so, dass alle es hören konnten. »Ein Herr Schnalz aus München hat angerufen, Sie möchten zurückrufen, es geht um Ihren Workshop.«

»So? Wieso sagt er dir das? Das ist ja wohl unmöglich … Ich werde …«

»Ich … ich … Er muss wohl unsere Stimmen verwechselt haben.« Sina und Nadine sahen sich an und grinsten. Claudia wurde verlegen, weil sie beim Lügen ertappt worden war, denn sie hatte sich ganz in Gedanken nicht mit ihrem Namen gemeldet.

»Wie auch immer. Jetzt wisst ihr es ja. Ich muss etwas Dringendes regeln. Verona wird ab Mittwoch den Salon leiten. Sie hat mein vollstes Vertrauen und bleibt in ständigem Kontakt mit mir. Ihr könnt euch an sie wenden, wenn was ist.«

Kommissarin Lilo Schütz betrat gegen neun Uhr den Salon. Er wirkte wie ausgestorben, im wahrsten Sinne des Wortes, denn um die einzige Kundin im Geschäft kümmerte sich zurzeit der Leichensachbearbeiter und das gewiss nicht, um ihr die Haare trocken zu fönen.

Lilo lugte kurz um den Paravent herum. Vier Mitarbeiterinnen standen sichtlich geschockt und dicht gedrängt vor der Espressomaschine. Sie tuschelten aufgeregt. »Das gibt Ärger … wo bleibt …?«

Lilo zog sich schnell wieder zurück und warf einen kritischen Blick auf die Tote. Die hing total entspannt auf dem bequemen Drehstuhl, als schliefe sie. Ihr Kopf war ein wenig zur Seite geneigt, die Haare pappten mittels einer Tönungspaste zu einem Türmchen, was ihre römische Nase und die großen abstehenden Ohren unvorteilhaft betonte. Die weit aufgerissenen und hervorstehenden Augen machten das Gesamtbild auch nicht schöner. In Kombination mit dem grell orangefarbenen, lilaschimmernden Brei auf den Haaren wirkte die Gesichtshaut eher surreal. Sollte Lilo die Todesursache nennen müssen, würde sie glatt auf tödlicher Schock nach Blick in den Spiegel tippen.

»Da siehst du, was Haartönungen anrichten können«, scherzte Bruno, der im weißen Einweg-Overall gerade die Tote untersuchte.

»Frag jetzt nur nicht, in welchem Jahr die Lady geboren wurde und vor wie vielen Minuten sie das Zeitliche gesegnet hat.« Brunos Knie knackten beim Aufstehen.

Im Gegensatz zu Bruno sprach Lilo einen Ton leiser: »Nee, aber wie wäre es mit der Todesursache und einer zeitlichen Eingrenzung?«

»Hm … sie sitzt schon etwas länger hier. Sagen wir mal Tatzeit in etwa zwischen gestern Nachmittag und heute Morgen. Ohne Gewähr. Tod durch Erdrosseln. Schaust du hier: die schmale, ovale Strangulationsfurche und hier die roten Punkte.« Er drückte nur ein Augenlid nach unten, was ihr den Blick einer kaputten Puppe gab.

»Womit zugezogen wurde, wissen wir noch nicht. Das Frotteehandtuch auf den Schultern können wir als Tatwerkzeug ausschließen – das würde man sofort am Abdruck erkennen. Also, ich wäre soweit. Soll sie zu Ende frisiert werden? Ist doch bestimmt nicht gut für die Haare, wenn das so lange …«

Lilo schüttelte heftig den Kopf und merkte erst dann, dass sie ihm auf den Leim gegangen war. Wie immer erledigte das der Bestatter, wenn die Angehörigen Wert darauf legten. Die Angehörigen! Das wollte sie zusammen mit dem Kollegen Gern erledigen.

Die Kommissarin sah dabei zu, wie alles eingepackt wurde, wobei ihr auffiel, dass der Arbeitsplatz rund um die ehemalige Kundin außergewöhnlich aufgeräumt war. Wenn Lilo sich die Haare machen ließ, kramte die Friseurin ständig irgendwo herum oder schob immer alles beiseite.

Nachdem es – abgesehen vom »Geschlossen«-Schild an der Tür – im Friseursalon fast wieder so aussah, als sei alles nur ein böser Traum gewesen, ging sie wieder zurück zu den Mitarbeiterinnen. Sie täuschten prompt rege Beschäftigung vor. Sina, eine Zierliche, wurde aufgefordert, Kaffeebohnen in den Automaten zu schütten – vermutlich von der Chefin. Zumindest vom Alter her hätte es gepasst. Eine dunkelhaarige Langbeinige, auf deren schwarzer Bluse mit weißer Schrift »Nadine« gestickt war, stand vor dem Bedienungswagen und sortierte die bunten Lockenwickler nach Farbe um. Die Jüngste, wahrscheinlich die Auszubildende, legte währenddessen frische Handtücher zusammen.

Kommissarin Lilo Schütz nahm erst einmal die Personalien auf, wunderte sich dabei über die verkehrte Welt in diesem Laden. Die Jüngste war die Vertretung der Chefin, und die Chefin befand sich seit zwei Tagen auf Fortbildung in München, wurde aber in spätestens drei Stunden zurück erwartet. Sie hatte also höchstwahrscheinlich ein Alibi.

»Wie hieß ihre … ehemalige … Kundin?«, fragte Lilo.

Claudia schluchzte, fing sich aber schnell wieder und sprach den Namen voller Verachtung aus: »Frau Heide. *Die* Frau Heide – alte Schmuckdynastie. Sie ist – war – das zweite Mal bei uns. Wir versuchten, sie als Stammkundin zu gewinnen, und gingen auf ihre Bedingungen ein.

»Welche Bedingungen?«

»Sie bestand darauf, immer als Letzte einen Termin zu bekommen. Sobald sie den Salon betreten hatte, sollte er abgeschlossen werden. Wir haben ihr den Wunsch erfüllt.«

»Hatte sie Angst, entführt zu werden?«

»Nein, sie wollte nicht, dass fremde Menschen sie mit nassen Haaren und der Tönungspaste auf dem Kopf sahen.« Jetzt hielt Claudia ihre Hände muschelförmig an die Ohren. »Darum. Verstehen Sie? Komplexe, wegen ihrer großen abstehenden Ohren und dann die Nase … vielleicht hat sie das so verbittert und streitsüchtig werden lassen, aber sie deswegen gleich umzubringen … nein, wie furchtbar!«

Lilo wusste, dass es weitaus schwächere Motive gab, jemanden zu töten. Sie behielt es aber für sich.

Sina meldete sich zu Wort: »Darf ich Sie bitte kurz alleine sprechen?«

Nadine und Claudia zuckten zusammen. Verona lief rot an.

»Natürlich. Kommen Sie.«

Lilo wünschte sich nichts Sehnlicheres als während des Hinausgehens eine Wanze fallen lassen zu können, damit sie hörte, was gesprochen wurde, sobald sie den Raum verließen.

Kaum stand Sina mit der Kommissarin vor der Tür, beichtete sie ihr: »Ich sage es Ihnen lieber gleich: Frau Heide hatte mir gedroht, sich bei der Chefin über mich zu beschweren, weil ich ihr angeblich den Folienumhang zu fest um den Hals gezogen hatte. In Wirklichkeit suchte sie nur nach einem Grund, damit ich entlassen werde. Sie kannte mich noch von meinem letzten Arbeitgeber. Ihretwegen hatte ich vor Jahren meine Stelle wechseln müssen.« Sina sah Kommissarin Schütz flehend an. »Diese Frau hatte mich auf dem Kieker. Ich weiß nicht warum. Ich weiß nur, dass ich ihr nichts getan habe und schon gar nicht für ihren Tod verantwortlich bin. Dann hätten die anderen auch einen Grund gehabt, ihr was anzutun. Claudia hat sie wegen der falschen Zeitungen zusammengestaucht und beschuldigt, ihren Keks geklaut zu haben. Verona soll ihr angeblich die falsche Haarfarbe aufgetragen haben. Das ist jedoch unmöglich, weil Verona nie einen Fehler macht. Sie wurde noch nie kritisiert.« Sina war leichenblass geworden. »Ich bin jedenfalls heulend in den Pausenraum zu Nadine und Claudia gegangen, um mich erneut zu schminken. Frau Heides Gezeter drang selbst durch die geschlossene Tür.«

»Na, dann wissen Ihre Kolleginnen doch Bescheid. Warum wollten Sie mich unter vier Augen sprechen?«

»Da ist noch was. Verona sagte, dass Claudia, Nadine und ich nach

Hause gehen sollen, weil es schon spät geworden sei. Sie würde sich schon um Frau Heide kümmern.«

»Das heißt, da lebte Frau Heide noch?«

»Sie saß auf ihrem Stuhl.«

»Lebend?«

»Ich denke schon. Sie hatte zwar die Augen geschlossen, aber das machte sie immer … wenn die Farbe einwirkte.«

»Sind Sie dann mit Ihren Kolleginnen nach Hause gegangen?«

»Ja.«

»Also mit Claudia und Nadine?«

Sina öffnete den obersten Knopf ihrer Bluse. Sie lief rot an. Mist. Sie wollte den beiden doch ein Alibi verschaffen, aber Lügen war noch nie ihr Ding. Was war, wenn die beiden die Wahrheit sagten, und sie als Lügnerin dastand und sich dadurch verdächtig machte? Ihr wurde heiß.

»Wer ist nicht mitgegangen? Claudia oder Nadine?«

»Wie kommen Sie darauf, dass …«

»Nadine?«

»Claudia!« Sina schlug sich auf den Mund.

Die Kommissarin ging mit Sina wieder zurück in den Laden zu den anderen. Claudia stand direkt am Eingang. Sie wirkte wie ein weiblicher Türsteher – immer in Habachtposition. Ihr Hals war mit hektischen roten Flecken übersät und sie atmete schwer. Nadine saß mit dem Rücken vor einem Spiegel und tippte auf ihrem Handy herum, während Verona den sauberen Boden kehrte.

»Ich musste es erzählen«, sagte Sina in Richtung Claudia.

Verona schrak zusammen, der Besen fiel ihr aus der Hand. Sie sah sich um und schien etwas zu suchen. Ihr Blick blieb an dem Bedienungswagen mit den Friseurutensilien hängen, der links von ihr stand.

Lilo bemerkte ihren Blick. »Ist das Ihrer?«

»Ja.« Verona sah schnell zur Seite.

»Hatten Sie ihn benutzt, als Sie Frau Heide bedienten?«

»Ja.«

Lilo trat hinzu und zog aus dem obersten offenen Fach einen gelben Lockenwickler heraus, steckte ihn wieder hinein, nahm einen grünen, einen roten … ein schönes Spiel zum Nachdenken. Obwohl sie die Antwort bereits wusste, fragte sie direkt: »Verona, haben Sie für Frau Heide die Farbe angerührt und aufgetragen?«

»Ja, habe ich.« Verona stand auf, bewegte sich langsam zum Anmeldetresen, auf dem sie sich mit einer Hand abstützte.

»Frau Heide hat Ihnen gesagt, welche Farbe sie haben möchte?«

»Ja. Sie sagte, so wie beim letzten Mal. Wir halten die Farbtöne und Mischungsangaben für die Tönungen auf unseren Karteikarten fest.«

Nadine sprang auf und kam sofort mit der Karte an, die sie der Kommissarin überreichte.

»Aha.« Lilo hätte lügen müssen, wenn sie behauptet hätte, auch nur eine der Abkürzungen zu verstehen. Sie legte die Karte auf die Lockenwickler. Normalerweise bekämen jetzt alle eine Einladung ins Präsidium zur einzelnen Vernehmung. Der Laden würde versiegelt werden und es war vorerst Feierabend, aber Lilo wollte den Tatort noch ein wenig auf sich einwirken und die Mitarbeiterinnen zappeln lassen. Eine von ihnen war die Mörderin. Wenn Sina nicht gelogen hatte, blieben nur noch Claudia und Verona übrig. Reichten Beschimpfungen aus, um jemanden im Affekt umzubringen? Wäre nicht der erste Fall.

Die Kommissarin zog wie beiläufig die oberste Schublade des Wagens bis zum Anschlag heraus. Sie wollte immer schon mal wissen, was die Friseure alles darin verstauten.

»Sieh an! Ist das üblich bei Ihnen?« Sie fingerte einen gebrauchten Folienumhang mit orange-lilafarbenen Spritzern hervor und hielt ihn demonstrativ hoch, sodass ihn alle sehen konnten. »Werden die hier in diesem Wagen entsorgt?«

Claudia bekam einen Hustenanfall, Sina überlegte kurz, ob sie den Umhang in der Hektik dort hineingestopft hatte, und Nadine wusste nicht, was das Ganze sollte.

»Claudia, wann sind Sie an dem Abend nach Hause gegangen? Haben Sie Verona geholfen?«

»Nein, habe ich nicht. Ich war im Aufenthaltsraum und habe die gebrauchten Tassen in den Geschirrspüler geräumt, bin vielleicht zehn Minuten nach Sina und Nadine nach Hause gegangen.«

Kommissarin Lilo Schütz legte den Plastikumhang auf den Wagen und zog ihre Latexhandschuhe an, die sie immer bei sich führte, dann besah sie sich den Umhang genauer. Die Enden, mit denen man ihn umband, waren stark verdreht und wirkten wie eine Nylonschnur. Am Halsausschnitt war er etwas eingerissen. Jemand hatte damit Gewalt angewandt.

Verona schoss hervor, riss den Umhang an sich und flüchtete durch die Tür. Lilo lief hinter ihr her.

Nadine und Sina schrien auf. Sie waren fassungslos, dass es ausgerechnet Verona gewesen sein sollte.

Claudia ging unauffällig zum Bedienungswagen, schnappte sich die Flasche mit dem Verdünner und drückte einen Spritzer davon auf die Karteikarte, auf ihren heimlich geänderten Eintrag der Tönungsangaben. Endlich hatte die Perfekte mal einen Fehler begangen. Claudia wusste, dass Verona es auf den Tod nicht ausstehen konnte – schon gar nicht, wenn sie es gesagt bekam.

Die Bekanntschaft

Darf ich mich zu Ihnen setzen? Danke.

Das ist Ihr Stammtisch? Aha.

Ich bin zum ersten Mal hier.

Ja, das stimmt, es ist sehr gemütlich. Krimihotel? Ach so, wieso?

Autoren lesen hier ihre Krimis vor? Ah. Ja, das Ambiente hat was.

Nein danke, ich brauche keine Speisenkarte – vielleicht esse ich später.

Spezialität des Hauses ist der Magnum XL-Burger? Aha. Ja, sieht gut aus.

Ob ich einen Schnaps mit Ihnen trinke? Nein, vielen Dank, keinen Schnaps. Höchstens ein Bitburger. Wissen Sie, ich vertrage nicht viel Alkohol. Wenn ich zu viel Alkohol trinke, wird mir plötzlich so seltsam zumute und dann … bekomme ich ein schlechtes Gewissen.

Nein, ich bin kein Alkoholiker. Aber je mehr ich trinke, desto nüchterner werde ich. Das ist verwirrend? Da haben Sie vollkommen recht!

Ich soll Ihnen ein Beispiel nennen? Na gut. Möchten Sie auch ein Bier? Wie gesagt: Ein Bier darf ich trinken, nur nicht mehr.

Hallo! Ich hätte gerne zwei Bit!

Sie trinken zum Schnaps nur Wasser? Oh, Entschuldigung. Ja, sicher, man sollte auch mal eine Ausnahme machen.

Das ging aber schnell. Dankeschön.

Ein flinker Kellner.

Prost! Wirklich nett hier.

Was sagen Sie, ich soll lauter reden?

Nein, es stört mich nicht, wenn Sie rauchen, wenn es hier erlaubt ist … die anderen tun es ja auch. Das muss ich in Kauf nehmen. Dafür ist es urgemütlich. Überhaupt, das Publikum ist gut gemischt.

Ich bin Ihnen noch eine Antwort schuldig?

Wie? Ach so, ja, warum ich keinen Alkohol vertrage.

Ja, wie erkläre ich es Ihnen am besten, ohne dass sie mich missverstehen. Mit jedem Glas Bier, das ich trinke, schärft sich mein Verstand. Mir fallen dann Dinge auf, die ich sonst nicht beachtet hätte. Das sind meist Kleinigkeiten, die aber störend sein können.

Ja, sicher, wenn Sie möchten, bestellen Sie sich ruhig einen Schnaps zum Bit.

Nein, ich nicht. Ich sagte ja … Sie wissen schon … Ich muss vorsichtig sein … na gut … einen … weil Sie so sympathisch sind.

Was trinkt der Eifeler eigentlich? Ich komme aus Düsseldorf.

Wie heißt das? Klostergeist? Aha.

Hallo! Junger Mann! Zwei Klostergeist, bitte.

Ein bisschen arrogant ist die Bedienung schon. Könnte uns ruhig mehr beachten.

Dankeschön, stellen Sie es nur hin.

Prost! Hm, der schmeckt gut – das Essen sieht auch gut aus.

Guten Appetit! Nein, ich esse noch nicht. Ich kann warten.

Was meinen Sie? Ob ich das Kaminzimmer gesehen habe? Ja, mit den alten englischen Möbeln, habe ich gesehen.

Ich muss zugeben, der Klostergeist tut gut, obwohl … Einen noch?

Dann ist aber Schluss!

Hatten Sie den schon vorbestellt? Habe ich gar nicht mitbekommen, dass er schon hier steht. Na, dann Prost!

Müssen Sie eine nach der anderen rauchen? Ich meine, ich als Nichtraucher besprühe sie ja auch nicht mit Formaldehyd.

Was heißt das, ich habe es Ihnen erlaubt? Konnte ich wissen, dass Sie so viel paffen und es mir direkt ins Gesicht blasen?

Es ist an der Zeit für mich, etwas zu essen.

Junger Mann! Den Magnum XL-Burger bitte, aber nicht so viel Cheddar-Käse.

Ja, überredet – einen Klostergeist können wir noch. Dann muss ich aber aufhören. Und ein Bit dazu – zum Verdünnen.

Das Bier geht auf meine Rechnung.

Nein, kommt nicht in Frage. Für meine Getränke kann ich wohl selbst sorgen. Ich brauche keine Almosen.

Was ich beruflich mache? Geht Sie nichts an! Wieso? Wieso!

Sie sind Dachdecker? Das sieht man.

Woran? Alle Dachdecker haben Schwarzes unter den Fingernägeln. Ist wohl vom Bitumen.

Haben Sie den Mann dahinten gesehen, an der Theke? Der ist mit Sicherheit Maler und Anstreicher.

Ja, ja, das sieht man sofort – an der fahlen Haut. Alle Maler sind so kalkweiß, bleibt ja nicht aus, bei den giftigen Farben.

Na, gut. Ich sage es Ihnen, was ich beruflich mache, ausnahmsweise, ich prahle sonst nicht damit.

Ich bin arbeitslos … aber nur zurzeit. Nicht dass Sie denken, ich liege dem Staat auf der Tasche.

Wenn es mir wieder besser geht, dann suche ich mir eine Arbeit.

Nein, das ist kein Problem für mich. Ich kann alles und mache alles.

Wieso Angeber?

Ah, die Getränke! Danke, junger Mann.

Warum ist so viel Schaum im Bierglas? Eine Unverschämtheit!

Was heißt das, ich soll nicht so laut schreien? Euch Kellner muss man anschreien, damit ihr überhaupt versteht was man sagt. Ihr seid doch alle taub.

Ich trinke Bier, solange ich will! Wo ist der Burger?

Halten Sie sich daraus. Sie sind ja betrunken! Ihre Hände zittern, fällt Ihnen das nicht auf?

Ha, dass ich nicht lache, ich habe hier allen Grund wütend zu sein, nicht Sie. Sie fragen mich hier aus und beschweren sich anschließend. Wo gibt's denn sowas?

Das soll der Magnum-Burger sein? Wo ist das Besteck? Geben Sie schon her.

Halt, das Fleisch ist nicht durch.

Wer soll das essen, davon könnt ihr euch eine Packung machen. Bringen Sie mir dafür lieber noch ein Bier und einen Klostergeist.

Sie haben mir als Kellner überhaupt nichts zu sagen. Was heißt das, ich bekomme keinen Alkohol mehr?

Nein, ich lege mein Messer nicht hin.

Sie holen nicht die Polizei, Sie nicht, junger Mann!

Und *Sie* lassen mich sofort los. Stammgast, ha, das ich nicht lache. Merken Sie nicht, dass die hier machen, was die wollen? Überhaupt – Sie sind an allem Schuld. Sie wollten die ganze Zeit, dass ich trinke. Ich habe Ihnen gesagt, dass ich das nicht vertrage!

Nein, der blutet nicht. Das war ein sauberer Stich!

Zu Gast bei …

Elke war aufgeregt. Es war ihr erster Fernsehauftritt. Nach dieser Talkshow würde sie bekannt sein wie ein bunter Hund. Zumindest in ihrer Kleinstadt und deren Umgebung.

Mit hochrotem Kopf wartete sie im wohnlich gestalteten Aufenthaltsraum des Privatsenders. Ihre Fingernägel krallten sich in die bereits zerfurchten Armlehnen des Ledersessels.

»Frau Elke Mahler! In zehn Minuten beginnt Ihr Auftritt!« Die Aufnahmeassistentin fegte in regelmäßigen Abständen mit Headset und Clipboard durch die Räume, erinnerte Elke immer wieder an ihre noch zu begehende Schandtat. Die Aufzeichnung der Sendung lief bereits seit einer halben Stunde, und nun sollte sie sich gleich auf den freien Stuhl setzen und vor Wildfremden über ihren Mann reden – zunächst nur vor den Menschen im Studio, bei Ausstrahlung der Sendung vor einem Millionenpublikum an den Bildschirmen.

Gleich musste sie raus, in die Höhle des Moderators. Meine Güte, sie hätte den Sekt nicht so hastig trinken sollen, die Brötchenhälfte nicht so schlingen dürfen. Aber nicht nur das ließ ihren Blutdruck ins Unermessliche steigen, verursachte ihr den Kloß im Hals.

Die Zeit raste. Sie hatte die anderen Frauen über den Monitor verfolgt – wenn sie nicht gerade zur Toilette lief, was ungefähr alle zehn

Minuten geschah. Bei jeder Aufregung spielte ihre Blase verrückt. Doch es gab kein Zurück mehr. Immerhin bekam sie Geld für ihren Beitrag, was aber keinesfalls der Grund war, warum sie jetzt hier saß. Nein, wirklich nicht. Elke wollte es Walter heimzahlen, wollte ihn demütigen und auf diese Weise erreichen, dass er sich änderte.

»Frau Mahler! Noch eine Minute!«

Sie hatte ihn oft genug gewarnt, doch er hatte es immer nur ins Lächerliche gezogen.

»Begrüßen Sie zusammen mit mir Frau Elke Mahler!« Donnernder Applaus.

Elke, eine zierliche Person mit langen blonden Haaren und einem Puppengesicht, bekam besonders viel Beifall, ja sogar einige anerkennende Pfiffe aus dem Publikum. Der Untertitel wurde eingeblendet:

Elke, 42 J. alt, Aushilfe:

›Mein Mann ist ein Schwein!‹

Sie wurde verlegen und suchte den Moderator, der nun mitten im Publikum stand und sie begrüßte:

»Äh, hallo, naaha, schön, dass du da bist, Elke. Du hast es ja schon Backstage gehört, was die anderen gesagt haben. Es geht um die Reinlichkeit mancher Männer, die sich während der Ehe gehen lassen, und deiner ist ein ganz besonders abschreckendes Beispiel … sag doch mal selbst, warum. Wie müssen wir uns das vorstellen?« Der spitzbübisch aussehende Moderator mit der blonden Wuschelfrisur war der Traum aller Singles. Er trug heute einen topmodernen Nadelstreifenanzug und dazu ein rosafarbenes Hemd, offen, bis zum ebenso wuscheligen Brusthaaransatz. Seine lockere Art brachte ihm täglich eine hohe Einschaltquote ein.

Oft genug hatte Elke sich diese Talkshow zu Hause angesehen, bis sie den Entschluss gefasst hatte, hierherzukommen. Nun saß sie tatsächlich selbst vor der Kamera, ohne Perücke und dunkle Sonnenbrille, denn Walter sollte sie sofort erkennen.

Hilfe, was sagte sie denn jetzt bloß?

»Ja, also …«, sie schielte zum Monitor, »mein Mann wäscht sich nicht mehr gründlich und putzt sich nur noch selten die Zähne.«

»Iiihh!«, kam es von den Zuschauerreihen.

»Er … er hat schwarze Ränder unter den Fingernägeln …«

»Oh je!«, sagte der Moderator.

»… wäscht sich nur zweimal in der Woche die Haare …«

»Neeiiin!«, schallte es aus der Menge.

»… und wechselt genauso selten die Unterwäsche!«, legte Elke noch einen drauf.

Sie kam in Fahrt. Die Sympathien waren unverkennbar auf ihrer Seite. Sie war dankbar für die Unterstützung, verfiel aber umgehend in Selbstmitleid.

»Ich halte es so nicht mehr aus!«

Ein Raunen ging durch die Menge. Jemand meldete sich.

»Moment!« Der Moderator stolperte mit seinem Mikro zum älteren Herrn.

»Aber zu viel waschen ist nicht gut für die Haut!«

»Das sagt Walter auch immer …« Elke hielt sich schnell die Hand vor den Mund, als ob sie das Gesagte sofort wieder hineinstopfen wollte. Sie hatte sich doch fest vorgenommen, seinen Namen nicht zu nennen. Was soll's, dachte sie im nächsten Augenblick – auch mein Name wurde bereits eingeblendet, und zu Hause kennt man Walter und mich sowieso. Jetzt war es also heraus. Was sollte da noch die Versteckspielerei.

Der Moderator stellte weitere Fragen, während im Publikum ein Tuscheln die Runde machte.

»Ja, wir sind seit fünfzehn Jahren verheiratet. – Nein, er spült nicht ab, wenn er auf der Toilette war. – Ja, wir haben getrennte Schlafzimmer. – Ja, wenn überhaupt, schneidet er sich seine Fußnägel am Frühstückstisch.«

Der Moderator bekam plötzlich rote Ohren und ein verlegenes Grinsen trat ihm ins Gesicht.

Elkes Aufregung hatte sich verflüchtigt, dafür steigerte sie sich in die Beschreibung von Walters Fehlleistungen hinein. Ihr Puls raste. Eine rege Diskussion entstand mit der eindeutigen Feststellung, dass es Elke am Schlimmsten getroffen hatte und sie sich am besten von ihrem Mann trennen sollte, weil das Zusammenleben mit ihm an seelische Grausamkeit grenzte. Schade, da erklang die Schlussmelodie, dabei hätte sie dem noch etwas hinzufügen können.

Die Talkshow war zu Ende. Das rote Licht der Kamera ging aus. Langsam erhob sich das Publikum von den Rängen und begann kleine Grüppchen zu bilden. Einige diskutierten, andere wollten ein Autogramm vom Moderator. Es herrschte eine gelöste Stimmung.

Elke fühlte sich gut, wie von einer tonnenschweren Last befreit. Nach einem letzten kurzen Umtrunk verließ sie das Studio und trat erleichtert den Heimweg an.

Plötzlich begann es in ihrem Kopf zu hämmern. War das der Alkohol? So viel hatte sie nicht getrunken. Ihre Gedanken wanderten zu Walter. Was war, wenn er wirklich demnächst die Ausstrahlung der Sendung sehen würde oder jemand ihm von der Talkshow erzählte? Blödsinn, warum fragte sie sich das nur? Sie hatte es ja darauf angelegt. Ein Zurück gab es nicht mehr. Es war die letzte Möglichkeit ihre Ehe zu retten – danach blieb nur noch die Scheidung.

Die Sendung sollte termingerecht ausgestrahlt werden. Elke musste Walter nicht lange beknien, sich ausgerechnet an diesem Tag Urlaub zu nehmen, auch wenn er von ihr nicht den wahren Grund dafür erfuhr.

Der Nachmittag rückte unaufhaltsam näher. Zeit für Elke, den Fernseher einzuschalten und das richtige Programm zu wählen. Kurz vor Beginn der Sendung verließ sie der Mut, dabei sein zu wollen, wenn er die Sendung sah. Mit einem kurzen Aufschrei, dass sie etwas Wichtiges vergessen habe und dringend in den Supermarkt müsse, verabschiedete sie sich schnell von Walter. Den ersten Schock sollte er alleine überwinden.

Elke schlug die Zeit tot. Sie bummelte mit ihrem Einkaufswagen durch die Obstabteilung des Dorf-Supermarktes und zögerte die Konfrontation mit Walter hinaus. Da kam Gundi ihr entgegen und schrie laut auf.

»Da bist du ja, hab schon versucht, dich zu erreichen. Sag mal, is dat wirklich so schlimm mit Walter?« Sie drehte sich nach allen Seiten um und erhöhte die Lautstärke: »Is dat wirklich so ein Schwein? Nee, is dat bah.«

»Hallo, Frau Mahler!«, rief eine Kundin von der Wursttheke herüber. »Ich habe Sie vorhin im Fernsehen gesehen. Das war ja mutig von Ihnen. Das hätte ich mich nicht getraut zu sagen. Na ja, ich habe ja auch keinen Grund dazu, schlecht über meinen Mann zu reden. Sie können einem wirklich leidtun … ein Viertel Pfund Roastbeef, bitte. Heinz möchte mich heute Abend mit Canapés auf dem Canapé verwöhnen … nach dem Baden …«

Die beiden Frauen lachten so laut, dass man es bis zur Kasse hören konnte.

Elke machte, dass sie nach Hause kam. Ob Walter schon Anrufe bekommen hatte – anonyme oder aus der Nachbarschaft? Was erwartete sie gleich zu Hause? Würde er sie laut beschimpfen, seine dreckige Wäsche unterm Bett hervorholen und in den Koffer packen? Elke auf Nimmerwiedersehen verlassen? Wäre typisch für ihn, denn er lief ja immer nur vor seinen Problemen davon. Oder würde ihm zum ersten Mal die Hand ausrutschen und er sich hinterher auf Knien dafür entschuldigen? Das wäre der Zeitpunkt, an dem *sie* gehen würde. Entgegen ihren Vorsätzen, die Ehe retten zu wollen. Nein, das konnte sie sich beim besten Willen nicht vorstellen, Walter schlug nicht. Er war ein Weichei und Couch-Potato.

Sie war auf einmal unsicher in allem, musste sich erst beruhigen. Im Grunde liebte sie ihn ja, aber nicht so. Nicht das, was von dem einst großen, stattlichen, wirklich gepflegten blonden Mann übriggeblieben war. Nicht den verblassten, schmutzigen Jammerlappen. Wie sehr hätte sie sich gewünscht, dass auch er einmal über seinen Schatten springen würde, so wie sie es mit dem Auftritt in der Talkshow getan hatte. Ja, sie hatte eigentlich allen Grund, stolz auf sich zu sein. Warum also diese schrecklichen Gedanken? Sie führte nur Gutes im Schilde.

Die Spannung stieg, das Unwohlsein verstärkte sich mit jedem Meter, der Elke näher zum Haus brachte. Sie schloss die Tür auf. Schummriges Energiesparlampenlicht und im Fernsehen begrüßte der Tagesschausprecher gerade seine Zuschauer. Walter war also noch da, hatte sich nicht aus dem Staub gemacht.

Sie kickte ihre Schuhe in die Ecke, zog dabei den Mantel aus. Elke ließ sich auf die Couch fallen und drückte auf der Fernbedienung den Ton weg. Sie genoss diese Ruhe, die bestimmt nicht lange anhalten würde, und legte sich mit geschlossenen Augen die ersten Sätze zurecht.

Unruhe kam bei ihr auf. Wo war Walter nur? Lag er bereits schnarchend in seinem Bett? War vielleicht besser so, dann konnten sie es morgen in Ruhe diskutieren, wenn er eine Nacht darüber geschlafen hatte.

Ihr Blick fiel auf den Tisch. Auf dem breiten Rand der Werbeanzeige eines Fernsehmagazins entdeckte sie die kaum lesbare, mit Kugelschreiber gekritzelte Nachricht:

Du hast es so gewollt, Du Schlampe! Du Verräterin! Das Telefon stand nicht still. Alle haben angerufen. Sie haben mich beschimpft und beleidigt. Wie konntest Du mir so etwas antun? Ich verlasse Dich jetzt für immer, und Du musst büßen!

Elke stieß mit ihren Füßen gegen die leere Whiskeyflasche. War er tatsächlich abgehauen? Und was meinte er mit ›Du musst büßen?‹ Sie hatte doch nichts Falsches gesagt, nur die Wahrheit. Die Wahrheit, nichts als die Wahrheit. Nichts dazu gedichtet. Sie beruhigte sich ein wenig und Walter würde es auch tun. Wo sollte er denn hin? Freunde hatte er seit langem nicht mehr und seine Eltern waren tot. Unwahrscheinlich, dass er zu ihnen auf den Friedhof gezogen war.

Langsam begann sie sich Sorgen zu machen. Er musste mindestens eine halbe Flasche Whiskey getrunken haben. Wenn er nun einen Unfall hatte? Die Gewissensbisse fraßen sich durch.

Elke stand auf und ging durch die Wohnung, sah flüchtig in die Räume. Weder im Badezimmer noch in der Küche konnte sie irgendetwas Auffälliges entdecken. Auch nicht in seinem Zimmer. Es standen zwar seine Koffer vor dem Stuhl, jedoch lag die dreckige Wäsche, wie gewohnt, unter dem Bett. War er in die Kneipe gegangen? Zu Fuß? Zu weit weg. Niemals!

Dann aber fiel es ihr ein. Natürlich. Er musste es sich wohl anders überlegt haben und lag reumütig in ihrem Bett, wo er sie nun überraschen wollte: gut riechend und mit sauberen Fingernägeln. Wahrscheinlich waren die fast drei Meter hohen Flügeltüren zu dem kleinen Balkon leicht geöffnet, der Wind wölbte die langen Vorhänge und der Mond verlieh dem Zimmer einen romantischen Schein. So wie früher.

Ihr Körper kribbelte wohlig bei diesem Gedanken, so dass sie erwartungsfroh die Schlafzimmertür öffnete. Die Vorhänge wölbten sich wiegend im Wind. Allerdings standen die Flügeltüren sperrangelweit offen. Dazwischen hing Walter. An der Gardinenstange. Hinter ihm die mondscheinkühle Nacht. Um den abgeknickten Hals trug er ein Pappschild, auf dem mit schwarzer krakeliger Eddingschrift stand:

Elke ist schuld!

Als Elke den ersten Schock überwunden hatte, trat sie näher. Das altbekannte Gefühl der Wut schnürte ihr die Kehle zu. Na typisch! Wie immer: Ungewaschen, ungekämmt und noch nicht einmal die Zähne geputzt!

Sieben Leben

»Da bist du ja. Schnell, komm rein.«

»Was ist passiert? Wo brennt's?«

Mimi antwortete nicht. Sie zog Babsi am Arm, durch den langen Flur in die Küche und drückte sie auf ihren Stammplatz. »Du glaubst nicht, was ich erlebt habe.«

»Da könntest du recht haben. Hast du einen Cappuccino für mich?«

»Gleich. Hör zu: Ich war doch bei diesem Hypnotiseur in Krefeld, den du mir empfohlen hast. Ein sehr netter Mann. Weißt du, was ich im früheren Leben einmal war? Du glaubst es nicht.«

»Lass es mich zumindest versuchen.«

»Ich war … im früheren Leben … eine Katze!«

»Ist nicht wahr, Mimi. Du mit deinen fünfzig Jahren glaubst an solch einen Humbug mit der Rückführung? Ich habe ihn dir zwar empfohlen, aber doch nur, damit du mal zur Ruhe kommst.« Babsis Gesichtsausdruck wechselte von ungläubig zu ärgerlich.

»Rückführung, so ein Blödsinn! Ausgerechnet du eine Katze – obwohl, kratzbürstig bist du ja manchmal.«

Mimi schnappte ein. »Mit dir als Freundin muss ich das auch sein.«

»Sei froh, dass du mich hast. Wir hätten uns viel eher kennenlernen sollen. Jetzt hast du endlich jemanden, der dich vor deinen Fehlern warnt. Lässt du dich etwa von diesem Hypnotiseur ausnehmen? Wie viele Sitzungen hat er dafür gebraucht, um dir diesen Quatsch aufzutischen, und wie viele Euro hast du ihm bisher dafür gegeben?«

»Halb so wild. Er hat mir einen Sonderpreis eingeräumt. Er hat ja auch keine hohen Praxiskosten, macht alles von zu Hause aus. Ich war schon ein paar Mal bei ihm, weiß, was er so in seiner Freizeit macht und wie sein Haus eingerichtet ist. Haben uns da ein wenig ausgetauscht. Wir haben uns quasi angefreundet. Er musste mich ja auch erst kennenlernen, um über mein vorheriges Leben etwas sagen zu können und um zu wissen, ob ich für die Hypnose geeignet bin.«

»Auch das noch. Hättest du mich gefragt, was du im früheren Leben warst, ich hätte es dir gleich sagen können. Soll ich?«

»Untersteh dich.«

Mimis schwarzweiße Katze kam angeschnurrt. Sie strich den beiden

Frauen abwechselnd um die Beine und maunzte herzzerreißend, dann schlenderte sie zum leeren Futternapf und setzte sich mit einem fast flehenden Blick davor.

Babsi zeigte auf sie, sah fragend zu Mimi: »Und wer ist das jetzt?«

Mimi fühlte sich von ihrer neuen Freundin nicht ernst genommen. Dabei verstanden sie sich doch sonst so gut. Es war Verbundenheit auf den ersten Blick gewesen, als sie beim Arzt von Babsi getröstet worden war. Mimi lud sie Tage später zu sich nach Hause ein. Zusammen hatten sie einen Nachmittag auf das Blutergebnis gewartet. Immer wieder hatte Babsi dabei beruhigend auf sie eingeredet. Auch jetzt war Mimi froh, Babsi hier zu haben. Sie musste sie von den multiplen Leben überzeugen.

Das Wortgefecht zog sich über Stunden. Sie diskutierten ausgiebig über Sinn und Unsinn solcher Rückführungen. Irgendwann wurde es Babsi zu bunt. Sie zog ihr iPhone hervor und klickte sich durch die Suchmaschine des Internets. Vergeblich forschte sie nach einer Warnung vor dem guten Mario Seefeld, der sich auf seiner Website nicht nur als Hypnotiseur, sondern auch als Wunderheiler und Seher bezeichnete. Danach holte sich Babsi wissenschaftliche Unterstützung zum Thema Wiedergeburt bei Wikipedia.

Für Mimi waren die Ausführungen ihrer Freundin nur eine Bestätigung. Da sie von Kaffee zu Prosecco und dann zu Sambuca gewechselt waren, verstärkte dies nur ihr Gefühl, sich schon immer als Katze gefühlt zu haben und es noch zu tun.

»Ich weiß nicht, warum du dich so darüber aufregst, Babsi. Es liegt klar auf der Hand, was Mario meint. Er sagte, nimmt man die Zeit einmal weg, würde das bedeuten, dass alles gleichzeitig passiert.«

»Aha.« Babsi sah auf die halbvolle Sambucaflasche.

»Ja, wirklich, Alle Leben passieren gleichzeitig. Das vorherige: das Leben als Katze – das jetzige: das Leben als Mimi, und das zukünftige Leben. Als was ich da auftauche, haben wir noch nicht herausgefunden. Da muss ich noch mal wiederkommen. Moment, wo ist der Zettel?« Mimi wühlte in ihren Hosentaschen. »Es geht weiter. Jetzt wird es kompliziert. Hier, also: Multidimensionale Teile von uns sind auf mehreren Ebenen verteilt. Leuchtet doch ein, oder? Das Ich ist nur ein Teil dessen, wer oder was wir wirklich sind. Ist doch klar, nicht?« Mimi knüllte den Zettel zusammen und steckte ihn wieder zurück.

Babsi schien kurz unter Schock zu stehen. Blitzschnell nahm sie die Flasche Sambuca vom Tisch und hielt sie fest, damit Mimi nicht noch mehr bewusstseinserweiternden Stoff bekam. Womöglich bildete sie sich gleich weitere Leben ein und erzählte etwas von ihrem Schafottgang als Marie Antoinette oder switchte selbst zum Henker.

Mimi blieben Babsis Gedanken nicht verborgen. »Du nimmst mich immer noch nicht ernst«, jammerte sie. »Warte. Ich beweise es dir, dass ich sieben Leben wie eine Katze habe. Pass auf: Mit Achtzehn war ich in einer Diskothek. Hatte dort einen netten Jungen kennengelernt. Lutz hieß er. Bin schließlich mit ihm nach Hause gefahren, weil … aber das spielt ja jetzt keine Rolle mehr … und ich wusste nicht, dass er zu viel getrunken hatte.«

Babsi winkte ab. »Ist klar. Wenn zwei Betrunkene sich unterhalten …«

»Konzentriere dich lieber auf das Wesentliche. Also, wir waren ziemlich in Fahrt und alberten im Wagen herum. Da kamen wir von der Fahrbahn ab und überschlugen uns. Ich bin aus dem Auto geklettert und hatte nur ein paar Prellungen. Lutz lag acht Wochen mit Knochenbrüchen im Krankenhaus.«

»Das soll ein Beweis für deine sieben Leben sein?«

»Unterbrich mich nicht. Das zweite Leben: Mein Urlaub auf Spiekeroog. Unsere Gruppe wollte mit dem Boot nach Helgoland schippern. Ich blieb als Einzige zurück. Auf dem Meer wurden sie von einem Sturm überrascht und mussten von der Wasserschutzpolizei gerettet werden. Weißt du, warum ich nicht mitgefahren war? Weil ich nicht schwimmen kann und sowieso Angst vorm Wasser habe, hörst du?« Mimi rückte näher an Babsi heran und flüsterte ihr ins Ohr: »Ich habe Angst vorm Wasser! Katzen haben auch Angst vorm Wasser!«

»Ähm …«

»Ein Jahr später geschah das Unglück in der Werkstatt. Hanno, mein Mann, war so ungeschickt. Er wollte es nie wahrhaben, dass er einfach kein Handwerker ist. Wollte alles selbst machen. Ich hatte mir von ihm ein neues Fahrrad gewünscht. Aber nein, er musste das alte restaurieren. Lackieren – im Winter – in seiner Werkstatt – direkt in der Nähe vom Werkstattofen.«

»Oh weh, da hat er sicher einen großen Schaden davongetragen.«

»Ja, das kann man wohl sagen. Er starb – und nicht nur das. Das Dach der Werkstatt war abgehoben, die Tür aus den Angeln gerissen.

Die komplette Garage musste renoviert werden. Die geplatzte Spraydose mit der roten Farbe, die zum Verflüssigen auf der Ofenplatte gestanden hatte, befand sich als roter Sprühnebel an sämtlichen Wänden.«

»Meine Güte, und wo warst du zu dem Zeitpunkt?«

»Auch in der Werkstatt, bis zirka zehn Minuten vorher. Ich stand hinter der Kunststoffplane und hatte vergeblich versucht, ihn zur Vernunft zu bringen. Vor lauter Wut bekam ich Heißhunger, bin in die Küche gegangen und habe mir einen Milchbrei gekocht. Einen *Milchbrei*, hörst du?«

Als wenn es ein Stichwort gewesen wäre, sprang Isi, die Katze, auf Mimis Schoß und sah sie mit ihren großen grünen Augen und den schlitzförmigen Pupillen an. Sie hatte ein nasses Schnäuzchen. Aus den Mundwinkeln tropfte es. Hätte sie Milchbrei sagen können, wären dies die nächsten fünfzig Wörter gewesen, aber so maunzte sie in einer Tour, was ungefähr der Penetranz einer klassischen Wiederholungsmelodie in der Telefon-Warteschleife glich.

»Wir verstehen uns, nicht wahr, Isi?« Mimi kraulte das schwarze, glänzende Fell, genau an den Stellen, wo Isi es am liebsten mochte. Sie rollte sich auf den Rücken und streckte alle vier Pfoten von sich, gab ihr flauschiges weißes Bauchfell frei.

Babsi grinste. »Gut, Isi … ach, Mimi … du bringst mich völlig durcheinander mit deiner Theorie.«

»Das ist keine Theorie, das ist wirklich so. Weiter im Text. Das waren erst drei von sieben Leben. Das vierte ist mir das unangenehmste, aber vollständigkeitshalber muss ich es erwähnen. Das war, als Hanno Nummer Zwei mich verlassen wollte und ich kurz darauf ins Krankenhaus gekommen bin.«

»Ins Krankenhaus? Hattest du einen Nervenzusammenbruch?«

»Schlimmer. Ich bin auch hier dem Tod von der Schippe gesprungen. Selbst meiner Mutter habe ich es nie erzählt. Du bist die Erste, die von meinem … meinem … Balkonsprung … erfährt.«

»Von deinem was?« Babsi wurde blass, hob die Flasche und schenkte erst sich und dann Mimi ein. Sie tranken beide auf ex.

»Weißt du, ich wollte nicht mehr leben. Es erschien mir so sinnlos, ohne ihn. Aber heute weiß ich, warum ich damals überlebte. Ich hatte mich zu stark mit den Füßen von der Balkonbrüstung abgestoßen und war auf einem riesigen Wacholderbusch gelandet – sicher gelandet.

Ich kam zur Besinnung und mit ein paar Abschürfungen und Kratzern davon – abgesehen vom gebrochenen Herzen.«

»Du warst sicher gelandet, wie …«, Babsi murmelte Unverständliches.

»Genau, du hast es endlich kapiert. Sicher gelandet, wie eine Katze. Es geht weiter: Mein fünftes Leben habe ich vor zwei Monaten geschenkt bekommen – bei meiner letzten OP. Die Nierenoperation.«

»Erzähltest du nicht, sie sei gut verlaufen?«

»Die OP an sich war ja nicht das Problem. Anschließend war es mir dreckig gegangen. Aber ich habe überlebt. Alle Bakterien, Medikationen und Allergien konnten mir nichts anhaben. Kurz darauf haben wir uns ja in der Arztpraxis kennengelernt. Zu dem Zeitpunkt ging es mir schon wieder etwas besser, wie das Blutergebnis bewiesen hatte. Ich bin eben zäh wie eine Katze.« Mimi lächelte. »Mach dir um mich keine Sorgen. Immerhin habe ich noch zwei Leben, die mich retten können.« Sie spielte mit der Kette um ihren Hals, zog den Anhänger aber nicht heraus.

Babsi wusste, warum. »Hast du noch immer kein Vertrauen in die Banken?«

»Bitte?«

»Na, deine Kette, der Schlüssel, der daran hängt.«

»Ach so, ja … ist mir sicherer, mein Geld zu verschließen.«

Mimi hatte es ihr anvertraut, weil Babsi eine Person war, der man alles, aber auch wirklich alles im Vertrauen mitteilen konnte. In ihr hatte sie wirklich eine wahre Freundin gefunden.

Babsi grinste. »Hoffe, du hast es deinen vielen Männern, die derzeit um dich sind, nicht erzählt.«

Mimi empörte sich. »Es wissen nur wenige. Eigentlich nur mein Chef, weil … weil … ich arbeite ja immerhin schon zwanzig Jahre bei ihm, und er hatte mich gebeten, wichtige Unterlagen für ihn aufzubewahren. Wir sind nur ein sehr kleiner Betrieb, der auf der Kippe steht. Da wäre eine negative Buchprüfung der sofortige Ruin. Allerdings, ob Mario Seefeld es in der Hypnose mitbekommen hat? Man weiß ja nie. Ach ja, und dann habe ich es vorige Woche Leo erzählt.«

Babsi bekam einen Hustenanfall. »'tschuldige, habe mich verschluckt.« Sie griff zum leeren Glas und stellte es wieder ab. »Entschuldige mich mal kurz.«

Babsi stand auf und ging in Richtung Gästetoilette. Nach einiger

Zeit kam sie wieder. Mimi hatte in der Zwischenzeit ein paar Käsesnacks zubereitet und auf den Tisch gestellt.

»Wo waren wir stehen geblieben?«, fragte Babsi, der es aber von selbst wieder einfiel. »Ach ja, Leo. Du bist immer noch mit ihm zusammen? Dachte, du hättest endgültig mit dem hässlichen Kettenraucher Schluss gemacht, weil er nur Fußball und Fernsehen im Kopf hat. Hast du selbst gesagt, sind nicht meine Worte.«

»Das soll ich gesagt haben? Nein, habe ich nicht. Wie kommst du darauf? So übel ist er nicht und unsere gemeinsamen Grillfeste waren bisher sehr lustig. Du hast dich doch auch wunderbar mit ihm amüsiert. Streite es bloß nicht ab. Außerdem brauche ich ihn zum Blumengießen und um die Katze zu versorgen. Auch wenn Isi ihn nicht leiden kann. Was soll ich denn machen, wenn ich geschäftlich verreisen muss? Du hast ja auch nicht immer Zeit. Da fällt mir ein: Warst du nicht kurz vor deinem Urlaub zum Kaffee bei ihm? Hast noch gar nicht davon …«

Plötzlich erhob sich die Katze von Mimis Schoß, machte einen Buckel und sträubte das Fell. Ihr Fauchen war angsterregend. Sie zeigte die weißen spitzen Eckzähne, mit denen sie jederzeit bereit war zuzubeißen. Die Frauen erschraken fürchterlich. Mimi nahm ihre Hände schnell auf den Rücken. Sie wusste, jede noch so unbeabsichtigte Berührung würde Isi zur beißenden und kratzenden Furie werden lassen. Babsi und Mimi verharrten in ihrer Position, ebenso die Katze. Nur die Köpfe gingen hin und her, drei Augenpaare scannten die Umgebung. Aber da war nichts zu sehen und zu hören. Niemand stand in der Küchentür oder vorm Fenster und geklopft oder geklingelt hatte auch niemand. Eine unheimliche Stille hätte geherrscht, wenn Isi nicht diese gruseligen, fauchenden und manchmal auch dumpfen Laute von sich gegeben hätte, die sich wie unterdrückte Menschenschreie anhörten. Erst jetzt sprang Isi von Mimis Schoß und lief mit einem Aufkreischen Richtung Katzenklappe, als sei der Teufel hinter ihr her.

Babsi rieb sich über die Gänsehaut an den Armen.

Mimi reckte den Hals und horchte kurz auf. Dann schüttelte sie sich und flüsterte: »Mir kann nichts passieren. Ich habe ja noch zwei Leben, aber du solltest …«

»Hört auf zu quatschen. Mäuse her!« Aus dem Dunkel trat eine maskierte Gestalt hervor, die unnatürlich hoch sprach, fast wie diese Verona aus dem Fernsehen. Von der männlichen Statur her war diese hier aber eher ein Gottschalk.

Mimi und Babsi rissen die Köpfe herum und sahen direkt in den Lauf der Pistole.

»Wie sind Sie hier hereingekommen?«, fauchte Mimi den Einbrecher mit der Wollmaske an.

»So, wie ich wieder hinausgehen werde. Wirst du schon sehen, wenn ich das Geld habe. Also was ist jetzt?« Er schnappte sich nebenbei Handy und Funktelefon vom Küchentisch. »Wo steckt die Knete? Hoch mit dem Hintern. Wird's bald? Nein, du nicht. Du gehst da rüber.« Er forderte Babsi auf, sich vor dem alten Heizkörper auf den Boden zu setzen, befestigte ihre Arme geschickt mit Handschellen am Heizungsrohr und klebte silberfarbenes Textilband über ihren Mund. Die Rolle warf er achtlos auf den Boden.

Augenblicklich zog er Mimi am Arm: »Los! Komm mit!«

Sie gingen in den Flur. Er sah nach oben.

Obwohl Mimi fest daran glaubte, noch zwei weitere Leben geschenkt zu bekommen, machte sich langsam Panik in ihr breit. Sie redete sich um Kopf und Kragen: »Ich habe kein Geld im Haus. Das ist bei der Bank. Wer bewahrt denn heutzutage noch Geld im Haus auf? Also ich …«

Der Einbrecher schob sie weiter. »Quatsch keine Opern. Geh die Treppen hoch«, presste er mit zusammengebissenen Zähnen heraus. Zielstrebig führte nicht Mimi ihn durch die Wohnung, sondern er sie. Nun zwang er sie, vor dem Schlafzimmer stehen zu bleiben, und bevor sie sich in Gedanken die wildesten Situationen vorstellte, zeigte er auf die dort angrenzende Besenkammer und befahl, den Tresor zu öffnen. Mimi zuckte mit den Schultern, wollte etwas sagen, da zog er an ihrer Kette mit dem Schlüssel, den sie um den Hals trug, und ließ ihr keine Zeit sich auszumalen, wie lange er das Gespräch zwischen Babsi und ihr schon belauscht haben mochte.

»Mach voran, schließ auf«, krächzte er, zerrte gleichzeitig aus seinem Overall eine zusammengefaltete Stofftasche, die nach längerer Betrachtung wie eine große Kissenhülle aussah. Das hässliche Muster kannte sie. Doch da ihr Gehirn auf Notstrom lief, fiel ihr nicht ein, von wem sie solch ein Kissen geschenkt bekommen hatte und ob es von Belang war.

Mimi wusste auch nicht, welchem Gefühl sie die Oberhand gewähren sollte. Sollte sie sich der Angst ergeben oder sich mit der aufkommenden Wut wehren, ihm die Maske vom Kopf reißen und die Augen aus dem Kopf kratzen? Sie sah untätig zu, wie er die Geldbündel und Umschläge in den Bezug stopfte. Sogar den Ordner ihres Chefs nahm er mit. Seine Bewegungen wurden immer schneller und hektischer, wie bei einem, der vom Geldrausch völlig von Sinnen war. Mimi hätte am liebsten laut um Hilfe gerufen, aber es würde nichts bewirken. Mimi hätte den Dieb damit nur kurz ablenken können. Was war schon Geld? Besitz? Reichtum? Sollte er doch alles mitnehmen. Hauptsache, er ließ sie beide am Leben.

Mit einem Mal war Mimi sich nicht mehr so sicher, ob ihr das sechste und siebte Leben wirklich etwas nützten. Sie wollte nicht darauf vertrauen, dass der Dieb plötzlich eine Angstattacke bekam und ohne Geld floh oder die Pistole eine Ladehemmung hatte oder sie den Eindringling mit einem gezielten Biss außer Kraft setzen konnte. Aber sie sollte die Zeit nicht mit Was-wäre-wenn-Gedanken verschwenden, sondern sich lieber voll und ganz auf ihn und sein Tun konzentrieren.

Er ächzte unter seiner Wollmaske, schwitzte wohl in seinem bis oben hin geschlossenen roten Overall. Es war Sommer und gefühlte vierzig Grad. Mimi machte viel eher die Hitze zu schaffen, die aus ihrem tiefsten Inneren kam. Vielleicht würde sie vor seinen Augen kollabieren, oder er tat ihr den Gefallen, was ihr natürlich viel lieber gewesen wäre.

Nachdem er den Tresor hektisch, aber sorgfältig ausgeräumt hatte, zwang er sie, wieder nach unten zu gehen. Der Einbrecher wurde immer schneller in seinen Bewegungen. Er ließ sie einfach stehen und lief zur angelehnten Terrassentür. Mimi rannte kurz in die Küche, sah zu Babsi, die reglos da saß. Die würde ihr nicht davonlaufen, aber der Dieb. Sie sah nur noch etwas Rotes durch die Tür huschen. Das weckte urplötzlich ihren Jagdinstinkt. Jetzt oder nie.

Mit einem Satz sprang sie auf seinen Rücken und schrie. Passanten gingen am Zaun entlang. Niemand kam ihr zu Hilfe, obwohl der Mann eine Maske aufhatte, oder vielleicht gerade deswegen? An der halbhohen Gartenzauntür lag es bestimmt nicht, die war für jeden überwindbar. Mimi sah nicht mehr, wie ein junger Mann auf seinem Handy Fotos machte und ein anderer telefonierte, denn da war sie bereits durch einen gezielten Schlag bewusstlos zusammengebrochen und der Dieb entkommen.

Ein Polizist beugte sich über Mimi, die langsam aus der Ohnmacht erwachte und alles noch ein wenig verschwommen sah. Wie lange sie ohnmächtig gewesen war, wusste sie nicht. An das, was davor geschehen war, konnte sie sich jedoch sehr gut erinnern. Der Schutzmann nahm ihre Aussage auf und teilte Mimi auf Anfrage mit, dass es Babsi gut ginge und sie sie gleich sehen könne. Sie würde im Moment zum Tathergang befragt. Leider sei es kein Serieneinbruch gewesen, es seien keine weiteren Meldungen aus der näheren Umgebung eingegangen, deshalb wäre es gut, wenn sie einmal intensiver darüber nachdächte, wer aus dem Verwandten- und Bekanntenkreis als Täter infrage käme. Da hatte jemand das Haus aufgesucht, der vom Geld gewusst habe. Sie könne sich jederzeit bei ihnen melden, sagte der ältere Polizist, der nun hinzukam und den jüngeren beiseiteschob, als er Babsi ankommen sah. Diese fiel Mimi tränenverschmiert um den Hals. Die Polizisten verabschiedeten sich und ergriffen die Flucht.

»Du hast was?«, fragte Babsi, als sie von ihrer Freundin hörte, wie sie den Einbrecher mit einem gezielten Sprung auf den Rücken hatte aufhalten wollen. »Du hättest umgebracht werden können. Er besaß eine Waffe.«

»Hätte ich nicht, Babsi. Ich doch nicht. Denke an meine sieben Leben. Mir konnte nichts passieren. Zu dumm, dass nicht er in Ohnmacht gefallen war. Ich sollte an meiner Technik feilen.«

Mimi hatte die Nacht kaum geschlafen. Gegen Sechs saß sie am Frühstückstisch und wurde sich erst jetzt über das ganze Ausmaß des Diebstahls und die daraus resultierenden Konsequenzen bewusst. Ihr Geld sollte der Überbrückung dienen, falls ihr Chef tatsächlich Insolvenz anmelden musste und sie so schnell keine neue Stelle fand. Der Rest der hart verdienten Euros wäre für ihre Altersvorsorge gewesen. Wer zum Teufel war so skrupellos?

Mimi goss sich einen Kaffee auf. Heute würde sie keinesfalls ins Büro gehen. Sie suchte ihr Ersatzhandy im Schlafzimmer. Im Nachtschrank musste es liegen. Es hatte immer einen vollgeladenen Akku und ein paar Euro auf der Prepaidkarte, leider waren die Rufnummern noch nicht gespeichert. Zunächst versuchte Mimi, Babsi zu erreichen. Sie wollte mit ihr den Tathergang besprechen. An die elfstellige Handynummer erinnerte sie sich beim besten Willen nicht. Sie musste es über das Festnetz versuchen. Erst beim dritten Versuch fiel ihr die richtige Nummer ein. Babsi meldete sich nicht, obwohl sie eine notorische

Frühaufsteherin war. Selbst der Anrufbeantworter war ausgestellt, was absolut nicht ihre Art war. Niemand sonst war so panisch, auch nur einen einzigen Anruf verpassen zu können. Oder ob sie das Gespräch nicht annahm, weil die Nummer unterdrückt war? Babsi doch nicht. Enttäuscht drückte Mimi auf das rote Hörersymbol.

Warum, um alles in der Welt, hatte der Dieb auch den Geschäftsordner mitgehen lassen? Sollte es womöglich ihr Chef selbst gewesen sein, der sie überfallen hatte? Den Ordner hätte er auch freiwillig zurückbekommen … nein, es ging ihm nicht um den Ordner, sondern nur um ihr Geld.

Nachdem knapp eine Stunde des Grübelns vergangen war, wählte sie die Büronummer. Es wurde Zeit, sich krank zu melden. Auch hier hob niemand ab. Alle Welt schien sich gegen sie verschworen zu haben. Mimi versuchte es mit seiner Handynummer. Endlich. Er war am Apparat und keuchte ein »Ja …« in den Hörer. Sie meldete sich ängstlich mit ihrem Namen.

Ihr Chef ließ sie nicht ausreden. »Da bist du ja endlich. Habe gestern den ganzen Abend versucht, dich zu erreichen. Wo hast du nur gesteckt?«

»Ich … ich …« Mimi fehlten die Worte. Er musste nach dem Überfall angerufen haben. »Ich …«

»Na, ist ja auch egal«, sagte er. »Ich komme heute nicht ins Büro, hatte gestern Abend einen Unfall. Habe mir den rechten Arm gebrochen, schlimme Sache. War im Krankenhaus. Der Notdienst sollte Wartedienst heißen. Ist etwas Wichtiges in der Post?«

»Nein … nein … alles in Ordnung.« Nichts war für Mimi in Ordnung, aber das konnte sie ihm schlecht sagen.

Wieder wählte Mimi Babsis Festnetznummer. Nun war die Verbindung tot. So tot wie Babsi? War der Dieb bei ihr? Meinte er, von ihr erkannt worden zu sein und beseitigte sie in diesem Moment? Nein, wenn Babsi auch nur ein Haar von ihm gesehen hätte, sie hätte es ihr erzählt. Und wenn nicht? Mimi ließ alles stehen und liegen und lief auf die Straße zu ihrem Auto. Ihr Handy klingelte. Sie ließ es fallen und ärgerte sich nicht über den Kratzer auf dem Display, sondern darüber, dass es nicht Babsi, sondern Mario, der Hypnotiseur war. Den konnte sie jetzt am allerwenigsten gebrauchen. Nachdem sie in den Wagen gestiegen war, aktivierte sie die Freisprechanlage und fuhr los. Sie wollte Mario schnell abwimmeln.

»Hallo Mimi. Ich wollte dir nur sagen, dass du heute nicht kommen kannst. Ich werde spontan für ein paar Wochen verreisen.«

Auch das noch. Der einzige Mensch, der sie wirklich kannte und der ihr vielleicht sogar hätte weissagen können, wie es weiterging, ließ sie nun auch noch im Stich.

»Ausgerechnet jetzt!«, rief sie aus und schluchzte. Da sprudelte es auch schon aus ihr heraus. Ob es an seiner ruhigen Stimme oder an seiner besänftigenden Art lag, sie musste ihm einfach von ihrer Not erzählen. Das konnte sie bedenkenlos, denn er war unmöglich der Dieb, da war sie sicher. Mimi fuhr rechts heran. Vor lauter Tränen sah sie alles verschwommen. Mario redete auf sie ein. Er beruhigte sie mit ein paar magischen Sätzen, für die sie so empfänglich war.

Sie nahm die Hände vom Steuer, lehnte sich zurück und atmete tief und regelmäßig. Immer wieder antwortete sie mit einem »Ja« oder »Nein«, nie mit einer Gegenfrage.

»Schließe die Augen, Mimi. Höre gut zu. Beruhige dich erst einmal. Mach ein paar Atemübungen, stärke dich von innen. Trink danach einen Kaffee und überlege, wer dir, warum, schaden wollte. Was hast du dazu beigetragen?«

Mimi riss die Augen auf. Da brauchte sie nicht lange zu überlegen. Jemand wollte ihr Geld, und sie war so dämlich und hatte es zu Hause liegen gehabt. Sie rieb sich die Augen, sagte nichts.

»Ich werde in mein Orakel schauen. Muss jetzt aber dringend weg. Überstürze nichts, Mimi. Such das nächste Café auf und überlege in Ruhe. Unternimm keine falschen Schritte, äußere keine Verdächtigungen Dritten gegenüber. Ich bin bald zurück und melde mich bei dir.«

»Halt, warte. Meinst du, dieser Leo könnte es gewesen sein?«

»Nun – das kann ich am Telefon nicht sagen. Die Strahlen deines Handys stören meine Sphärenkontakte. Dafür müsstest du zu mir kommen, aber wie gesagt, ich muss jetzt …«

Aufgelegt. Einfach unterbrochen. Mimi krallte die Finger ums Handy, hätte es am liebsten zerdrückt. Am Ende der Straße sah sie eine Bäckerei mit Stehcafé. Sie brauchte schnellstens einen heißen Cappuccino.

Während sie den Milchschaum aus der noch heißen Tasse löffelte, ging sie noch einmal alles durch: Nur drei Leuten hatte sie von dem Geld erzählt: ihrem Chef, Babsi und Leo. Ihr Chef hatte als Alibi den gebrochenen Arm vorzuweisen, Babsi besaß das beste Alibi überhaupt.

Sie war bei ihr zu Hause gewesen, als es passierte, und Leo … sein Wagen hatte heute nicht wie sonst vor der Tür gestanden. Musste das etwas bedeuten? Anstatt sich zu beruhigen, hatte Mimi sich in derart schlimme Gedanken hineingesteigert, dass sie nichts mehr auf dem Hocker hielt. Sie fuhr nach Hause, wollte zu Leo. Der Wagen stand noch immer nicht vor der Haustür. Wie zu erwarten, öffnete er auch nicht.

Eine weitere halbe Stunde später stand Mimi vor Babsis Haus und klingelte Sturm. Sie ließ ihre ganze Wut am Klingelknopf aus, drosch auf ihn ein. Schon in der Seitenstraße hatte sich ihre Vermutung bestätigt, denn dort sah sie Leos Wagen stehen. Irrtum ausgeschlossen. Das Nummernschild, der kleine Fußball am Innenspiegel, das Trikot von KFC Uerdingen auf der Ablage. Alles Indizien für oder besser gegen Leo. Babsi, diese Schlange! So war das also. Sie machten gemeinsame Sache. Mimi wurde kurz schwarz vor Augen, ihr Herz raste, der Hals pochte schmerzhaft.

Mimi schrie aus Leibeskräften nach Babsi. Einige Fenster der Nachbarhäuser wurden laut geschlossen. Gardinen bewegten sich, Schatten huschten. Es war Mimi egal, was die Nachbarn dachten. Sie ging um das Einfamilienhaus herum, durch die offen stehende Gartentür betrat sie das Grundstück.

Mimi verschlug es den Atem. Das satte Grün des Rasens, die buntblühenden Pflanzen und die hochgewachsenen Bäume im verwunschen aussehenden Garten mit der Holzbank und dem wasserspeienden Kranich am Zierteich kamen ihr mit einem Mal wie eine Szenerie aus einem Horrorfilm vor. Fast fürchtete sie sich davor, die Wiese zu betreten, aus Angst, es sei ein elendiger Sumpf aus Intrigen und Falschheit, der sie in die Tiefe ziehen würde und ersticken ließ. Obwohl sie so voller Wut war, stach ihr aus unerfindlichen Gründen eine zweite Figur schemenhaft ins Auge, die im Wasser am Rande des Teiches saß und eine Neuanschaffung sein musste. Es war eines dieser gekrümmt dasitzenden, nackten Fabelwesen in Stein, die mit dem grimmigen Gesichtsausdruck, den spitzen Ohren und den vielen Falten. Die, die normalerweise das Haus bewachten und in Eingängen oder auf den Dächern hockten. Nur mühsam wandte sie ihren Blick von ihm ab. Zu weit war der Teich von der Terrasse entfernt, und sie war sicher nicht hierhergekommen, um misslungene Figuren zu betrachten.

Mimi ging zur Terrasse des Schlafzimmers und lugte durch die Tür. Babsi war noch nie eine ordnungsliebende Person gewesen, aber das, was Mimi erblickte, übertraf alles bisher Gesehene. Die Schranktüren standen offen, Wäsche war herausgerissen, Dekorationsgegenstände waren umgekippt oder aufs Bett geworfen worden, genauso wie die aus der Wand gerissene Festnetzstation. Bücher lagen auf dem Boden. Selbst Babsis Lieblingspalme war umgekippt, der Blumentopf zerbrochen. Wie um Hilfe ringend ragten die Wurzeln in die Höhe.

Mimi weigerte sich, an einen eventuell stattgefundenen Kampf zu denken. Oder waren es Anzeichen einer übereilten Abreise oder eines Einbruchs? Sie ging um das Haus und sah durch die anderen Fenster in die Räume, die im Gegensatz zum Schlafzimmer tiptop aufgeräumt waren.

Ihr Rundgang endete auf der Wohnzimmer-Terrasse. Im Wohnraum lagen auf dem Sofa übergroße Cocktailkissen, fein säuberlich aneinander gereiht. Alle hatten ein hässliches Fliedermuster – bis auf eines, das nicht bezogen war.

Mimi setzte sich erschöpft auf den Terrassenstuhl. Was war hier nur geschehen? Wie hing das alles zusammen? Babsi besaß das beste Alibi. Sie war bei ihr zu Hause gewesen, als der Überfall passierte, und was war mit Leo …? Wie war der Dieb hereingekommen? Mimi kratzte sich am Kopf, rieb sich die Schläfe. Ja, sicher, die Terrassentür war angelehnt, als der Einbrecher verschwand. Angelehnt. Da man sie nicht von außen öffnen konnte, musste sie jemand von innen … Babsi hatte die ganze Zeit bei ihr gesessen, oder etwa nicht? Als der Einbrecher sie überraschte, kettete er Babsi an die Heizung. Wieso hatte sie das so gelassen hingenommen?

Mimi richtete ihren Blick wieder auf diese bläulich-blasse Steinfigur. Von hier aus erkannte sie nur deren Umrisse. Sie stand auf und ging hinüber. Unterwegs spürte sie, dass auch hier nichts so war, wie es schien. Sie bückte sich. Jetzt sah sie, wie die Figur langsam den Kopf hob und sie mit großen, abwesenden Augen ansah.

Es war Leo, der wie ein Paket verschnürt im Teich saß.

Nur zwei Namen wiederholte er stammelnd, als er sie sah. Seine Stimme klang unnatürlich hell und gepresst: »Babsi … Mario … Babsi … Mario.«

Abwrackprämie

»**Hast du das gelesen?** Der Staat bietet jetzt 2.500 Euro für den Alten.« Esra las den Artikel aus der Tageszeitung laut und deutlich vor und sprach ohne Punkt und Komma weiter. »Wenn sich das mit der Prämie rundspricht, werden die Leute wie verrückt Neu- oder Jahreswagen kaufen, glaube mir. Die Finanzkrise ist unsere Chance. Wir werden den ollen Kombi abwracken und zusammen mit dem Geld vom Sparbuch können wir uns endlich den mambagrünen Daihatsu leisten. Hoffentlich steht er noch im Autohaus. Ich rufe gleich mal an, damit wir zu den Ersten gehören, die die Abwrackprämie kassieren.«

Hanno fiel das angebissene Brötchen aus der Hand, direkt in die geblümte Kaffeetasse. Die aber war leer und stellte keine Gefahr für ihn dar. Vielmehr ging sie von Esra aus. »Das tust du nicht. Das geht gar nicht! Ich fahr doch nicht mit einem giftgrünen Wagen durch die Gegend. Außerdem hat er einen viel zu kleinen Kofferraum.«

»Hat er nicht. Die Sitze kann man umklappen. Jedenfalls ist unserer zu groß, zu alt und schluckt zu viel – der Wagen«, fügte sie schnell hinzu.

»Schluss jetzt. Keine Diskussion. Der Neue ist zu teuer, zu lahm, zu hässlich.« Er angelte in der Tasse herum und aß weiter.

Esra stand auf. Sie musterte Hanno hämisch. »Diesmal bestimme *ich*, welchen Wagen wir als nächstes bekommen. Das Geld auf dem Sparbuch gehört mir und der Kombi auch, schon vergessen?«

»Ich muss weg.« Hanno sprang auf und verließ die Küche.

Eine Weile später hörte sie die Tür zufallen und sah, dass die Reisetasche aus dem Flur fehlte. Sollte er sich im Fitnessstudio ruhig abreagieren, dann regelte sie eben alles alleine. Für sie stand der Entschluss fest.

Nachdem Hanno auch am anderen Morgen nicht nach Hause gekommen war, kochte Esra vor Wut. Bestimmt lag er betrunken bei einem Freund auf der Couch. Oder womöglich im Bett einer anderen? Im Moment gab es Wichtigeres. Sie hatte für heute einen Termin im Autohaus, wollte sich die Prämie und den neuen Wagen sichern.

Esra nahm die Suche nach dem Sparbuch wieder auf, entdeckte es endlich ganz unten im Ablagekörbchen und stieß einen tiefen Seufzer aus, der zu einem Aufschrei wurde, als sie das Buch aufgeschlagen hatte. Nun wusste sie, warum Hanno etwas gegen ein neues Auto gehabt und so schnell das Weite gesucht hatte. Sie stöberte die Anrufliste vom Telefon durch. Der letzte Anruf hatte Josette und Franz-Anton gegolten. Das glaubte sie jetzt nicht. Nach dem dritten Telefonat verließ sie fluchtartig das Haus.

Mit dem Wagen ihrer Mutter war Esra in Kaifenheim von der A 48 abgebogen und versuchte sich an den Weg zu erinnern. In ihrer Wut hatte sie die Karte zu Hause gelassen, ein Navigationsgerät besaß sie nicht. An der Burg Pyrmont musste sie rechts Richtung Möntenich und dann irgendwie zum Müdenerberg. Genau, Müden. Von Karden nach Müden und zurück waren sie damals an ihrem Hochzeitstag den Buchsbaumwanderweg entlang spaziert und hatten sich anschließend glücklich erschöpft wieder zum Klickerterhof von Josette und Franz-Anton begeben.

Sie hielt am Straßenrand und versuchte Franz-Anton über ihr Handy zu erreichen. Glück gehabt. Der Ahnungslose erzählte ihr sofort, dass sie sich keine Sorgen machen solle, Hanno gehe es gut. Er wolle gleich morgen früh weiter nach Zürich zu seiner Cousine fahren. Fragte, ob Esra ihn sprechen möchte.

Wollte sie natürlich nicht. Esra tat so, als habe Franz-Anton ihr nichts Neues berichtet, und kündigte schnell ihren Besuch an. Er solle Hanno aber bitte nichts verraten, es solle eine Überraschung sein.

Obwohl Esra wütend war, freute sie sich trotz allem auf das Wiedersehen mit den Besitzern des Heuhotels. Am liebsten würde sie mit Josette und Franz-Anton gemütlich auf der Terrasse der Grillhütte sitzen und bei einem gepflegten Glas Wein ins Moseltal schauen. Dorthin, wo die Moselbrücke die Eifel mit dem Hunsrück vereinte. Ein traumhaftes Panorama, das einem die Tränen in die Augen trieb.

Der Gedanke an Hanno tat das allerdings auch. Typisch Hanno, einfach abhauen und untertauchen. Stünde er jetzt vor ihr am Hang, sie würde ihn hinunterstoßen. Eiskalt. Esra war seine Feigheit und die ständigen Lügen so satt, hätte nie gedacht, dass er sie noch einmal bestehlen würde. Sie musste unter allen Umständen zumindest ihren Kombi zurückbekommen und Josette bitten, den Wagen ihrer Mutter bis übermorgen hier stehen lassen zu können. Mit Hanno war nun endgültig Schluss. Sollte er selbst schauen, wie er nach Hause kam.

Esra fuhr auf den Hof, der um diese kalte Jahreszeit nichts von seiner Schönheit verloren hatte, aber wie ausgestorben wirkte. Josette und Franz-Anton waren wohl noch immer einkaufen, der Grillplatz war vereinsamt. Esra sah hinunter ins Moseltal. Der leichte Nebel wirkte fast bedrohlich. Vielleicht war Hanno ja in der Scheune und schlief im Heu seinen Rausch aus.

Sie schlich sich heran und sah ihn tatsächlich da liegen, den Dieb, den Feigling und Betrüger. Er sah im Schlaf wie ein betrunkener Unschuldsengel aus. An die Fahne hätte sie nur ein Streichholz halten brauchen und der Heuschober wäre in Flammen aufgegangen. Aber das hatten Josette und Franz-Anton nicht verdient. Esra raffte eine große Menge Heu zusammen …

Mambagrün ist eine schöne Farbe, fast schöner als Heugrün. Esra lieh sich von der Mutter etwas Geld und kaufte sieben rote Rosen – für jedes Jahr eine – und legte sie auf die Rückbank des Kombis.

»Was'n das?«, fragte der Schrotthändler. »Das hab ich ja noch nie gesehen. Jetzt kriegen die Karren schon Blumen? Hat er sie sieben Jahre lang nicht im Stich gelassen?«

»Kann man so nicht sagen«, antwortete Esra.

»Ist ja auch egal. Hier ist die Hölle los. Ham Sie alles rausgenommen? Hat der Kollege alles nachgesehen?«

Esra nickte stumm.

»Dann fahren Sie mal Ihren Blechgeliebten unter den Greifarm, den Rest machen wir dann schon.«

Wer spart, hat nichts vom Leben

Krefeld, den 1. Januar

Liebe Anna,

nun ist es schon eine Weile her seit ich Dir das letzte Mal geschrieben habe. Verzeih mir bitte, aber hier war die Hölle los. Ich hoffe, Du hattest schöne Feiertage und bist gut ins neue Jahr gekommen. Ich bin froh, dass das alte vorbei ist, aber das neue scheint auch nicht besser zu werden.

Du glaubst gar nicht, wie sehr ich Dich und Deine guten Ratschläge vermisse. Ich hätte sie im letzten Monat gut gebrauchen können. Leider warst Du ja in Bel Air zur Kur und ich hatte keine Adresse.

Wie Du weißt, ist Paul schon seit langem in Rente. Liebe Schwester, Du kannst froh sein, dass Dir diese Situation mit deinem Mann erspart blieb. Sicher, Bertrams Tod war bestimmt auch nicht einfach für Dich, aber es ist doch schon ein Unterschied, ob einer sanft einschläft oder lieber anderen den Tod herbeiwünscht.

Ja, Du hast richtig gelesen. Seit Paul zu Hause ist, nörgelt er nur noch an mir herum. Er weiß nichts mehr mit seiner Zeit anzufangen. Neulich sagte er tatsächlich und ohne schlechtes Gewissen, dass es ihm ganz recht wäre, wenn ich vor ihm ins Gras beiße. So könnte er noch eine Zeitlang in Frieden und sparsam weiterleben, weil dann, und nur dann, seine mühsam gesparten Euros bis an sein Lebensende reichen. Ich sei verschwenderisch und würde das Geld – sein Geld – zum Fenster hinauswerfen! Muss ich mir das nach fünfzig Ehejahren sagen lassen? Sei froh, dass Du keinen Mann mehr hast und finanziell unabhängig bist. Wenn ich noch ein paar Jährchen jünger wäre, so wie Du damals, als Du nach Bertrams Tod nach Tucson gingst, würde ich keine Sekunde mehr zögern und sofort zu Dir kommen. Aber so, mit meinen über 72 Jahren und meinem Bluthochdruck und der Diabetes, verpflanzt man keinen alten kranken Baum mehr. Und Scheidung kommt nicht in Frage. Die Leute sollen sich nicht auch noch das Maul über mich zerreißen.

Oje, mein geliebtes Schwesterherz, ich muss nun schnell Schluss machen. Gleich kommt Paul vom Einkaufen zurück, und ich habe noch nicht mal gespült. Bitte schreib schnell zurück.

Deine Dich sehnlichst vermissende große Schwester,

Lizzy

Krefeld, den 26. Februar

Meine liebe Schwester,

vielen Dank für Deinen trostspendenden Brief und Deine Einladung, Dich – ohne Paul – besuchen zu kommen. Leider ist mir das im Moment noch nicht möglich. Während ich hier – bitte verzeih, wenn ich es schreibe – auf Toilette sitze, kann ich dir vorerst nur schnell ein paar Zeilen schreiben. Aber, keine Sorge, ich werde das Briefpapier anschließend mit Parfum bestäuben.

Normalerweise hätte ich Dir das jetzt gar nicht schreiben müssen, aber ich möchte, dass Du weißt, wie sehr sich meine Situation mit Paul verschlimmert hat. Briefeschreiben ist seiner Ansicht nach verlorene Zeit und rausgeworfenes Geld, vor allem Briefe nach Amerika. Aber ich habe noch ein paar Cents im Sparstrumpf, von denen Paul nichts weiß. Mach Dir deswegen also bitte keine Sorgen, ich werde Dir auch weiterhin schreiben.

Ich kann ja schon froh sein, wenn er mir vom Supermarkt Klopapier mitbringt, denn neulich meinte er doch tatsächlich, wir könnten aufgrund unserer vielen Arztbesuche, die er übrigens für total überflüssig hält, jeweils in der Arztpraxis unser großes Geschäft verrichten, das würde Kosten sparen! Anna, bitte sag mir, womit ich das verdient habe. Ich habe doch niemandem etwas getan.

Du fragst in Deinem Brief auch nach meiner Geschirrspülmaschine. Ich muss Dir leider sagen, ich habe keine mehr. Nach dem Versagen derselben war Paul heilfroh, sie endlich verkaufen zu können, da sie seiner Meinung nach ohnehin nur Kosten verursacht hat. Derjenige, der sie bekam, ein Junggeselle aus Kleve, kaufte sie im guten Glauben, das sie funktioniert, und zahlte noch stolze zweihundert Euro dafür. Gottseidank haben wir nichts mehr von ihm gehört, weil Paul geschickterweise am gleichen Tag das Telefon abmeldete.

Ach ja, sehnsüchtig erinnere ich mich an unsere gemeinsame Zeit, liebe Anna, in der wir oft stundenlang durch die Kaufhäuser streiften und nach Herzenslust einkauften. Erinnerst Du Dich noch, wie ich mir das wunderschöne Lurexkleid für die Silberhochzeit kaufte? Ich habe es jetzt ändern lassen – müssen! Biggi heiratet doch zum dritten Mal – sie kommt einfach nicht mit den Männern zurecht, dabei sollte sie es doch mal besser haben – jedenfalls, Paul meinte, eine breite silberfarbene Restpostenborte würde dem Kleid die passende elegante Note verleihen. Dann müsste ich mir auch kein neues kaufen. Oh, Anna, ich weiß nicht, wie lange ich seinen Geiz noch aushalten kann.

Ich komme ja auch kaum noch vor die Tür, abgesehen von den Arztbesuchen. Paul erledigt sämtliche Einkäufe selbst, am liebsten im Discounter – ich könnte ja irgendwelches teure Zeugs anschleppen, meint er. Sonderangebote sind seine Spezialität. Ich kann dir deswegen leider auch keinen Eduscho-Kaffee mehr schicken, denn er besorgt nur noch den No-Name-Kaffee. Außerdem will er ihn immer selbst aufschütten und das zweimal mit demselben Kaffeemehl. Ich sage Dir, die Brühe kann man kaum trinken. Aber zusammen mit dem preisreduzierten Weißbrot vom Vortag geht es einigermaßen.

Gibst Du eigentlich noch die berühmten Barbecues, von denen Du immer geschrieben hast? Ach, ich freue mich so, wenn es dir gut geht und ich wieder einen Brief von dir lesen kann.

In Liebe

Deine Lizzy

Krefeld, den 30. März

Liebste Anna,

vielen lieben Dank für Deine hundert Dollar! Das war aber nicht nötig, wir kommen doch auch so zurecht.

Paul hat wieder Einsparungsmaßnahmen getroffen. Wir zahlen jetzt kaum noch Wassergeld, weil das alte Putzwasser für die Klospülung benutzt wird, nachdem damit zweimal geputzt wurde. Das Baden ist durch einmal in der Woche Duschen ersetzt worden und Kaffee gibt es jetzt nur zum Frühstück.

Dein Geld hat mein ›liebster‹ Mann kurzerhand an sich genommen und gleich für den Haushalt mit eingeplant. Ich war so leichtsinnig gewesen, es in meinem Portemonnaie zu lassen. Er spioniert mir ständig hinterher, weil er denkt, ich würde Geld vor ihm verstecken.

Vielen Dank auch für Deinen Ratschlag, ihn mit dem Vakuumpaket Kaffee zu erschlagen. Ich habe es dann vorsichtshalber erst einmal heimlich an der Stuhllehne ausprobiert. Doch schon nach dem zweiten Schlag bekam die Packung einen Knick und beim dritten Mal verteilte sich der gesamte Inhalt auf unserem hellen Teppich. Das musste ich dann erst einmal Paul erklären, als er vom Einkaufen nach Hause kam. Gar nicht so einfach. Jemanden umzubringen, meine ich.

Dann ist es mir sehr peinlich, aber ich kann Dir leider keine Fotos von Biggis Hochzeit schicken. Das Geld möchte ich mir für Briefmarken aufsparen. Sonst kann ich Dir ja gar nicht mehr schreiben. Die Hochzeit war sehr schön. Mindestens viermal bin ich zum Buffet gegangen. Endlich konnte ich mich einmal so richtig satt essen. Die Eltern des Bräutigams hatten zum Glück darauf bestanden, das Fest auszurichten. So wird unser Biggilein die Feier ihren Lebtag bestimmt nicht vergessen. Was bestimmt auch der Fall gewesen wäre, wenn Paul die Hochzeit ausgerichtet hätte, so war es aber für alle Beteiligten viel besser.

Du hättest unser Hochzeitsgeschenk sehen sollen. Paul hatte sich sehr viel Mühe gegeben, die alte Stehlampe von unserem Opa mit dem Rest meiner silberfarbenen Kleiderborte zu verzieren. Gar nicht mal so übel. Alle haben gestaunt, wobei einige sogar meinten, es handele sich bei der Lampe um ein Designermodell. Nur Tante Mizzi erkannte schnell die merkwürdige Übereinstimmung des Stoffes an der Lampe mit dem an meinem Kleid. Mir war wesentlich wohler, als ich später am Abend die Saaltrennwand vor die Geschenke schieben konnte.

Ach, liebe Anna, bitte schicke mir doch ein aktuelles Foto von Dir.

In hoffnungsvoller Erwartung einer baldigen Antwort.

Deine Lizzy

Krefeld, den 5. Mai

Liebe Anna,

das konnte ich ja nicht wissen, dass Du das mit dem Paket Kaffee und dem Erschlagen im Scherz geschrieben hattest. Ist Dein Vorschlag, ihn zu vergiften, ebenfalls im Spaß gemeint? Ich muss allerdings zugeben, der Gedanke hat was. Nur, wo soll ich denn das Gift herbekommen? Aus der Apotheke? Von Deinen hundert Dollar vielleicht, die Du mir netterweise wieder geschickt hast? Machst du Dich damit nicht auch strafbar, wenn es herauskäme? Wobei ich es bestimmt nicht erzählen würde. Da könntest Du Dich hundertprozentig auf mich verlassen, schließlich bin ich Deine Schwester. Aber die Polizei ist ja heute schon so weit, die entdecken alles. Dennoch werde ich mal darüber nachdenken. Obwohl mir der Gedanke allein schon absurd vorkommt. Ich, eine Mörderin? In meinem Alter?

Aber zurück zu Paul. Du willst bestimmt wissen, wie sich die Sache weiterentwickelt hat. Oh ja, da gibt es einige Klöpse zu berichten. Da Paul und ich durch die Sparmaßnahmen so stark abgenommen haben und unsere Sachen nicht mehr passen, kam er gestern mit einem Sack der Roten Kreuz Sammlung an. Den hatte er irgendwo gefunden. Die Kleidung sei so gut wie neu, meinte er. Beim Auspacken sah ich gut erhaltene Babykleidung, Männerhosen – Größe 54, Paul sagte, mit Hosenträgern ginge es schon – und für mich ein paar kleingeblümte Kittelschürzen. Solche, die unsere Mama immer getragen hat. Im

Sommer vielleicht ganz praktisch, aber damit kann ich doch nicht zum Arzt gehen. Werde wohl mein Hochzeitskleid dafür ändern müssen.

Wann fährst Du noch mal zur Fastenkur in die Berge? Du hattest nur den Tag geschrieben, aber den Monat nicht erwähnt.

Heute wollte Paul sich auf dem Amt erkundigen, ob er Pflegegeld für mich beantragen kann. Er meinte, bei meinem derzeitigen Aussehen würde es mir jeder abnehmen, dass ich pflegebedürftig sei. So könnte er sich dann endlich das heißbegehrte gebrauchte Zündapp-Mofa kaufen und den teuren Fiat veräußern, der seit zwei Jahren mit abgelaufenem TÜV in der Garage herumsteht. Mir soll es recht sein, ich bin ja schon eine Ewigkeit nicht mehr damit gefahren und zum Arzt muss ich erst wieder, wenn es mir wirklich schlecht geht. Dafür gibt es ja dann den Notarztwagen, sagt Paul.

Vielen Dank übrigens für das wunderschöne Foto von Dir. Du siehst blendend aus.

Ich küsse Dich,

Deine Dich liebende Lizzy

Krefeld, den 24. Juni

Liebe Schwester,

hier in Krefeld ist es so heiß, wie schon lange nicht mehr. Der Sommer hat laut Kalender ja gerade erst begonnen, aber wir haben jetzt schon seit fast drei Wochen schwüle fünfunddreißig Grad. In meiner luftigen Kittelschürze ist es gerade eben auszuhalten. Ich habe mir gerade heimlich einen Kaffee aufgeschüttet. Paul ist diesmal mit dem Fahrrad zur Krefelder Tafel gefahren. Dort werden Lebensmittel an Bedürftige gespendet. An Bedürftige! Es ist mir so peinlich.

Ich hatte mich vorhin etwas hingelegt, nachdem es mir gelungen war, die Kacheln in der Küche mit der Spülbürste zu putzen. Mein altes Fensterleder hat sich längst in seine Bestandteile aufgelöst und ein neues gibt es nicht, ebenso wenig wie Spültücher, weil die ja viel zu teuer sind. So allmählich geht auch meine Aussteuer von vor vierzig Jahren zur Neige und die Plastikhaushaltsteile, die ich mir etwas später anschaffte, existieren schon lange nicht mehr. Das Zeug hält ja nichts aus. Es wird Zeit, dass sich etwas ändert.

Oh, jetzt habe ich ja schon wieder zuerst nur von mir gesprochen. Es tut mir leid, liebstes Schwesterherz, aber es fällt mir immer schwerer, mich zu konzentrieren. Meine Gedanken kreisen nur um Paul, und ich frage mich ständig, wie ich meine mittlerweile unerträgliche Situation ändern kann.

Doch jetzt muss ich erst einmal Schluss machen. Es ist sogar zu heiß zum Schreiben.

In Liebe,
Lizzy

Krefeld, den 11. August
Liebe Anna,
vielen Dank für Deine Geburtstagskarte und die 200 Dollar. Die kann ich gerade jetzt gut gebrauchen. Wirst Du den ganzen September über in Tucson sein? Wenn alles gutgeht, komme ich Dich dann besuchen. Ja, Du hast richtig gelesen. Ich habe vor, zu Dir zu kommen, und hoffe, Du freust Dich. Ich für meinen Teil kann es kaum erwarten. Doch erst muss ich etwas Wichtiges erledigen, von dem ich nicht weiß, ob es funktionieren wird, denn stell Dir vor, gestern brachte Paul eine verbeulte Fischkonserve zum halben Preis mit. Als wenn ich bei dem Wetter Fisch essen würde. Da hat er sich geschnitten. Und dann kam mir die Idee, die Dose in die Sonne zu stellen. Bei den momentanen Temperaturen hilft mir das eventuell auf elegante Weise, mein Problem zu lösen. Wenn ich die Dose später wieder in den Schrank stelle …

Ich freue mich auf Dich,
Deine Lizzy

Krefeld, den 20. August
Herzallerliebste Anna,
habe deinen Eilbrief bekommen. Vielen Dank auch für das Pulvertütchen, auf dem ›Nur für Paul‹ steht. Aber was meinst Du damit, es hat Bertram auch geholfen, und wieso soll ich es Paul unauffällig in den Kaffee schütten? Ist es etwa …?

Mit den 1.000 Dollar, die im Umschlag lagen, kann ich auf jeden Fall im September zu Dir kommen, denn ich weiß ja nicht, wie schnell die Versicherung arbeitet. Was ich damit meine, wird aus dem weiteren Inhalt des Briefes deutlich werden. Bitte verbrenne ihn aber sofort, nachdem Du ihn gelesen hast.

Paul ist tot.

Ich habe es geschafft! Er hat von dem Fisch gegessen. Es ging ganz schnell und problemlos. Und weißt Du, was das Beste ist? Die Polizei hat keinerlei Verdacht geschöpft. Denn nicht ich habe den Fisch vergiftet, sondern der Hersteller selber. Ja! Du hast richtig gelesen. Durch Zufall las ich irgendwann in Pauls Schuhen … – ach so, ich muss dazu sagen, dass Paul die zu großen Schuhe aus dem Sammelcontainer immer mit Zeitungspapier aus der blauen Tonne unseres Nachbarn ausstopfte – ich las also in dieser Zeitung, dass, kurz nachdem Paul die Dosen gekauft hatte, eine Gefahrenmeldung der Fischkonservenfabrik rausgegangen war, die davor warnte, von den Fischkonserven einer bestimmten Produktionsnummer zu essen. Aus irgendeinem Grund könne es zu einer chemischen Reaktion mit der Blechdose kommen, die eine für den Menschen tödliche Chemikalie freisetze. Alle, die noch nicht verzehrte Exemplare dieser Konserve besitzen, wurden dringlich darauf hingewiesen, nicht davon zu essen.

Da muss jemand aus dem Supermarkt seine Anweisungen falsch verstanden haben und die Dosen, die er ausrangieren sollte, in den Korb mit dem halben Preis gepackt haben. Anders kann ich es mir nicht vorstellen, wie es gekommen ist. Und ich hatte ja keine Zeitung, kein Radio und kein Fernsehen und deshalb konnte ich von alledem auch nichts mitbekommen. Ja, und jetzt ist er tot und ich musste gar nicht viel nachhelfen. Ist das nicht wunderbar?

Pauls Lebensversicherungssumme, an die er Gott sei Dank wohl nicht mehr gedacht hatte, sonst hätte er sie auch gekündigt, ist zwar nicht berauschend, aber ich glaube, ich werde noch eine Schadensersatzklage bei der Staatsanwaltschaft einreichen. Paul hätte das so gewollt. Auf jeden Fall wird mich jetzt nichts mehr zurückhalten, meine liebste Anna. Wenn die Formalitäten erledigt sind und die Genehmigung eines Pappsarges durch ist, werde ich umgehend zu Dir geflogen kommen.

In großer Vorfreude auf das baldige Wiedersehen,
Deine erleichterte Lizzy

Weißt du noch?

Ich schloss die Tür auf und rief »Hallo Paps!« in den Flur. Er sollte sich nicht erschrecken, wenn ich plötzlich im Wohnzimmer auftauchte. Wie jeden Montagmorgen versperrte der Korb mit den leeren Flaschen den Hauseingang. Ich schob ihn beiseite. »Paps? Paaaps!«

Da hörte ich eine weibliche Stimme. Hatte er etwa Besuch? Von einer Frau? Undenkbar. Je näher ich kam, desto lauter erzählte die Redakteurin vom Fernsehsender etwas über das Alter und die Pflegeheime. Bisher ein Tabuthema für ihn, und jetzt schaute er sich die Reportage freiwillig an? Hatte er seine Meinung geändert?

Im Wohnzimmer roch es nach ungelüfteten Fernsehnächten. Ich ging zum Fenster und öffnete es. Da sah ich ihn schlafend im Sessel sitzen. Na so was, noch vor zehn Minuten hatte er mich am Telefon zusammengestaucht und gefordert, ich solle ihm sofort die Fotoalben zurückbringen. Ich beugte mich zu ihm. Es war ein gewohnter Anblick. Paps mit der Fernsehzeitung auf dem Schoß, der Brille auf der Nase, den Mund halb geöffnet und die weißen Haare wirr vom Kopf abstehend. Wie immer sah sein Gesicht fahl aus. Er sollte sich mehr an der frischen Luft bewegen, damit sein Körper nicht so schwach wurde. Nur um sein Gehirn musste ich mir keine Sorgen machen. Zumindest sein Langzeitgedächtnis war für einen 82-Jährigen phänomenal.

Ich rüttelte an seinem Oberarm, wollte ihn wachbekommen. Es gelang mir nicht. So dringend konnte es also nicht gewesen sein, was er zu besprechen hatte, sonst hätte er mich schon an der Tür begrüßt. Skeptisch sah ich zu ihm.

»Komm schon, die Nummer zieht nicht mehr bei mir«, sagte ich halblaut, mit ein wenig Ironie in der Stimme, obwohl ich sauer auf ihn war. Zu oft hatte er sich tot gestellt, nur, um mich zu ärgern, mir zu zeigen, wie das Gefühl wohl ist, wenn er nicht mehr da wäre.

»Paps? Papa?« Er rührte sich nicht. Ich fühlte seine kalte Stirn, die kühlen Wangen, schaute auf die leicht bläulichen Lippen, die an sich nichts Neues waren, und dennoch … Langsam stiegen Zweifel in mir auf und Tränen, durch die ich alles verschwommen sah. Vor diesem Moment hatte ich mich am meisten gefürchtet. Ich legte meinen Kopf auf seine Brust, umschlang sie mit beiden Armen. Er ließ es zu. Ein sicheres Zeichen dafür, dass … Ich zwang mich zur Ruhe, da erst spürte ich durch seine Weste die laue Wärme, die von seinem Oberkörper ausging. Ich hörte sein Herz, leise, ganz leise pochen. Sein Brustkorb hob und senkte sich dabei, langsam, dann immer heftiger. Paps schlug die Augen auf und drückte mich abrupt von sich weg.

»Da bist du ja endlich. Gib mir meinen Stock!« Er sprach heiser, hustete sich seine dunkle und für sein Alter erstaunlich kräftige Stimme zurück.

Ich versuchte ruhig durchzuatmen, das Zittern unter Kontrolle zu bekommen. Der Schreck saß mir gewaltig in den Gliedern. Flüchtig wischte ich mir die Tränen aus dem Gesicht und bückte mich nach seinem Gehstock. Ich ärgerte mich am meisten über mich selbst. Schon wieder war ich auf ihn hereingefallen. Wie hatte ich nur glauben können, dass er sich jemals änderte? Auch das Kommandieren würde er nie sein lassen, noch nicht einmal auf dem Totenbett.

»Hast du die Fotos dabei?« Er rückte seine Brille zurecht.

»Welche Fotos?« Ich ließ ihn zappeln. Gestern hatte ich die Alben in einem Versteck in seinem Schrank gefunden und heimlich mitgehen lassen. Heute Morgen hatte er es bemerkt.

»Na, die aus Frankreich – habe ich doch gesagt.« Er raufte sich die Haare, was seiner wirren Frisur nichts anhaben konnte.

»Sag bloß …«

»Ganz ruhig. Moment.« Ich verstand nicht, was an den Fotos unseres Frankreichurlaubs von 79 – ich war damals zehn Jahre alt – so wichtig sein sollte. Warum hatte er sie versteckt? Die meisten Bilder gaben mir Rätsel auf. Wieso hatte er zum Beispiel einen baufälligen Schuppen fotografiert? Was hatte es mit dem Katzenteller in Nahaufnahme auf sich? Warum befand sich dieser versiegelte Umschlag im Album? Ich hatte mich nicht getraut, ihn zu öffnen. Lächerlich. Als wenn ich eine Tracht Prügel befürchtete, so wie ich sie damals oft bekommen hatte, weil ich ungehorsam war. Ich ging in den Flur, wo mein Beutel mit den Alben stand.

»Mach das Fenster zu, wenn du zurückkommst«, rief er mir hinterher.

»Vater, du sitzt nicht im Rollstuhl, das kannst du alleine. Du musst dich auch mal bewegen.«

»Wer hat es denn geöffnet?« Er wedelte mit dem Stock, ächzte und rappelte sich mit seinen lahmen Knochen auf, aber nur, um mir nachzugehen. »Hast du auch beide Frankreich-Alben mitgebracht? Beeil dich, ich muss dir was zeigen.«

Ich ging an ihm vorbei. Paps riss das aus grünem Lederimitat an sich und setzte sich auf die Couch. Dann klopfte er auf den freien Platz neben sich.

»Komm, schau dir das an.« Seine knorrigen Finger blätterten in den vergilbten Kartonseiten hin und her und zerrissen dabei einige Zwischenblätter aus Pergamin. Die trüben Augen tränten. Er nahm die Brille ab, hob das Album hoch und stieß beim Betrachten der Bilder fast mit der spitzen Nase darauf. Dann hielt er inne.

»Hier. Hier, schau. Burgund, Sommer 79. Weißt du noch? Hier.« Er zog eine Vergrößerung in Schwarzweiß aus dem Album und hielt sie triumphierend hoch. Ich sah plötzlich Schadenfreude in seinem Gesicht, sah, wie er sich erneut über den gelungenen Überfall freute, nach Jahren unangemeldet bei seinem Freund aufgetaucht zu sein. Diese Schrecksekunde war deutlich auf dem Foto zu sehen. Paps tippte auf den Mann. »Leclerc.« Er sprach den Namen so hart und verächtlich aus, als handele es sich um den gefährlichsten Kriminellen aller Zeiten, dabei war er nicht nur sein langjähriger Freund, sondern auch ehemaliger Arbeitskollege aus der Senffabrik. Paps setzte die Brille auf – wieder ab und wieder auf.

»Erinnerst du dich?«, fragte er noch einmal.

Ich sah auf das Bild und schwieg. Richtig. Paps hatte sofort nach unserer Ankunft mit der Kamera draufgehalten. Kaum waren wir aus dem Wagen gestiegen und Madame und Monsieur Leclerc aus dem Haus gerannt gekommen, hatte er sie fotografiert. Ein gelungener Schnappschuss, wenn auch etwas verschwommen. Als sie die Kamera sahen, waren beide ruckartig stehen geblieben, so, als hätte jemand die Zeit angehalten. Monsieur stand in Abwehrhaltung da, mit weit aufgerissenen Augen und Mund, während Madame sich gerade die Hand vor ihre schmalen Lippen halten wollte. Erst das Drücken auf den Auslöser brach den Bann. Ein hektisches Treiben setzte ein.

Je länger ich auf das Foto sah, desto deutlicher kam die Erinnerung. Ich spürte noch einmal, wie unwohl ich mich als Kind gefühlt hatte unter den für mich wildfremden und fremdländisch sprechenden Menschen.

Ich nahm Paps das Foto ab und legte es wieder sorgsam in die Fotoecken. Die Aufnahme darunter war auch nicht viel besser. Sie zeigte keinen Schnappschuss, sondern Madame, Monsieur, Mutter und mich, von Vater penibel inszeniert. Wir sollten uns in den Arm nehmen und in einer Reihe aufstellen. Ein unangenehmer Moment, wie unsere Gesichter zeigten. Schon damals war mir aufgefallen, wie ärmlich Madame und Monsieur gekleidet waren. Sie steckte in einem schmutzigen, gestreiften Kittel mit so gar nicht passenden Rüschen und er in einer abgewetzten und ausgebeulten Feincordhose und einem dunkelblauen Achselhemd, das den dicken Bauch betonte. Mutter sah dagegen in ihrem C&A-Chic wie eine Thronanwärterin aus und auch ich war in meinen weiten karierten Shorts und dem hellen, langärmeligen Wollpulli – den ich sonntags immer anziehen musste, auch im Hochsommer – reichlich overdressed. Wie furchtbar. Und dann meine Haare. Mutter schnitt meine dunklen Haare immer selbst. Die Frisur wirkte wie eine Mütze. So stand ich mit den Erwachsenen vor dem heruntergekommenen Haus und wollte nur noch heim. Ich glaube, Mutter auch, denn sie hatte sich nach dem Fotografieren wieder in unseren cremefarbenen Opel gesetzt, was die nächste Aufnahme im Album bewies.

Es war mein allererster Urlaub im Ausland, in … war es Lyon oder Dijon? Ich rupfte das Bild aus den Ecken, drehte es um und las – richtig, Dijon. Unter dem Ortsnamen stand ein halber Roman. Früher hatte es mich geärgert, wenn Vater überall auf den Rückseiten Bemerkungen schrieb und ich es nicht durfte. Heute war ich froh darüber, die Fotos mit diesen Notizen zu haben – auch, wenn sie in Französisch verfasst waren. Eine Sprache, die Paps aus der Zeit der Kriegsgefangenschaft und Jahrzehnte später der Montagearbeit in der Senffabrik perfekt beherrschte. Ich überflog den Text und musste feststellen, dass sich mein Schulfranzösisch nur wenig verbessert hatte. So gaben mir die Kommentare selbst heute noch Rätsel auf. Er sollte sie mir, am besten gleich, übersetzen.

Paps tippte mir auf die Schulter. »Ist da jemand? Ich habe dich was gefragt. Erinnerst du dich?« Er setzte die Brille wieder ab. So nervös hatte ich ihn schon lange nicht mehr erlebt. Warum japste und zappelte er so? Er wirkte wie ein Fisch, dem das Atmen an Land unmöglich war. »Das werde ich mein Leben lang nicht vergessen«, antwortete ich. »Ich weiß noch genau, wie ich an den bunten, schmierigen Flatterbändern in der Eingangstüre hängengeblieben war und mich vor den dicken Brummern in der Küche geekelt hatte. Bestimmt waren sie vom undefinierbaren Essen auf dem Herd so fett geworden, dem Eintopf ›Allerlei‹ aus sandigem Gemüse. Wir hätten nicht zur Essenszeit ankommen sollen.«

»Die *Soupe au pistou*, meinst du. Außerdem ist in Frankreich immer Essenszeit, wenn Besuch kommt«, korrigierte Paps mich.

Ich nickte. »Es war so furchtbar. Kaum saßen wir, kam Madame Leclerc mit dem Suppentopf an. Anstatt ›Non‹ war mir ein ›Oui‹ herausgerutscht und mein Teller bis obenhin gefüllt worden. Mit buchstäblich knirschenden Zähnen habe ich mich meinem Schicksal ergeben.«

Paps lachte fettig. Genauso, wie er gelacht hatte, als er den Moment des Probierens mit der Kamera festgehalten hatte. Ich, mit einem entsetzten Gesichtsausdruck unter der Beatles-Frisur und als wenn die Aufnahme nicht hässlich genug gewesen wäre, hatte sich auch noch diese struppige Katze ins Bild gedrängt. Sie saß am Tischbein und sah zu mir hoch. Sie war die hässlichste Katze der Welt, das arme Tier. Aber was an dem Mittag mit ihr geschah, hatte selbst sie nicht verdient.

Paps schob das Album näher zu mir und blätterte schnell weiter. Wir betrachteten das erste Farbfoto der Reihe *Zu Besuch bei den Leclercs.*

»Und hier. Weißt du noch? Die große Kasserolle mit dem Hähnchen à la Toulouse.« Seine Aussprache wurde immer feuchter.

»Ja, ich weiß«, seufzte ich, immer noch in Gedanken bei der Katze, und schüttelte mich. »Wie viele Stunden haben wir am Tisch gesessen? Hättest mich vorher auch mal warnen können, dass die Franzosen mehrere Gänge zu sich nehmen, sogar mit unangekündigtem Besuch. Heute frage ich mich, wieso jemand, der so erbärmlich gekleidet war und in solch einem heruntergekommenen Haus lebte, sich so viel zu essen leisten konnte.«

Ich nahm das Foto aus dem Album, drehte es um und las: Madeira-Hähnchen nach Toulouser Art, in der Kasserolle gegart. Für die Soße: Zwiebeln, Karotten, Lauch, Rosmarin, Thymian, Madeira und … und … und … Ich schluckte.

»Wieso kocht eine Hausfrau in der Bourgogne ein Gericht aus Toulouse, und dann auch noch mit Madeira?«, fragte ich ihn, aber woher sollte er das wissen?

Paps kniff die Augen zusammen und zog einen Mundwinkel verächtlich hoch. »Sie war schon immer experimentierfreudig.« Er betrachtete das Bild mit der Kasserolle genauer, so, als würde er jede einzelne Zutat unter die Lupe nehmen und noch einmal schmecken wollen.

Ich hingegen erinnerte mich ungerne an den Hauptgang. Auch er war die reinste Katastrophe. Nicht allein wegen des Gerichts, auch sonst. Nachdem Madam Leclerc den Suppentopf vom Tisch genommen hatte, ließ sie die benutzten Teller stehen, warf Messer und Gabel dazu und knallte den Topf mit dem Hähnchenfleisch, das in einer rötlichen Soße schwamm, auf den Tisch. Wie hatte ich mich vor dem Fleisch in der Soße entsetzt. Sie sah aus wie … obwohl … Wie sich die Zeiten änderten, jetzt lief mir beim Anblick des Fotos förmlich das Wasser im Mund zusammen. Jetzt hätte ich *Coque à la Toulouse* gerne serviert bekommen.

Ich drehte das Foto wieder um, weil mir etwas anderes aufgefallen war. Unter dem Rezept befand sich ein kleines Kreuz. Im Kommentar darunter stand etwas von »… *Le chat Filou*«.

»Das war ein Schreck mit der Katze …«, sagte ich, »und dann der Streit zwischen den Leclercs und dir. Worüber hattet ihr euch eigentlich gestritten? War es wegen der Katze?« Ich hatte nie danach gefragt und er nie darüber gesprochen. Seltsam, dass wir erst im Alter anfingen, solche Dinge aufzuarbeiten.

Paps stotterte: »Ich … ich soll sie vergiftet haben.« Er wischte sich die Hände an den Hosenbeinen ab.

Ich beäugte ihn skeptisch. Wenn ich ihm alles zutraute, aber das nicht. Nicht vor den Leclercs, vor Mutter, vor mir und überhaupt – nie im Leben. Trotzdem stellte ich ihm die Frage und duckte mich weg, damit ich mir in meinem hohen Alter keine Ohrfeige einfing: »Und? Hast du?«

»Du würdest es für möglich halten?« Sekundenschweigen.

Dann räusperte er sich: »Ja, habe ich!«

Geschockt suchte ich erst einmal selbst nach einer Erklärung, versuchte, mich genauer an die Szene zu erinnern: Während wir aßen, schrie Mutter plötzlich auf und zeigte auf die tote Katze neben dem Futternapf. Madame Leclerc schrie Paps an und fuchtelte wild mit den Armen. Er schrie zurück. Monsieur Leclerc mischte sich ein. Mutter schrie Paps an, er solle übersetzen. Er schrie zurück, sie solle sich da raushalten. Madame stürmte auf Paps los. Monsieur zog sie von ihm weg. Ich hatte mich auf meinem Stuhl ganz klein gemacht, verschwand halb unter dem Tisch und starb fast vor Angst. Nie dürfte ich behaupten, dass mein allererster Urlaub in Frankreich schön war.

Sich gut an etwas erinnern zu können, ist nicht immer von Vorteil. Ich musste mich erst beruhigen und betrachtete Paps, den Katzenmörder, der mir plötzlich so fremd vorkam. So alt und in sich zusammengesackt saß er da. Erst jetzt traute ich mich, weiter zu bohren: »Um Himmels willen, warum hast du es getan und wann und wie?« Die Fragen waren nicht unberechtigt. Wie sollte er das wohl an einem vollbesetzten Tisch gemacht haben? Bevor es zum Eklat gekommen war, hatten wir alle ganz friedlich dagesessen. Er saß dem Hausherrn gegenüber, also am anderen Kopfende des Tisches. Paps hatte oft auf seine Sprungdeckeluhr gesehen, aber das war das einzig Auffällige, was mir spontan einfiel. Und Mutter? Mutter musste das laute Lamentieren mangels Sprachkenntnissen wohl dem französischen Temperament zugeschrieben haben und hatte sich nur auf das Essen konzentriert. Damals hatte ich gestaunt, wie man so etwas mit Genuss essen konnte. Also, wann und wie um alles in der Welt hatte er die Katze vergiften können?

Paps reckte sich unter Ächzen und startete lieber den Versuch, das »Warum« zu erklären: »Mit den Leclercs hatte ich noch eine Rechnung offen. Sie glaubten nicht, dass ich meine Drohung mit der Katze wahrmachen würde. Selbst schuld. Haben sich geirrt, die Schweinehunde.«

»War das der Grund, warum wir nach Dijon gefahren sind?«, fragte ich. »War das der einzige Grund? Du wolltest ihre Katze killen – aus Rache? Aber …«

»Zunächst einmal – ja. Doch das wäre zu wenig gewesen. Wer nimmt schon den beschwerlichen Weg auf sich, nur um eine Katze zu töten?«

»Zunächst einmal? Zu wenig gewesen?« Meine schrille Stimme klang selbst mir unangenehm im Ohr.

Paps sah mich mit dem Anflug eines Gewissensbisses an.

»*Sie* war die treibende Kraft. Sie hätte es nicht tun dürfen.«

Unwahrscheinlich, dass er immer noch von der Katze sprach. Ich musste ihn einfach reden lassen, wenn ich den genauen Grund erfahren wollte.

»Da ist noch was«, sagte er und wischte sich über die feuchte Stirn. »Bevor ich sterbe, muss ich es endlich loswerden.«

»Hör auf mit deinem Sterben!« Ich … stockte. So hatte er mich noch nie angesehen. Ich strich über meinen Arm. Mit der Gänsehaut hätte man bequem Kartoffeln reiben können. Schon war Paps nicht mehr in der Lage, seine Büßermiene durchzuhalten. Sie verwandelte sich in ein gemeingefährliches Grinsen. Jetzt entrüstete er sich sogar: »Sie hat mich erpresst, das Luder. Man erpresst keinen Erpresser.« Er schlug das Album zu. »Ich will nicht mehr.«

Ich fiel vom Glauben ab. Mein Vater, ein Erpresser? Ein Tyrann, ein Kinderschläger, das ja – aber ein Erpresser? »Nix da. Du flüchtest nicht mehr. Raus mit der Sprache!« So hatte ich noch nie gewagt mit ihm zu reden. Es war an der Zeit.

»Du hast mich falsch verstanden. Ich will nicht mehr. Ich will nicht mehr schweigen. Habe gedacht, es sei alles perfekt. Ums Verrecken nicht.« Er hob den krummen Zeigefinger und zielte damit auf mich. »Das Gewissen – weißt du – das schlechte Gewissen verhindert den perfekten Mord.« Er zog an der goldenen Kette und holte die Taschenuhr aus der Weste hervor, überlegte es sich wohl anders und steckte sie unbesehen wieder zurück. »Ich wollte mein Geheimnis mit ins Grab nehmen, den Brief und die Fotos verbrennen – aber es dauert mir zu lange. Ich halte es nicht mehr aus. Ich muss darüber reden und dafür büßen.«

Während ich steif und starr vor Entsetzen da saß, riss Paps den eingeklebten Umschlag aus dem Album.

»Nun denn«, sagte er und kontrollierte das Siegel auf Unversehrtheit, nachdem er kurz zu mir herübergesehen hatte. Erst jetzt öffnete er ihn umständlich und sehr langsam, so, als überlege er, ob es richtig sei, es zu tun. Mit spitzen Fingern zog er ein vergrößertes Farbfoto hervor, ließ das vergilbte Blatt Papier, das dabei hervorblitzte, im Kuvert stecken. Ich reckte meinen Hals und sah auf dem Bild erneut einen Teller mit Hähnchengericht. Es sah so aus, wie das, was wir eben betrachtet hatten. Oder nicht? Paps ließ mir keine Zeit die Bilder zu vergleichen.

»Es war der perfekte Mord«, wiederholte er sich. »Der perfekte Mord.« Er stierte vor sich hin und schob das Foto wie eine Tarotkarte zu mir, auf der der Tod zu sehen war, und tippte auf eine bestimmte Stelle. Mitten im Fleisch-, Kräuter- und Gemüsewusel war eine einzige Bohne zu sehen.

»Das? Meinst du das hier, oder was? Sieht aus wie eine rot gesprenkelte dicke Bohne.« Ich wurde nicht schlau aus ihm.

Er lachte laut. »Genau! Könnte man meinen. Aber es ist die Bohne einer speziellen Hülsenfruchtpflanze, deren Giftigkeit ich durch – nennen wir es ruhig Zufall – auf Hinweisschildern im botanischen Garten entdeckt hatte. Wenn man auf die Pflanze achtet, findet man sie fast überall. Sie ist unverwüstlich.«

Ich konzentrierte mich auf das Foto, konnte es immer noch nicht glauben. Aus welchem Film erzählte er hier? Da erkannte ich, wessen Teller es war, neben dem die schmale Hand mit der Gabel ruhte. Es war die braungebrannte Hand von Madame Leclerc, ich sagte es ihm.

Paps nickte. »Sie hat es nicht anders verdient.«

»Aber wie …?«

»Sie war dabei, sämtliche Teller zu füllen, als ich kurz auf meine Taschenuhr sah. Niemand schöpfte Verdacht, hatte ich doch den ganzen Tag auf meine Uhr gesehen. Auf meine gute, alte Uhr, die mir zeitlebens gute Dienste geleistet hat und in deren Gehäuse so viel Platz ist – für allerlei. Dann sagte ich Madame, sie möge sich setzen, damit ich ein Foto von dem köstlichen Essen machen kann. Ich brauchte das Foto – für mich. Ich musste mir damit immer wieder beweisen, dass ich es geschafft hatte, mich unbemerkt zu rächen. Wir wünschten uns alle *Bon appétit*, und ich verwickelte sie in ein Gespräch, während sie fleißig auf der nussig schmeckenden Bohne herumkaute.«

Was jetzt geschah, konnte ich nicht glauben. Zum allerersten Male sah ich ihn weinen. Nicht laut und schluchzend, nein, ich sah, wie sich aus seinem Auge eine dicke Träne quetschte, die schwerfällig wie Quecksilber die Wange hinunterkullerte und auf das Foto tropfte.

»Der Senf …« Er rieb sich die Augen. Sein Gesicht verfärbte sich für einen Moment puterrot, um in den nächsten Sekunden wieder zu verblassen.

Phantasierte er? Senf? Was sollte das jetzt?

»Ich wäre vielleicht Millionär geworden und hätte dir in deiner Kindheit etwas anderes als Prügel bieten können. Wäre dir ein guter – zumindest ein reicher Vater gewesen. Du hättest eine anständige Frisur bekommen und einen neuen Wollpullover.« Er schluckte schwer. »Aber sie, sie hat alles zerstört. Das Luder hat nicht nur meine langjährige Freundschaft zu Leclerc zerstört, sondern mich auch um mein Geld gebracht.«

»Aber wie?«

»Leclerc und ich hatten vor, den *Maître* von Moulin Moutarde zu entführen. Wir wollten an die geheime Zutat des weltberühmten Senfes kommen. Du musst wissen, wir sprechen von den siebziger Jahren. Da gab es noch keine computergesteuerten Mengenbeigaben, da wurde noch von Hand abgewogen, gemischt und geforscht und handschriftlich notiert. Da kam der Firmeninhaber höchstpersönlich und mischte in einer Art Zeremonie und aus dem Kopf eine geheimnisvolle Zutat bei, die er einstreute, bevor abgefüllt wurde. Andere Senffabriken, auch die Deutschen, hätten viel für die geheime Würzmischung bezahlt. Leclerc und ich passten also den Geheimnisträger nachts ab und brachten ihn zum Schuppen, ganz in der Nähe der Leclercs.«

Paps röchelte beim Husten. »Irgendwo muss das Foto vom Schuppen noch sein.« Er holte tief Luft und schlug das Album wieder auf.

Ich fürchtete um Paps Leben, so sehr wühlte es ihn auf, und ich fühlte kurz, ob mein Handy in der Hosentasche steckte, damit ich schnell den Notruf wählen konnte, falls er sich ans Herz griff oder zusammenklappte. Mir brannten Hunderte von Fragen auf den Lippen. Sie sollten unausgesprochen bleiben.

»Der *Maître* verriet uns das Geheimrezept nicht, da es keines gab. Nein, es gab wirklich keine Geheimzutat. Alle Welt glaubte es immer nur. Er jammerte und flehte und versicherte es uns hoch und heilig, er habe stets nur das angemischt, was ohnehin schon angemischt worden sei. Was blieb uns anderes übrig, wir mussten ihn wieder freilassen und waren froh, dass niemand herausbekam, wer ihn entführt hatte. Von ihm hatten wir nichts zu befürchten, da wir Strumpfmasken und Overalls trugen. Unser Scheitern war schmerzlich. Noch nicht einmal das Wissen darum, dass es keine Geheimzutat gab, konnten wir in bare Münze umsetzen, da es uns niemand geglaubt hätte.«

Nun holte Paps das Blatt Papier aus dem Umschlag und hielt es mir hin. Es flatterte in seiner Hand. Ich versuchte, seine Schrift zu lesen, den Text zu übersetzen, und zuckte mit den Schultern.

»Wer es auch nicht glaubte, war das Luder. Sie versuchte mich mit diesem Brief zu erpressen. Er stammt dummerweise von mir. Ich hatte ihn leichtsinnigerweise vor der Entführung geschrieben.«

Ich sah erneut darauf. Währenddessen übersetzte er bruchstückhaft, ohne hinzuschauen.

»Liebste Celine, komm mit mir nach Deutschland. Ich liebe dich über alles. Wir bauen uns ein neues Leben auf. Du wirst es bei mir besser

haben als bei deinem Mann, diesem Idioten. Wir teilen uns das Geld, wenn ich das Geheimrezept verkauft habe. In Liebe, Dein Stephan.«

Mit Entsetzen hörte ich zu, so, wie ich ihm früher immer zugehört hatte, wenn er seine selbsterfundenen Gruselmärchen erzählte. Ich wünschte, es wäre solch ein Moment gewesen. Mir wurde flau im Magen. Mein Vater, ein Katzenmörder, Erpresser, Fremdgeher und Kinderverlasser. Was konnte da noch kommen?

Er beachtete mich nicht, berichtete weiter: »Sie hat meine Liebe nicht erwidert. Dabei wollte ich sie da rausholen, aus der Baracke. Stattdessen erpresste sie mich mit meinem eigenen Brief. Sie wollte ihn deiner Mutter zeigen und damit auch Leclerc auf mich hetzen. Aber …«

Ich verlor meinen letzten Respekt vor Vater und schrie ihn an: »Du bist also schuld, dass Mutter vor Gram gestorben ist. Kein Wunder, dass sie in den letzten Jahren so rapide abgenommen hatte. Sie wurde innerlich von ihrem Kummer aufgefressen.«

»Aber deine Mutter … Nein, nicht vor Kummer. Es war die letzte Möglichkeit, sie bei mir zu halten. Sie sollte mich nicht verlassen. Ich wollte euch nicht verlieren.«

Paps griff zu seiner Taschenuhr, öffnete den Sprungdeckel, nahm die darunter befindlichen zwei gesprenkelten Bohnen in den Mund, von derselben Sorte, wie sie auch auf dem Foto zu sehen waren, und zerkaute sie in meinem Beisein. Dabei lächelte er selig. »Dieser köstliche Nussgeschmack, dieses volle, tödliche Aroma. Es war perfekt. Man muss zwei nehmen, wenn es schnell gehen soll. Eine, wenn es für die Katze ist, oder du die nötige Zeit für deine Abreise brauchst.« Er stand mit wackligen Beinen auf und hangelte sich ächzend zum Fernsehsessel, in den er sich fallen ließ. Die Brille rutschte dabei auf seine Nasenspitze.

»Kannst die Alben wieder mitnehmen. Ich brauche sie nicht mehr.« Dann schloss er die Augen, öffnete den Mund und atmete nicht mehr. Es sah aus, als ob er schliefe.

Die Blütenkönigin von Wiesmoor

»**Meine Güte!** Wie siehst du denn aus?« Michaela hatte Chantal seit zwei Wochen nicht gesehen. Wie schaffte man es, sich in zwei Wochen so stark zu verändern? Sie stellte den Koffer ab und umarmte ihre Freundin.

Chantal schob sie sanft zurück: »Toll, was? Volles Programm: Botox, Bleaching, Peeling … Super günstig, kostet sonst das Doppelte!«

»Mensch, Chantal, in welchem Film bist du denn?«

Ihre Freundin bleckte die gebleichten Zähne samt dem entzündeten Zahnfleisch. »Kein Film, das ist das volle Leben, Ela. Bin ich froh, dass du den Anrufbeantworter abgehört hast und rechtzeitig hier bist. Dachte schon, ich müsste alleine fahren.« Chantal drückte ihre gepushte Brust in Positur.

»Du hast doch Zeit mitzukommen, oder?«

»Dumme Frage, wäre ich sonst hier?«

»Vielleicht kann ich dir später auch mal helfen.«

»Das kannst du jetzt schon. Sag mir, was los ist.«

»Wir fahren nach Ostfriesland. Ich habe eine Kleinanzeige in der Zeitung entdeckt und meinen Traumjob gefunden. Ich musste nur ein paar Bedingungen erfüllen. Jetzt ist die Sache perfekt. Die haben Großes mit mir vor!«

»Klingt spannend. Erzähl weiter!«

»Nicht jetzt. Unser Zug nach Leer fährt in dreißig Minuten. Wir müssen uns beeilen.«

Nachdem Chantal unter Michaelas Aufschrei zwei Tickets erster Klasse gelöst hatte, gab sie im Zug erste Erklärungsversuche ab, wie sie wo zu ihrem blendenden Aussehen gekommen war und warum sie heute nach Wiesmoor musste. Trotz einiger Unterbrechungen durch ein- und aussteigende Fahrgäste und lautstarke Handygespräche von Mitreisenden wusste Michaela: Was sie bisher gehört hatte, war ausgemachter Blödsinn.

»Was ist los? Sie schicken dich zu einer Blütenköniginwahl? Ich kann es nicht fassen!«

»Vorauswahl. *Nasty Duck* …«

»Wer ist das?«

»Na, die Agentur, von der ich die ganze Zeit erzähle. Die vermitteln übrigens nur Frauen und nur zur Schönheitsköniginwahl.«

Michaela hustete.

»Also, *Nasty Duck*, Herr Fraud, hat jedenfalls keinen Zweifel an meinem Sieg – nach *den* Behandlungen.«

»Die du bezahlen musstest?«

»Nicht alle. Ich habe einiges vorgestreckt und bekomme das Geld wieder, beispielsweise für die Bahntickets und das Hotel – für zwei Personen! Da habe ich natürlich sofort an dich gedacht.« Chantals Stimme überschlug sich. Ihre ohnehin großzügig mit Rouge geschminkten Wangen glühten. Sie sah aus, als hätte sie Fieber und redete im ebensolchen Wahn: »Die Teilnahme an einer richtigen Misswahl erfolgt ein Jahr später, und es kommen viele andere Termine hinterher. Ist das nicht wunderbar?«

»Ja, das wäre wirklich ein Wunder! Fehlt nur noch, dass das Fernsehen dich als zukünftige *Miss Blüte* am Bahnsteig erwartet.«

»Ela! Jetzt übertreibst du aber.« Chantal sah aus dem Fenster.

Kaum hatte der Taxifahrer mit den beiden Frauen Wiesmoor erreicht, ließ es Chantal keine Ruhe: »Halt, warten Sie. Bevor Sie uns zum Hotel fahren, möchte ich lieber erst die Freilichtbühne sehen. Kennen Sie sich hier aus?«

»Jo. Hab jahrelang in Wiesmoor gelebt.« Der Fahrer wurde gesprächiger. »Die Wiesmoorer wählen jedes Jahr ihre Blütenkönigin.«

Chantal strahlte: »Genau. In diesem Jahr werde ich es sein.«

Der Taxifahrer musterte sie wie eine arme Irre. Michaela versank vor Scham in ihrem Sitz. Das Gespräch brach ab.

Nach kurzer Zeit trat der Mann auf die Bremse und zeigte zu einem Torbogen. »Dahinter geht es links zur Bühne. Dort wird am Festtag die Blütenkönigin gekrönt.«

»Warten Sie bitte hier.« Chantal drehte sich zu Michaela um. Selbst ihr Lächeln wirkte aufgespritzt. »Komm mit.«

Während die beiden Frauen ausstiegen, schnappte sich der Taxifahrer die Bildzeitung.

Chantal und Michaela standen am höchsten Punkt der Freilichtbühne, die von vor Saft strotzenden Bäumen und zart blühenden Sträuchern schützend umgeben war.

Wie ein kleines Mädchen lief Chantal die Treppe hinunter, an den orangefarbenen Sitzreihen entlang. Auf der großzügig bemessenen Bühne verbeugte sie sich theatralisch vor einem imaginären Publikum. Michaela war ruhigen Schrittes hinterher gegangen. Sie fühlte sich eher unwohl, wenn sie zur Tribüne hinauf sah.

»Ela, bald werde ich reich und berühmt sein, so wie ich es mir immer vorgestellt habe.«

»Du wirst arm und irre sein, wenn du so weitermachst.«

»Hallo? Spricht da der Neid?«

»Nein, die Vernunft.« Michaela war baff. Warum war Chantal so naiv? Hatte das Botox schon ihr Gehirn erreicht? Im Hotel wollte sie ihr die Meinung sagen. »Lass uns fahren«, drängte sie.

Im Zimmer des Hotels *Zur Post* hielt Michaela es keine Sekunde länger aus. Sie warf den Trolley auf das Doppelbett und versperrte Chantal den Weg zum Badezimmer, in das sie gerade ihr Beautyköfferchen bringen wollte.

»Hast du eigentlich mit *Nasty Duck* einen Vertrag gemacht?«

Chantal schüttelte den Kopf.

»Kennt dieser, wie heißt er doch gleich … Fraud … kennt er dich, ich meine, weiß er, wie du aussiehst?«

»Was soll das denn heißen? Ich habe ihm meine Fotomappe geschickt – natürlich professionelle Fotos.«

»Natürlich – die waren bestimmt umsonst.«

»Natürlich nicht. Aber fast geschenkt.«

»Chantal! Jetzt platzt mir der Kragen. Weißt du überhaupt wo die Firma ist, kennst du Fraud persönlich?«

»Ach du Schreck«, Chantal sah auf die Uhr. »Entschuldige, aber in einer Stunde muss ich da sein, und ich bin nicht zurechtgemacht.« Sie ließ Michaela vor der Badtür stehen und schloss ab.

So leicht gab die aber nicht auf. Sie sprach durch die Tür: »Hast du nicht gehört, was der Taxifahrer sagte? Die *Wiesmoorer* wählen die Blütenkönigin, nicht *Nasty Duck*.«

Die Dusche rauschte.

Wenn Chantal es nicht anders wollte, dann sollte sie sich eben blamieren. Reden war anscheinend zwecklos. Sie hatten lautstark diskutiert. »Du gehörst zum Psychiater«, waren Michaelas letzte Worte, dann mussten sie los.

Chantal und Michaela traten auf einen menschenleeren Flur. »Das gibt's doch nicht! Die können nicht ohne mich anfangen!« Chantal stöckelte im Rotlicht-Rock und schwarzer Bluse zur nächstbesten Tür, öffnete ohne anzuklopfen, machte einer herauskommenden Frau Platz und verschwand im Zimmer.

Neugierig sah Michaela der Frau hinterher, über deren sonnenbankgebräuntes Gesicht Tränen liefen. Die Frau zog ein Handy aus der Tasche und wählte. Sie ließ sich auf einen Stuhl sinken; das Handy in ihrer Hand zitterte. »Herr Fraud!«, rief sie mit gepresster Stimme, als die Verbindung stand. »Ich will sofort mein Geld zurück. Bin jetzt in Wiesmoor. Sie haben mich reingelegt. Ich erwarte Ihren Rückruf. Ach so, hier spricht Verona Sieben. Meine Nummer haben Sie ja.« Sie atmete stoßweise.

»Entschuldigen Sie, wenn ich mitgehört habe, aber meinen Sie Herrn Fraud von *Nasty Duck*?« Michaela trat näher.

»Sie kennen ihn? Hat er Sie auch …?« Verona putzte sich die Nase und wischte dabei verschämt die Tränen weg.

»Nein, nicht mich, sondern meine Freundin. Wie hat er Sie reingelegt?« Michaela beugte sich vor.

»Ich sollte Blütenkönigin werden. Hat er mir zugesichert und dafür abkassiert. Aber der Mann vom Heimat- und Verkehrsverein meinte, dass das Publikum entscheidet, wer es wird. Da seien sie völlig neutral. Dabei habe ich einen Kredit aufnehmen müssen, um alle Bedingungen der *Nasty Duck* erfüllen zu können.«

»Und wie viel …?

»Zehntausend!«

Michaela schluckte. »Sie müssen uns helfen. Ich werde noch heute mit WISO oder Stern TV telefonieren und von *Nasty Duck* erzählen. Vielleicht wollen die darüber berichten. So finden wir bestimmt weitere Geschädigte und können gegen Herrn Fraud vorgehen, damit er nicht noch mehr Schaden anrichten kann.«

Die Tür ging auf und Chantal kam herausgestürmt.

»Nein, so viel Ignoranz ist mir noch nicht begegnet. Der will mich nicht zur Blütenkönigin machen. Noch nicht einmal Geld wollte er.«

Michaela und Chantal gingen mit Verona ins Restaurant von Kaufhaus Behrends, um das weitere Vorgehen zu besprechen. Schnell waren sie beim Du angelangt. Auch Chantal regte sich maßlos auf, aber weniger über *Nasty Duck* als über Michaela und Verona.

»Es wird sich alles aufklären. In meinem Fall ist es bestimmt ein Missverständnis. Gib es zu«, sie wandte sich an Verona, »*du* hättest doch hellhörig werden müssen.« Chantal zog die Lippen nach.

Bevor Verona aufbrausen konnte, stellte die Bedienung das Bestellte ab und machte auf das leise Handyklingeln aufmerksam, das alle drei Frauen in der Hitze der Debatte überhört hatten. Es war Veronas Klingelton.

»Ach, Sie sind es! Natürlich nicht. Hätte ich Sie sonst angerufen? Nach … wohin? Mosbach? Nein, darauf lasse ich mich nicht ein. Ich will mein Geld zurück. Was heißt das, ich habe keinen Vertrag? Sie haben mir versprochen …« Erst jetzt sah Verona zu den anderen beiden, die wild gestikulierten. »Hören Sie, Herr Fraud, wir lassen Sie auffliegen. Wir haben Kontakt zu Stern TV aufgenommen und werden alle Frauen vor *Nasty Duck* warnen. Das wird Konsequenzen haben!« Verona beendete das Gespräch.

»Bist du noch zu retten?« Michaela schlug sich vor die Stirn. »Warum musstest du ihn warnen? Er hat jetzt genügend Zeit, alles zu verschleiern.«

»So was Blödes will Blütenkönigin werden. Die hätte doch gar keine Chance gehabt«, tönte Chantal und vernichtete den Apfelkuchen.

»Na und? Jetzt weiß er wenigstens, wen er vor sich hat«, rechtfertigte sich Verona.

»Seid ruhig. Ich muss sofort die Auskunft anrufen und mich mit der Fernsehredaktion verbinden lassen. Wir dürfen keine Zeit verlieren.« Michaela fingerte ihr Handy aus der Jackentasche und wählte.

Erst gegen Abend hatten sich Michaela und Chantal von Verona verabschiedet, die in einem anderen Hotel übernachtete. Sie waren sich einig geworden: Es würde etwas geschehen.

Diesen wenn auch recht transparenten Hoffnungsschimmer hatte ihnen die Fernsehredaktion vermittelt. Man zeigte sich durchaus interessiert, obwohl bereits mehrere Fälle bekannt seien, in denen Frauen viel Geld für eitle Versprechungen bezahlt hätten, auf die Männer nie im Leben hereingefallen wären. Man überlege, einen Dreiminüter über die Leichtgläubigkeit der Frauen zu bringen, und wolle sich wieder melden.

Am nächsten Morgen luden Michaela und Chantal Verona zum Frühstück in ihr Hotel zur Krisensitzung ein. Chantal fühlte sich dabei zunehmend unwohl. Verona und Michaela aber ereiferten sich, dachten über neue Wege nach, den Betrug öffentlich zu machen.

In dem Moment trat ein dickbäuchiger Mann mittleren Alters an ihren Tisch und stellte sich vor. »Gestatten? Mein Name ist Fuchs. Ich komme von der Redaktion *Vom TV in den Bau.* Man sagte mir, sie hätten einen spektakulären Fall. Es geht da um einen Betrug an einer Schönheitskönigin?«

»Zwei Betrüge ... äh, einen Betrug an zwei Schönheitsköniginnen«, protestierte Verona.

Michaela wunderte sich, wie schnell sich die Fernsehredaktionen untereinander informierten. Alle Achtung. Sie bat den Mann sich zu setzen und orderte für ihn ein Kännchen Kaffee. »Es ist so ...«

Chantal stand auf und verließ den Raum.

Nach der Besprechung bot Herr Fuchs Verona an, sie zu ihrem Hotel zu bringen. Wie sie feststellten, hatten sie dasselbe ausgewählt. Beide verabschiedeten sich von Michaela, die sich vornahm, gleich ein Gesprächsprotokoll zu schreiben. Sicher war sicher. Nach zwei Seiten und einem Cappuccino ging sie auf ihr Zimmer.

»Was hast du vor?« Michaela sah Chantal den Koffer packen.

»Ich kann den ganzen Müll nicht mehr hören. Hätte ich dich nur nicht mitgenommen.«

»Chantal, sag bloß, du hast es immer noch nicht kapiert? Herr Fraud ist ein Betrüger!!! B wie Bahnhof, E wie Ekel ...«

»Ist er nicht! Er hat mich vorhin angerufen und mich an eine Misswahl in München vermittelt. Unterstehe dich, mir das auch noch zu vermasseln!«

Michaela ließ sich aufs Bett fallen.

»Was musst du dafür tun? Dich operieren lassen? Dicke Brüste mit *Nasty Duck*-Tattoo?«

»Natürlich muss mein Busen ein wenig vergrößert werden. Aber das wollte ich ja immer schon.« Chantal schloss den Koffer, schnappte sich ihre Handtasche und öffnete die Tür. »Ich muss nach Hamburg, zum Flughafen. In ein paar Stunden geht mein Flug nach Rumänien zur OP. Herr Fraud hat alles arrangiert. Du kannst ja nach Hause fahren.«

Michaela überlegte, ob sie die jahrzehntelange Freundschaft mit Chantal einfach kündigen sollte. Koffer packen, zurück nach Krefeld und dafür sorgen, dass *ihr* Weg aus der Arbeitslosigkeit anders verlief.

Aber da war ein Band, mit dem Chantal und sie verbunden waren. Es war elastisch und hielt einiges aus, und es würde Chantal zurückbringen, denn an einen gebuchten Flug nach Rumänien konnte Michaela nicht glauben.

Michaela musste sofort Verona informieren. Sie griff zum Hörer und rief im Hotel an. An der Rezeption sagte man ihr, dass Verona vor einer halben Stunde abgereist sei.

Michaela stand am Fenster des Hotelzimmers und stierte irgendwo hin.

Sie erfreute sich nicht an den mit Frühlingsblumen bepflanzten Kästen im Biergarten, sah nicht, wie Frau Wagner, die Hotelbesitzerin, sie goss, und bemerkte nicht den Dickbäuchigen, der soeben das Hotel betrat.

Es klopfte an der Tür. Michaela öffnete. Sie schrie kurz auf – aber es war zu spät.

Nur langsam öffnete Michaela die Augen. Ihr Kopf brummte. Sie wollte ihn festhalten, konnte ihre Arme nicht bewegen, sie war gelähmt! Fast erleichtert sah sie auf die Fesseln.

»Wenn ihr meint, mich ruinieren zu können, dann habt ihr euch getäuscht.« Fraud alias Fuchs zog die Leine fest, an deren Knotenpunkten er Tücher unterlegt hatte, um keine Spuren zu hinterlassen.

»Keine Sorge, das kommt nachher wieder ab – nach deinem ›natürlichen Tod‹. Habe da eine tolle Sterbehilfe aus den Niederlanden, dauert nur eine Weile bis sie wirkt, deshalb muss ich dich erst lahm legen.« Er drehte die Musik lauter. »Sollst nicht auf dumme Gedanken kommen. Das wäre dir alles erspart geblieben, wenn du dich nicht eingemischt hättest. Warum hast du die Weiber nicht einfach machen lassen – wenn die so blöd sind?«

Michaela sah ihn groß an. Sie saß auf dem Boden, mit dem Rücken an der Fensterwand. Fraud kniete vor ihr und legte letzte Hand an den Strick. Michaela wagte nicht zu fragen, was mit Verona geschehen war. Und was er mit Chantal wirklich vorhatte.

»Möchtest gerne wissen, wo deine Freundinnen sind, wie? Verona ist im Schönheitsköniginnenhimmel. Selbst schuld. Ich hatte ihr Geld angeboten, damit sie verschwindet. Wollte sie nicht, jetzt ist *sie* eben verschwunden. Wusste gar nicht, wie schön das Ottermeer ist.

Tja, und den Marilyn-Verschnitt habe ich zum Flughafen gejagt. Die kommt direkt nach dir dran, wenn sie Zicken macht.«

Michaela lächelte: »Ich fürchte, das ist nicht mehr möglich.«

»Ha! Das mit Rumänien war doch gelogen. Wer glaubt schon, dass man innerhalb kürzester Zeit einen Flug dorthin buchen kann?«

»Ich!« Chantal schlug ihm die schwere Kristallvase samt Blumen über den Schädel. Sie zuckte mit den Schultern. »Manche Dinge sehen eben nur so aus, als stünden sie dumm herum.«

Frauds starrer Gesichtsausdruck wirkte überrascht.

Chantal stürmte auf Michaela zu und schlang ihre Arme um sie, bis sie keine Luft mehr bekam.

»Hil…«, erst jetzt bemerkte Michaela die gute Absicht dahinter. Tränen liefen ihre Wangen hinunter. Sie schluchzte: »Beeil dich, binde mich los! Bevor er wieder wach wird, müssen wir ihn gefesselt und die Polizei gerufen haben.«

»Nein!«

»Wie bitte? Chantal!«

»Nein, ich befreie dich nicht eher, bis du mir gesagt hast, dass ich blöd bin.« Nun weinte auch sie hemmungslos.

»Chantal, du bist verdammt blöd und jetzt dreh endlich den Shanty-Chor ab und hilf mir!«

Um Schlips und Kragen

Ich war froh, endlich einen Parkplatz in der Nähe des *Bistrorant Klarsicht* gefunden zu haben. Das war aber auch schon meine einzige Freude.

Ich wusste nicht so recht, was ich hier sollte. Ich fühlte mich nicht wohl in meinem Alt-Weiber-Kostüm. Der Häkelkragen war zu eng, und wenn ich an die beklemmende Maske dachte, die ich gleich aufsetzen musste, überfiel mich das kalte Grausen.

Aber das war alles nichts im Vergleich zu den Vorhaltungen, die mir meine Mutter noch vor wenigen Stunden gemacht hatte: »Sabrina, du bist jetzt vierunddreißig Jahre alt und immer noch Single. Hockst den ganzen Abend nur vor dem Fernseher, lässt dich gehen und hast schlechte Laune. Unternimm endlich mal was! Geh doch Altweiber unter die Leute! Lach dir einen Mann an!«

Immer dieselbe Leier. Tränen der Wut und des Selbstmitleids wollten kommen. Mutter sollte sie nicht sehen, ich wollte nichts mehr hören, wie: »Ja, jetzt heulst du wieder, das ist alles, was du kannst, anstatt, dass du mal dein Schicksal selbst in die Hand nimmst …« Also ab ins Zimmer, rauf aufs Bett. Mein Bett war besetzt. Eine große H&M-Tüte lag darauf, in der sich Mutters Möhnenkleid nebst Accessoires befand. Damit hatte Mutter über Jahre hinweg Altweiber gefeiert, dann lernte sie den Krefelder Geschäftsmann kennen, danach war Karneval für sie tabu, sie sollte sich in der Öffentlichkeit seriöser zeigen.

So saß ich also hier im Wagen auf der Wielandstraße und verwandelte mich mit Häkelhandschuhen und Perlenkette immer mehr zur Alten. Zu guter Letzt zog ich die Maske mit dem Kopftuch auf und sah in den Rückspiegel. Zum ersten Mal im Leben war ich mit meinem Gesicht zufrieden.

Um Jahrzehnte gealtert, stieg ich aus dem Wagen und verriegelte ihn. Als Handtasche hatte mir meine Mutter eine gefütterte schwarze Häkeltasche mitgegeben, in der ich Autoschlüssel, Taschentücher und Schminksachen mitführte und natürlich mein Tatwerkzeug, die Krawatten-Abschneide-Schere. Die spitze Schere war zwar im Laufe der Jahre etwas angelaufen, aber noch durchaus scharf. Um sicherzugehen, hatte ich sie zuvor an meiner hässlichen Tagesdecke ausprobiert.

Zwei Fahrzeuge weiter knallte eine Autotür ins Schloss. Ich zuckte zusammen. Es war mir vorher nicht aufgefallen, dass jemand im Auto gesessen hatte. Dann sah ich ihn: Der Kopf des Mannes reichte gerade mal knapp übers Autodach, er musste so zirka ein Meter sechzig groß sein. Als er mich sah, duckte er sich – aber ich hatte es schon längst entdeckt: Er trug immer noch seine Krawatte! Da ich die Ehre aller Möhnen retten wollte, zückte ich meine Schere, lief auf ihn zu. Er versuchte zu fliehen, aber ich hatte ihn schnell eingeholt. Ich hielt seinen dunkelblauen Binder in der Faust und schnitt ihn in der Mitte ab. Ich rief: »Helau! Helau!«, und klemmte mir meine erste Trophäe an die Schürze. Mutter hatte eigens dafür mehrere Halterungen angenäht.

»Stop! Give it back!«, schrie der Mann.

Ich versuchte es mit meinem Schulenglisch.

»This is Altweiber. Karneval, you know? I am out of control.«

»Gib mein tie back!«

Tie? Höchstwahrscheinlich meinte er das, was ich ihm abgeschnitten hatte. »Kommt nicht in Frage, der Schlips gehört mir.« Was ich einmal hatte, gab ich nicht so schnell wieder her. Ich dampfte unter der Maske. Der Mann versuchte mir die Krawattenspitze von der Schürze zu reißen. Schnell drehte ich mich zur Seite und lief los. Ich stolperte über meine eigenen Füße und ließ die Schere fallen. Nur schnell weg! Der Mann blieb stehen, hob die Schere auf und nahm die Verfolgung wieder auf. Mein Vorsprung war groß. Ich riss die Tür zum Restaurant auf. Jecken grölten Karnevalslieder in die stickige Luft. Alle um mich herum lachten, tranken und schunkelten. Niemand nahm Notiz von mir und meinen Nöten. Ich hätte schreien können, ließ es aber bleiben, zwängte mich stattdessen an der langen Theke vorbei, die Kellertreppe hinunter, zu den Damentoiletten. Keuchend stellte ich mich an die Schlange von Frauen, die schon auf den Stufen zu den Toiletten wartete. So stand ich dort, als sei nichts geschehen und als sei mir niemand auf den Fersen. Da irrte ich gewaltig. Jemand packte mich von hinten an den Schultern und schrie mir ins Ohr: »Hab ich dich!«

Ich warf den Kopf herum, die Knie wurden weich. Hinter mir stand Miss Piggy – meine Mutter.

»Wie …? Was …?«

Meine Mutter strich sich über den dicken Bauch. »Da staunst du, was?« Ihre Steckdosennase wackelte.

»Hauch mich mal an.« Ich roch eine leichte Amarettofahne.

»Ich habe deine Cousine Britt mit Amaretto bestochen, damit sie mir ihr Karnevalskostüm für heute Abend leiht. Ich wollte auch noch mal Altweiber feiern.«

»Mutter!«

»Na gut, ich wollte sehen, ob du auch wirklich … und ob ich dir nicht bei der Suche nach einem Mann helfen …«

»Mutter!«

Sie legte ihre Schweinepfote auf meine Schulter.

»Komm, wir wollen uns wieder versöhnen. Lass uns an der Theke einen trinken.«

Mir war nicht wohl bei dem Gedanken, wieder nach oben gehen zu müssen. Ob der Mann gesehen hatte, dass ich in dieses Lokal gestürmt war? Andererseits fühlte ich mich plötzlich so sicher an der Seite meiner Mutter. Sie würde es nie zulassen, dass mir etwas passierte. Ich setzte mich mit ihr an die Theke. Sie bestellte Sekt für uns und sah in die Runde. »Schau mal da hinten, der Cowboy, ist der nicht männlich, mit seinen aufgemalten Koteletten und dem angeklebten Bart – oder der da hinten, der Kleine, der ist ja niedlich. Als was mag der sich wohl verkleidet haben, mit seinem Nadelstreifenanzug?«

»Nadelstreifenanzug? Na, als Gangster!« Erst jetzt folgte mein Blick ihrer ausgestreckten Pfote, und ich sah in das wutverzerrte Gesicht des kleinen Mannes. Panik kam in mir auf. Ich wandte mich ab. Unwillkürlich fasste ich dabei an das von ihm begehrte Krawattenteil und spürte zum ersten Mal, wie sich darin etwas hin- und her bewegen ließ.

»Kannst du mir mal sagen, was ich schon wieder falsch gemacht habe? Ich merke dir doch an, dass du dich ärgerst.« Theatralisch breitete Mutter ihre rosa Plüscharme aus. »Keine Angst, ich werde den Mann nicht hierher locken – wenn du es nicht willst.«

Ich drehte mich wieder zu ihr. Das war ein Fehler.

»Du zitterst ja!«

»Mutter! Hör mir bitte einmal im Leben zu. Ich muss von hier verschwinden, ich bin in Gefahr.«

»Wie, du bist in Gefahr?« Mutter wäre nicht meine Mutter gewesen, wenn sie nicht sofort reagiert hätte. Sie sprang vom Barhocker und zerrte mich wieder hinunter zur Damentoilette. Wir drängten uns an allen Wartenden vorbei, die uns heftig anpöbelten, und gingen direkt in die gerade freiwerdende Kabine. Wütende Weiber hämmerten an die Tür.

»Was ist los, was hast du verbrochen?« Mutter quetschte meine Oberarme.

Ich schob die Maske hoch. »Pscht! Nicht so laut! Nichts habe ich verbrochen.«

»Aufmachen! Sofort Aufmachen!«, schon wieder schlug eine Faust gegen die Tür.

»Geben Sie doch Ruhe, meine Tochter ist im neunten Monat und braucht …«

»Ach? Und dann kommt sie hierher?«

»Ruhe! Ich will jetzt nicht diskutieren.«

»Wenn Sie so weiter machen, bekomme ich eine Sturzgeburt«, rief ich.

»Ihr ist schlecht …«, erklärte Mutter, und das war nicht gelogen.

»Dann fahren Sie mit ihr nach Hause«, kam es von jenseits der Tür.

»Geht nicht, wir …«

»Mutter! Kannst du mir mal zuhören?«

Es war nicht einfach, Mutter alles zu erklären. Zum Beweis zeigte ich ihr den Krawatten-Abschnitt. Ich zog das Innenfutter an der Schnittstelle auseinander und pulte ein Tütchen hervor. Mutter schrie entzückt auf. Ich ließ es vor Schreck ins Klo fallen.

»Hallo?«, rief jemand von draußen.

Das Tütchen lag direkt in der Krümmung des Abflusses, zur Hälfte war es noch zu sehen. Ich fischte vorsichtig mit der Klobürste danach. Plötzlich war nur noch ein Eckchen zu sehen. Während Mutter nervös grunzte, zögerte ich, einen beherzten Griff in die Toilettenschüssel zu tun, trotz Häkelhandschuhen.

»Nun mach' schon. Stell dich nicht so an. Weißt du, was die Brillanten wert sind?«

Nein, wusste ich natürlich nicht. »Mach du doch!«

Sie sah auf ihre Plüschpfote, begann eine Pfote abzustreifen.

Es donnerte gegen die Tür! Eine dunkle Stimme rief: »Hallo? Sie da drinnen … ich bin Hebamme! Kann ich helfen?«

Mutter drehte den Kopf zur Tür, die riesigen Schweineohren wippten. »Genial! Lass sie herein!«

»Mutter!«

Die Hebamme outete sich als Body-Builder vom Fitness-Studio und drohte nun die Toilettentür einzutreten. Mutter in ihrer Lügenlaune säuselte: »Wir sind schon fertig!«, und spülte zur Bekräftigung ihrer Worte ab. Ich sprang ihr an die Gurgel, bekam aber nur Plüsch zu packen. Dann verließen wir die Kabine und ergaben uns, wünschten uns Prügel zu bekommen. Die Schlange ließ uns vorbeiziehen. Jemand zeigte auf meinen Bauch und raunte: »Man sieht aber nichts.«

»Und jetzt?«, fragte ich Mutter vorwurfsvoll, als wir wieder an der überfüllten Theke angelangt waren und uns zwischen die Barhocker gequetscht hatten. »Solange ich hier bleibe, bin ich sicher. Aber sobald ich zur Tür hinausgehe …«

Mutter flirtete mit dem Wirt, damit er uns zwei Bier zapfte.

»Autsch! Lass das!« Mein Arm wurde nach hinten gedreht.

»Come on!«, flüsterte der Mann mir ans Kinn. Ich sah zu ihm hinunter. Er hatte sich von rechts angeschlichen und bohrte mir die Spitze der Schere in meine Rippen.

»Tja, ich geh' dann mal, Mutter. Amüsier dich gut.« Ich stand auf und verließ Arm in Arm mit dem Zwerg das Lokal.

Mein Alptraummann führte mich um die Ecke Wielandstraße. Es war dunkel, kalt und spät geworden. Die Straßen waren leergefegt. Ich malte mir in Gedanken aus, wie meine Mutter an der Theke Zeter und Mordio schrie und etwas von Entführung und abgespülten Brillanten stammelte, wie man sie in der weißen Jacke mit den langen Ärmeln abführte, und wie ich hier elendig erstochen würde, für nichts und wieder nichts. Auf dem zum Teil mit Sträuchern und Bäumen bepflanzten Kirchplatz bedrängte mich der Mann. Ich nahm die Maske ab. Jetzt war der Zeitpunkt gekommen, an dem ich mehr Sauerstoff brauchte. Der Mann suchte nach seinem Krawattenteil, den ich mir in meiner Verzweiflung an die Schürze geklemmt hatte und riss ihn mir vom Leib. Für ein paar Sekunden sah ich ihn strahlen.

»Wo sind die diamonds?« Er holte zum Schlag aus.

Ich schloss die Augen, bildete mir ein, den Schmerz dann nicht so deutlich zu spüren. Da hörte ich Schritte und öffnete die Augen wieder.

»What's going on here?« Die Stimme der Frau war kratzig und rau. Die Frage der aufgedonnerten Blondine mit Kurzhaarschnitt und Businesskostüm war nicht unberechtigt. Der Mann hielt inne.

»Shut up. I know what I'm doing. From which airport will we depart? Mönchengladbach or Düsseldorf?«, versuchte er abzulenken.

»Mönchengladbach.« Sie musterte mich. »Hey, this woman isn't as old as I thought.«

Dafür konnte ich nun wirklich nichts, wenn sie mich altersmäßig falsch eingeschätzt hatte. Ein »Danke gleichfalls« unterließ ich lieber.

»Aufstehen!«, befahl der Mann. Nun führte er eine Leibesvisitation durch.

»Wo sind die diamonds?« Er hielt die Schere direkt vor meine Nase.

Die Frau schrie auf wie eine Kreissäge. »You mean you lost them?«

»Damn, I put them into the tie and this hussy cut it off.«

»... cut off your tie? Abgeschnitten?«, fragte sie nach.

Ich wusste zwar nicht, was ein *hussy* war, aber es kränkte mich schon sehr. Hinter dem Rücken der beiden bewegte sich der Holunderstrauch. Im Schein der Laterne sah ich zwei rosarote Schweineohren zittern. Nun war alles zu spät.

»I don't believe you!«, sagte die Frau. »Warum hat sie abgeschnitten your tie?«

Mutter kam aus dem Gebüsch gestolpert. »Ich bin dann soweit! Kommst du? Ich will mich endlich umziehen!« Sie ging auf den Mann zu und rückte ihren Rüssel zurecht.

»Who is this silly pig?«, krächzte die Frau.

»Wat?«, fragte Mutter in meine Richtung. »Wat will die?«

Ich schlug meine Hände vors Gesicht.

»Lassen Sie meinen Mann und unsere Tochter in Ruhe. Wir haben es eilig.«

Ich schrie sie an: »Mutter!«

Der Mann stand fassungslos zwischen den beiden Frauen. Er hob die Schere in Mutters Richtung. Die Frau stürzte sich auf ihn: »Mann? Husband? You're married? Aber, you told me … what about us?«

»Wat?« Mutter drehte sich zu mir um.

»This pig's lying!«, schrie der Mann, aber es ging in einem Gurgeln unter. Er fasste sich an den Hals. Die Schere steckte tief. Er brach zusammen. Heulend lief die Frau davon.

Mutter und ich stierten auf den Toten.

»Bin ich jetzt eine Mörderin?« Mutter sah der Leiche ins Gesicht.

Ich packte sie am Nacken: »Komm weg hier! Lass uns von hier verschwinden. Wir haben nichts mit der Sache zu tun. Du hast ihn nicht erstochen, und wir haben keine Brillanten.«

Mutter nickte. »Und die Schere?« Sie blieb stehen.

»Was ist damit?« Ich zog an ihrem Ärmel, wollte sie zwingen weiterzugehen.

»Die gehört doch mir – mein Name ist eingraviert!«

Mir wurde schlecht.

... du sollst keine anderen Frauen neben mir haben

»**Beeil dich, Mona,** sonst kommen wir noch zu spät! In fünf Minuten beginnt die Misswahl.«

Bereits fix und fertig angezogen stand Hans im Türrahmen unseres Hotelzimmers und beobachtete ungeduldig, wie ich die Riemchen meiner Schuhe anlegte. Im Gegensatz zu Hans hatte ich es nicht eilig. Die Fleischbeschau von voriger Woche war mir noch allzu gut in Erinnerung.

»Einen Moment, ich muss noch schnell Schminke auflegen.« Im absoluten Widerspruch zum Gesagten schlenderte ich provokativ langsam ins Bad. Erst der Blick in den Spiegel stimmte mich versöhnlich. Meine Güte, sah ich gut aus! Trotz aller Strapazen hier im Animationsclub auf Mallorca hatte ich mich augenscheinlich gut erholt. Blässe und Augenringe waren verschwunden, sogar einige Pfunde. Ich könnte zufrieden mit mir sein. War ich aber nicht, denn die goldbraune Hautfarbe täuschte mir das Wohlbefinden nur vor. Am liebsten hätte ich diesen Club mit all den jungen und attraktiven Frauen sofort verlassen, weil mein Aussehen nicht genügte, ich nicht genügte ... ich Hans nicht genügte.

Ich zupfte das transparente weiße Baumwollkleid zurecht und begann mich zu schminken, zog einen Lidstrich. Dann noch einen. Im Geiste hörte ich die Stimme des Animateurs, der mir permanent auf die Nerven ging mit seinen anzüglichen Bemerkungen. »Und nicht vergessen, Mona Lisa, heute Abend ist wieder große Misswahl. Zieh deine schärfsten Sachen an! Hu ... hu ... hu!«

Allein für dieses Faustballen und in die Luft strecken, verbunden mit dem albernen ›huhuhu‹, hätte ich ihm eine klatschen können. Doch da musste ich wohl durch, Hans zuliebe.

»Bist du endlich soweit?«

»Gleich!«

So ungeduldig gefiel mir Hans nicht. Seit seiner Operation vor einem halben Jahr war er nicht mehr wiederzuerkennen. Er hatte seine Einstellung zum Leben grundlegend geändert. Genoss es nun ausgiebig und ließ kaum eine Gelegenheit aus, nachzuholen, was er glaubte verpasst zu haben. Ich machte mir Sorgen um ihn. Die hinzukommende Midlife-Crisis brachte es mit sich, dass er mir für meinen Geschmack neuerdings etwas zu sehr der holden Weiblichkeit zugetan war. Deshalb empfand ich es überhaupt als ein Wunder, dass er heute Abend auf mich wartete, während sich unten die Misses am Pool versammelten.

»Ich geh schon mal vor.«

Zu früh gefreut.

Mir blieb nichts anderes übrig, als sein Verhalten so hinzunehmen wie eine Naturkatastrophe: abwarten, bis es wieder vorbei ist.

Zehn Minuten später folgte ich Hans zum Swimmingpool. Mit einem riesigen »Hallo« und ausgestreckten Armen flog mir der Typ aus dem Nachbarzimmer entgegen – ein Rippengestell von einem Mann! Küsschen links, Küsschen rechts – wie ich das hasste! Und dann diese Zähne. Ich bekam eine Gänsehaut. Und … nein, da kam auch schon der Rest der »Familie« in viel zu kurzen Abständen zur Begrüßung.

Warum musste ich die wertvollste Zeit des Jahres ausgerechnet mit diesen Leuten verbringen? Ich wäre viel lieber an die Nordsee gefahren.

Petra Gerber war natürlich auch wieder mit von der Partie. Die trollähnliche, tizianrote Haarerscheinung. Sie stand in meiner Nähe und hatte mir den Rücken zugewandt. Hans war wie besessen von dem wallenden Sauerkraut und fiel auf die plumpen Annäherungsversuche dieses männermordenden Vamps stets herein. Jetzt drehte Petra sich um und sah uns. Nein, sie sah nur Hans und stürmte wie ein Albatros bei der Landung auf ihn zu. Sie zog ihn an der Krawatte auf Mundhöhe zu sich.

»'ans!« hauchte sie in imitiertem französischen Akzent, was wohl erotisch klingen sollte – lächerlich! »Den gansen Abend 'abe ich schon auf disch gewartet, Cheri. Dü bist der einsige Mann, der soo schön Feuer geben kann!«

Sie streckte ihm die Zigarette entgegen. »Möschtest du auch eine?«

War das jetzt ihr Ruhrpott-Slang oder Französisch? Ich antwortete: »'ans darf seit seiner Herzoperation nicht mehr rauchen!«

Es wurde langsam Zeit, diesem Spielchen ein Ende zu bereiten. Ich warf mich dazwischen und hakte mich bei meinem Hans ein, damit er wusste, zu wem er gehörte.

»Ach, die Ärzte sagen das schnell«, winkte Hans ab. »Wir sind hier, um uns zu amüsieren. Nicht wahr, Petra?« Dezent versuchte er sich von mir zu lösen, es gelang ihm nicht. Nun nahm er Petras Arm und zog »seine beiden Damen« zur Bar.

Er strahlte, wenn er mit der roten Zora sprach, und widmete sich ganz ihr. Mir drehte er jetzt den Rücken zu. Eine Geste, die ich überhaupt nicht vertragen konnte. Ich musste mich nach vorne beugen, wenn ich sie im Blick behalten wollte. Wenn sie wenigstens mit dieser albernen Französinnenmasche aufhören würde.

Auf der Bühne neben dem Swimmingpool liefen derweil die Vorbereitungen auf Hochtouren. Alle zwölf zur Misswahl gemeldeten Frauen waren versammelt und tranken sich mit Champagner letzten Mut an. Hans sülzte sich weiter bei Petra ein: »Du machst nicht mit …?«, fragte er sie und meinte das allem Anschein nach ernst. Wieso hatte er die Frage mir nicht mal gestellt?

»Mensch, Petra, bei deinem Aussehen hätten die anderen nicht die geringste Chance!« Er sprach im Brustton der Überzeugung. Und ich, seine Frau, saß direkt daneben. Ausgerechnet dieser heimtückischen Schlange machte er ein solches Kompliment? Mir fiel vor Schreck das Glas aus der Hand, und sein Inhalt ergoss sich prompt über Hans' Arm.

»Pass doch auf!«, fauchte er mich an. So hatte er mich noch nie angesehen. Diesen feindseligen Blick kannte ich nicht von ihm. Ich war hier wohl im Weg. Petra aber lachte nur laut auf, blinzelte überlegen zu mir herüber und meinte, diesmal ohne Akzent:

»Ja, ja, der Alkohol!«

Mein Blut begann zu kochen. Ich kam noch nicht einmal dazu, etwas zu erwidern.

»Hier, nimm mal die Kamera.« Er sprach es so aus, als sei ich zu nichts anderem nütze, und nahm Petra bei der Hand, zog sie Richtung Tanzfläche. Sie tanzten zu den südländischen Rhythmen der Band den Befruchtungstanz.

Nein, nur keine Szene machen, nicht hier vor all den Leuten. War sie überhaupt eine Gefahr für mich? Quatsch! Vielleicht sollte ich Hans einfach nur ein bisschen seinen Spaß lassen. Der kommt schon wieder – aber auf Knien soll er angerobbt kommen. Immerhin hatten wir sechzehn turbulente, aber trotz allem glückliche Ehejahre miteinander verbracht, das konnte dieses Flittchen sicher nicht zerstören …

Ich blickte wieder zur Tanzfläche und sah die beiden nun eng umschlungen. Hans mit beiden Händen auf Petras prallem Hinterteil und mit der Nase in den dünnen Haaren wühlend.

Wie hatte Petra bei mir angegeben, sie wäre ein eingefleischter Single und würde ihr Leben auskosten. Mit Männern wolle sie sich nicht länger aufhalten. Diese Hexe! Und verheiratete Männer wären ohnehin so öde und seien die größten Heuchler unter der Sonne, von wegen ›Meine Frau versteht mich nicht‹. Ich erinnerte mich genau an ihre Worte und daran, wie entrüstet sie mich dabei angesehen hatte. Dieses miese … nein, jedes Schimpfwort wäre geradezu ein Kompliment für sie gewesen. Es klang mir noch in den Ohren: »Nein, nein, ich amüsiere mich alleine, habe hier während meines gesamten Urlaubs einen kleinen Leihwagen gemietet und fahre damit übers Land.«

Und ich Idiotin bin sogar einmal mitgefahren, als Hans mit Magenkrämpfen im Bett lag! Na warte, Petra, du gemeines Biest, du hast mich nicht umsonst an der Nase herumgeführt.

Ich setzte mich an die Bar, für den besseren Überblick. Erst einmal bestellte ich mir eine Bloody Mary – mir war danach – und wandte mich wieder dem Treiben auf der Bühne zu. Vor dieser herrschte inzwischen wildes Gedränge und Geschiebe der Möchtegern-Misses. Gierige Männeraugen tasteten die nicht gerade sparsam präsentierte Haut auf der Bühne mit Blicken ab.

»Ausziehen! Ausziehen!«, klang es aus den ersten Reihen, und nur wenig später ließen die ersten Frauen, zunächst zögerlich und mit fragendem Blick – nach dem Motto ›Muss ich wirklich?‹ oder ›Das stand aber nicht in den Teilnahmebedingungen‹ – dann aber mehr und mehr bereitwillig die Hüllen fallen. Bald wippten die Brüste dreizehn halbnackter Mädchen zum Rhythmus des Gangnam-Style. Der Tanz im Reiter-Stil passte sogar zu einigen Pferdchen. Nach schier endlosen fünfzehn Minuten konnte man die trinkenden Köpfe der Jury rauchen sehen.

›Ekelhafte Männerbelustigung‹, war das Einzige, was mir dazu einfiel, und ich wollte mich gerade angewidert abwenden, als … Halt! Wieso dreizehn Misses? Es waren doch nur zwölf nominiert gewesen. Da hörte ich Petras Gewieher.

Der Anblick meiner Rivalin grenzte an den Rand des Unerträglichen. Ihre roten Haare bedeckten nichts mehr, obwohl sie es besser getan hätten. Was ich – und alle anderen – sahen, war mit Abstand das Beträchtlichste auf der Bühne. Mindestens Körbchengröße 95 F – von der Schwerkraft angezogen. Gut, dafür konnte sie nichts, aber dafür, ihre Babys hier so öffentlich zu zeigen. Nein, diese Blamage, diese … Am liebsten wäre ich, für sie, im Boden versunken. Das war das Ende der Zivilisation. Der Untergang. Und dann die Stimme des Animateurs, die sich fast zu überschlagen drohte: »Und die Siegerin des heutigen Abends ist …« Atemlose Stille. »Na …, na …« Tiefes Luftholen. »Ja, wie sich sicher schon alle denken können, die Siegerin ist die *Dame* …« dieses Wort betonte er leicht spöttisch, »… mit der Nummer … 13! Unsere Petra! Hu … hu … hu!«

Unbeschreibliches Ge-hu-he. Jubel. Tosender Applaus.

In all dem Getümmel entdeckte ich nun Hans, der wie ein Teenager vor der Bühne hin und her hopste. Als hätte er vergessen, was eine Bypass-Operation ist, sprang er pausenlos in die Höhe und hatte irgendwann bei diesem Unterfangen Petra von der Plattform gezogen.

»Hu-hu-hu!«, grölte die Menge – nur ich nicht.

»Champagner für alle!«, hörte ich meinen Mann rufen. Wie leichtsinnig. Wie unvernünftig. Aber der Konsequenzen seines Handelns war er sich ohnehin schon längst nicht mehr bewusst. Ob ich eine Betreuung für ihn beantragen sollte? Telefonisch, beim Deutschen Amtsgericht, bevor er weiteren Schaden anrichtete? Seinem roten Kopf nach zu urteilen, näherte sich sein Blutdruck gerade einer Zahl am Limit.

Entschlossen knallte ich mein leeres Glas auf die Theke und stieß mich vom Barhocker ab. Ich musste die Sache jetzt in die Hand nehmen, wollte diesem weiblichen Troll ein Ende bereiten, ihn ausschalten. Wenn ich eine Sonne gewesen wäre, hätte ich ihr ›Lass bloß die Finger von meinem Mann‹ in das entblößte Brustfleisch gebrannt. Aber so …

Hier und jetzt musste ich sie zur Rede stellen. Meine drei Bloody Marys heizten mir ein.

Unsicher, aber nur auf den Beinen, schwankte ich in Richtung Bühne, krampfhaft auf gerade Haltung bedacht. Ich kämpfte mich durch die Massen, sah feiste rote Gesichter, an denen der Schweiß herunterlief, unkontrollierte Bewegungen, ein völliges Sich-gehen-lassen. Ich mochte nicht hinsehen, so schwindelig wurde mir beim Anblick dieser unberechenbar schwankenden Menschen.

Weder Hans noch Petra sah ich im Getümmel. Wo steckten die beiden nur? Ich suchte nach Petras feuerrotem Lockenkopf – vergebens. Die Bucht!

Oh nein, das würde Hans niemals wagen. Unsere Bucht? Unser geheimer Zufluchtsort? Dieser gemeine Lustmolch! Er setzte unsere Ehe aufs Spiel! Ich musste Gewissheit haben und stolperte hinunter zum Meer.

Immer schneller wurden meine Schritte. Einzig der Lichtschein, der von der Promenade kam, vermochte den Augen ein klein wenig Hilfestellung in der Dunkelheit zu geben. Ich zog meine Schuhe aus. Jetzt waren es noch wenige Meter, dann bremste ich ab, versuchte zu Luft zu kommen, lauschte dabei. Für einen Moment nahm ich nur meinen eigenen keuchenden Atem wahr. Ich trat näher an den Felsen heran, schielte um die Ecke.

Jetzt konnte ich sie sehen. Ein Anblick, den ich niemals vergessen werde. Sie saß auf ihm, die wilde Mähne nach hinten geworfen, die Hände in seine gekrallt. Ihr Busen wippte heftiger als je zuvor auf der Bühne. Beide tanzten den Liebestanz wie weggetreten, bemerkten mich nicht. Die Geräusche, die sie von sich gaben, waren Fausthiebe in meine Magengrube. Ich trat zurück hinter den Felsen, rutschte mit dem Rücken daran entlang auf den Boden und heulte hemmungslos, im Einklang mit den orgiastischen Schreien. In meinem Kopf arbeitete es.

Es wurde mir unmittelbar bewusst, dass ich Hans immer noch liebte, trotz allem – und ich wollte ihn unter keinen Umständen verlieren, auch nicht unter Petra! Er würde nicht mehr als ein Urlaubsflirt für sie sein. Ein kurzer Boxenstopp vor ihrer Weiterfahrt beim Rennen zum nächsten Mann. Sie wollte nur sein Geld und ein bisschen Spaß. Aber für diesen Spaß, Schätzchen, wirst du teuer bezahlen …

Ich torkelte – ob benebelt vom Alkohol oder von den Bildern, weiß ich nicht – zurück zur Hotelanlage und hielt Ausschau nach dem kleinen roten Fiat, den mit dem scheußlichen Kratzer auf der Motorhaube, der mir damals sofort aufgefallen war. Als ich ihn schließlich zwischen all den Luxuslimousinen entdeckt hatte, blieb ich tränenüberströmt davor stehen. Vor Wut trat ich gegen den Reifen. Einmal, zweimal, dreimal. Ich verstauchte mir den Zeh, hielt ihn fest und hüpfte auf einem Bein im Kreis. ›Wie im schlechten Film‹, dachte ich. Aber das hier war Realität, quälende Realität.

Im Anflug von Verzweiflung suchte ich nach einem harten Gegenstand für die Scheibe. Da hörte ich Schritte. Es war Stefan, der Dachdecker aus Köln. Schnell wischte ich mir die Tränen weg und trat ihm mit dem breitesten Lächeln, das ich im Moment aufbringen konnte, entgegen.

»Halloa, Mona, was machst du denn hier so alleine? Willst du etwa noch Auto fahren? Siehst mir aber nicht so aus, als ob du das noch könntest. Warst wohl auch auf der Misswahl, was?« Er lachte.

Ich nickte. Er musste mir helfen, aber wie? Da fiel mir die Einkaufstüte ins Auge, die auf dem Rücksitz des Fiat lag.

»Ja, die Misswahl ... nein, ich will nicht mehr fahren. Wollte nur meine Tasche aus dem Wagen holen. Habe aber den Schlüssel auf dem Zimmer liegen lassen.« Gespielt verlegen blinzelte ich ihn an, wischte mir auffällig die Tränen weg.

»Ach, wenn's weiter nichts ist. Deswegen musst du doch nicht weinen. Nicht verzagen ...«

»... Stefan fragen!«, vollendete ich den Satz und lächelte gequält. Sein Standardsatz, der schon weh tat. Mindestens fünfmal am Tag musste ich mir dieses nervige ›Nicht verzagen ...‹ anhören, aber diesmal kam es mir sehr gelegen.

Anscheinend hatte er einen Miniaturwerkzeugkasten in der Hose. In Sekundenschnelle hielt er mir die Wagentür auf.

»So, geschafft! Kommst du gleich an die Bar?«, fragte Stefan, mit einem Ton in der Stimme, der ganz klar sagte, dass ich mich wegen des kleinen Gefallens erkenntlich zu zeigen hatte und der Abend noch nicht gelaufen war.

»Ja klar, geh ruhig vor. Ich bring nur schnell die Tasche aufs Zimmer. Ich denke, es wird nicht lange dauern.« Vielleicht würde ich mein Versprechen sogar halten. Ich könnte ihm mehrere Tequila ausgeben, damit er sich anderntags nicht mehr an unsere kleine Szene am Wagen erinnerte.

In der Tasche, die ich, um Zeit zu gewinnen, mit größtmöglicher Umständlichkeit herausnahm, befand sich nicht etwa, wie ich vermutet hatte, irgendein teurer sexy Fummel oder ein neues Paar Pumps mit extra hohen Absätzen, sondern zu meiner Überraschung ein ganzer Satz leerer und halbvoller Schnaps- und Wodkaflaschen. Daher wehte also der Wind beziehungsweise ihre ständige Fahne. Unabhängig sein, das Land genießen – das war ja wohl ein Witz. Die gute Dame liebte nicht nur Männer, sondern auch den Alkohol. Kam wohl sonst nicht auf Touren.

Umso mehr festigte sich nun mein Entschluss. Ich musste Hans vor dieser Spritkanone retten!

Ich drehte mich noch einmal in Richtung Strandbar um. Aus der Ferne drang die Musik herüber. Stefan war nicht mehr in Sicht, auch sonst niemand.

Ich ging um das Auto herum und öffnete zielstrebig die Motorhaube. Normalerweise kannte ich mich nicht mit dem Innenleben eines Autos aus, wenn nicht ein Automarder einmal die Schläuche an meinem Wagen zernagt hätte. Der gelbe Engel, den ich gerufen hatte, klärte mich auf, sagte, dass ich großes Glück gehabt hätte. Manche Leute bemerkten es viel zu spät.

Damals hätte ich den Marder einfangen sollen, damit er die Arbeit nun für mich erledigte. Marder bekommen keine Strafe. Ich hingegen riskierte eine ganze Menge. Okay … hier … ja, das ist der Bremsschlauch.

»Hallo Hans! Hallo Mona!«

Dass diese Ziege noch die Impertinenz besaß, uns, besonders mich, so gut gelaunt und erfrischt zu begrüßen, als ob nichts geschehen wäre. Es war am nächsten Morgen und wir saßen am Frühstückstisch. Ihr Haar war zerzaust. Ich wollte nicht wissen, ob es dieses Mal einen besonderen Grund dafür gab.

»Ich mache einen kleinen Ausflug in die Berge. Habt ihr Lust, mitzukommen?«

Das war ja wohl die Höhe. Die spielte ihr Spiel ungeniert weiter und bezog mich skrupellos mit ein. Hans wollte schon freudig zusagen – sein Mund stand zu einem deutlichen »Ja« geformt offen –, doch ich schnitt ihm das Wort ab und entgegnete scharf und bestimmt:

»Nein danke, wir haben für heute leider schon was anderes vor, nicht wahr Hans?«

Ich blickte ihn mit zusammengekniffenen Augen und ernster Miene an, und irgendwie schien ihm das Respekt einzuflößen. Vielleicht hatte er auch nur ein schlechtes Gewissen. Er sagte auf jeden Fall nichts.

»Okay. Na dann bis später!«

Petra verschwand beleidigt um die Ecke. Bis später? Aller Wahrscheinlichkeit nach würde es für sie kein später mehr geben.

Wir schleppten uns so durch den Tag, fanden in der brütenden Hitze wenig Gefallen am Markt und sprachen den ganzen Tag kaum ein Wort miteinander. Während ich gelangweilt die Auslagen begutachtete, war Hans hauptsächlich damit beschäftigt, sich mit Aspirin und seinen Herz-Kreislauf-Tabletten über Wasser zu halten. Über gestern Abend verlor keiner ein Wort.

Auch beim Dinner im Hotel saßen wir uns stillschweigend gegenüber. Hans blickte sich des Öfteren nervös im Saal um. Offenbar suchte er Petra. Ich wusste, ich musste Geduld mit ihm haben. Das Ganze war ja gestern erst passiert und wahrscheinlich schwelgte er noch in dem kurzlebigen Hochgefühl, das er erlebt hatte. Es tat mir weh, daran zu denken, und eigentlich war es ja er, der jetzt auf mich zukommen müsste. Er hatte den Seitensprung begangen. Aber noch machte er keine Anstalten für eine Beichte.

Mit dem Aperitif servierte der Ober Hans die Rechnung vom gestrigen ›Champagner-für-alle-Abend‹. Vorsichtig öffnete er den weißen Beleg und griff sofort wieder zu seinen Tabletten. Ich nahm den Zettel und traute mich kaum einen Blick darauf zu werfen. 1.300 Euro stand da, von der Computerkasse erbarmungslos aufs Papier gedruckt. Von unserem gemeinsamen Geld würde er das bezahlen müssen. Selbst finanziell wurde ich für seine Ausschweifungen bestraft. Als ob ich nicht schon genug zu leiden hätte. Dafür musste er sich eine gute Entschädigung einfallen lassen.

Doch welche Entschädigung gab es für sein Fremdgehen? Gab es überhaupt eine? Ich denke, es hing viel von meiner Bereitschaft ab, ihm zu verzeihen. Aber konnte ich das so einfach? Die Bilder von gestern, am Pool, in der Bucht, waren noch wie eingebrannt in mein Hirn. Es half nichts, wir mussten endlich darüber reden. Die Ereignisse des vergangenen Abends standen zwischen uns wie eine Mauer, über die ich kaum noch blicken konnte. Und gerade als ich mein Herz in die Hand nehmen und eine Aussprache einleiten wollte, kam Wolfram, der Hagere, an unserem Tisch vorbeigeschlichen. Dieser Knochenkasper bewegte sich so schemenhaft wie ein Geist. Seine Augen traten hervor.

»Habt ihr schon gehört? Die Gerber ist heute nicht von ihrem Ausflug zurückgekommen. Soll einen Unfall gehabt haben. Mit dem Auto einfach den Hang runter. Keine Bremsspuren, nichts. Man vermutet, dass sie einen Hitzschlag hatte. Sie liegt jetzt auf der Intensivstation. Die Ärzte können noch nicht sagen, ob sie durchkommen wird.«

Ich musste aufpassen, dass ich nicht vor Freude und Erleichterung laut aufjauchzte, und versuchte gleichzeitig, die betroffenste Miene aufzusetzen, die mir möglich war.

»Aber das ist ja furchtbar!«, stieß ich aus. Vielleicht war mein Ton etwas zu theatralisch gewesen. Auf jeden Fall sah mich Wolfram etwas schief an, setzte aber im nächsten Moment wieder sein gelangweiltes Gesicht auf. »Na ja, wenn sie's übersteht, wird ihr wohl so schnell kein Mann mehr hinterher schauen.«

Ich blickte zu Hans, der bislang gar nichts gesagt hatte, was mich nun stutzig machte. Er saß da mit starrem Blick und weit geöffneten Augen, die mich hilfesuchend ansahen. Sein Gesicht war weiß wie eine Wand und sein Mund blau angelaufen. Im nächsten Moment griff er sich ans Herz und fiel samt Stuhl nach hinten.

Ich schrie ihn an: »Oh nein! Doch nicht du!«

Hans blieb stumm. Hans war tot.

Man nehme … ein Nudelholz

Genauso wie man Kochrezepte aufschreibt und sammelt, damit man sie nicht vergisst, sollten auch besonders schlimme Erlebnisse im Leben schriftlich festgehalten werden. Zur Abschreckung sozusagen, damit sie sich nicht wiederholen. Nun könnten Sie denken, so etwas vergisst man nicht. Doch im Laufe der Zeit beginnt man, sie zu verdrängen. Oder wissen Sie noch, wie die Ereignisse, die großen Kummer in Ihr Leben brachten, begannen? Wie alles angefangen hatte?

Die Idee alles aufzuschreiben, war mir spontan gekommen, als ich in Tante Esthers Wohnung auf sie wartete und die fünf rotkarierten Kochbücher zum Selbsteintragen im Regal stehen sah. Tante Esther hatte dieses Hobby wohl irgendwann für sich entdeckt und bis auf ein Buch schon alle Seiten mit ihren Lieblingsrezepten beschrieben. Die besonderen Umstände rechtfertigten es, dass ich mir dieses eine unbeschriebene Buch auslieh. Ich würde ihr ein neues besorgen, denn ich brauchte es jetzt, solange das Geschehen in meiner Erinnerung so klar und deutlich war. Zugegeben, es war auch so eine Art Therapie für mich.

Ich schlug das Buch mit meinen zukünftigen Lebensrezepten auf und strich über das linierte Blatt. Links stand die Spalte: Zutaten. Nun ja, zum ersten Mal kamen Zweifel auf, ob es auch das richtige Notizbuch sei. Ein abschließbares Tagebuch wäre angebrachter gewesen, damit die Aufzeichnungen nicht in die falschen Hände gerieten. Ich musste es später gut verstecken.

Nachdem ich den Schauplatz und das Datum des Ereignisses notiert hatte, schrieb ich in die Spalte Zutaten:

Man nehme:
Tante Esther
Anton von Deichstätt
Forsthaus Raschwitz
Ein Abendessen
2 Nudelhölzer
Leipziger Lerchen
Cospudener See
Für den Mord:
1 Nudelholz

Zeugen:
Nichte Melanie (das bin ich)
2 Spaziergänger

Ergibt: Hierfür nahm ich einen Bleistift.
Entweder Freispruch wegen Notwehr oder mindestens fünfzehn Jahre Haft ohne Bewährung für Tante Esther.

Nun kam der schwierigste Teil der Aufzeichnung: Ich musste mir wieder die schreckliche Szene vor Augen führen, die erst gestern passiert war. Ich seufzte auf, strich Zubereitung durch und schrieb daneben *Geschehen*:

Tante Esther rief frühmorgens an und fragte, ob es mir möglich sei, am Wochenende zu ihrer Geburtstagsfeier zu kommen. Eigentlich wollte sie ja nicht feiern, aber sie habe es sich anders überlegt. Immerhin sei es ihr Sechzigster und da habe sie sich etwas ganz Besonderes einfallen lassen, sie …

Ich nahm die Einladung dankend an und musste sie bremsen, sagte, sie solle es mir noch nicht verraten, da es ja sonst keine Überraschung mehr sei, und überlegte, wie lange ich wohl mit meinem Wagen von Krefeld nach Leipzig benötigte. Dankend nahm ich die spontane Einladung an und starb fast vor Neugier.

Achtung: Spontane Einladungen immer hinterfragen.

Ich weiß nicht mehr, wie viele Stunden ich brauchte, um nach Markkleeberg zu kommen, ich weiß nur noch, dass Tante Esther mich in der Zwischenzeit auf dem Handy anrief und auf diesem Wege ihre Überraschung loswerden wollte. Sie sprach in Rätseln, meinte, sie kenne da einen besonders schönen Vogel, den sie mir unbedingt zeigen müsse. Bisher habe sie immer gedacht, diese Art sei ausgestorben, aber sie habe noch ein Exemplar entdeckt. Mir fiel dazu ihre vogelkundliche Expedition der letzten Woche ein und die damit sicher entstandene umfangreiche Fotosammlung. Auch schön. Nur wunderte es mich, wieso ich dafür in eine Gastschänke kommen sollte. Sicher wollte sie zunächst ein Essen ausgeben.

Endlich hatte ich gegen Abend das Forsthaus Raschwitz erreicht, in dem ich mich mit Tante Esther treffen wollte. Sie saß an diesem schönen Maiabend im Wintergarten. Ich verstand die Welt nicht mehr. Meine Tante Esther, die Naturfanatikerin und Hobby-Ornithologin saß hinter Glas. Ob es am Balzvogel lag, der neben ihr saß? Er hatte graue Haare, einen grauen Bart und war eine sehr gepflegte Erscheinung im dunkelblauen Blazer.

Tante Esther sah mich kommen, sprang auf und kam angelaufen. So glücklich hatte ich sie schon lange nicht mehr gesehen, aber das sollte sich wenig später schlagartig ändern.

Ich hielt kurz mit dem Schreiben inne und sah auf die Uhr. Ich musste mich mit meinen Notizen beeilen. Tante Esther war nun schon mehrere Stunden weg, und wenn sie wieder kam, sollte ich mit der Aufzeichnung fertig sein – wenn sie wiederkam. Ich schrieb schnell weiter:

Tante Esther stellte mich kurz, aber stolz der grauen Eminenz vor: »Meine Nichte Melanie! – Melanie, mein Bekannter Anton von Deichstätt!«

Wir musterten uns kurz. Es gab nichts an seinem Äußeren, was ich hätte bemängeln können, und das machte mir Sorgen.

Hier muss ein Achtung! hin. Demnächst so lange suchen, bis etwas auffällt.

»Angenehm.« Anton von Deichstätt hatte anscheinend vier Fehler an mir gefunden, denn sein Blick ging hin und her, von meinen zerzausten Haaren, über meinen tiefen Ausschnitt, zu meinem wirklich winzigen Fleck auf dem T-Shirt, hin zu meinem abgebrochenen Fingernagel.

Wir bekamen von der freundlichen Bedienung die Speisekarten gereicht und wurden gefragt ob wir etwas trinken möchten. Ich bestellte mit trockener Kehle ein großes Ur-Köstritzer Pils. Tante Esther hätte auch gerne eines gehabt und einen Leipziger Allasch, wie sie beschämt äußerte, sah dann auf Herrn von Deichstätts in Falten geworfenen Mund, disponierte kurzfristig um und bestellte: »Einen Bordolino, bitte.«

Die Zeile »… sah aber dann auf Herrn von Deichstätts in Falten geworfenen Mund« unterstrich ich dick. Hier hatte alles angefangen, wenn man es recht bedachte. Nur, wir wussten es damals noch nicht. Tante Esther hätte beim Pils und dem Allasch bleiben und sich von diesem Deichstätt ganz schnell verabschieden sollen, aber so nahm das Schicksal seinen Lauf, erkannte sie zu spät, was der feine Herr für ein Mann war. Ja, auch ich musste mir den Vorwurf machen. Doch zurück zum Geschehen:

Tante Esther erzählte an diesem Abend auffallend wenig, dafür redete Herr von Deichstätt umso mehr. Davon, wie er als junger Mann auf einem Schiff angefangen hatte, Koch zu lernen und die rauen Sitten ihn beinahe zerbrochen hätten. Davon wäre noch seine schlimme Narbe übrig geblieben, über die er Gott sei Dank die Haare kämmen konnte – aber Lehrjahre sind nun mal keine Herrenjahre, und heute sei er froh, durch eine so harte Schule gegangen zu sein. Er habe es ja auch zu etwas gebracht, sei mittlerweile ein angesehener Zwei-Sterne-Koch in Sachsen und …

Ich nahm einen leuchtendgelben Marker und strich den kompletten Absatz damit an. Achtung: Wer so redet, sollte lieber gleich ignoriert werden.

Aber wir hatten es an dem Abend nicht gemacht und deshalb:

»Zwei-Sterne-Koch, aha.« Ich nickte mehrmals hintereinander, kommentierte seinen Redeschwall mit: »Ach ja?« und »Ach ja, wirklich?«, manchmal auch mit einem: »Ach ja? Ist nicht wahr!«

Selbst Tante Esther verdrehte die Augen. Nur nicht so, wie sie es sonst immer tat, wenn ihr etwas missfiel, eher anders, verdammt verliebt anders.

Ich kommentierte: Achtung! Wenn jemand so die Augen verdreht, so anders, dann unbedingt diejenige warnen und den Mann gründlich unter die Lupe nehmen.

Bereits eine halbe Stunde später saßen wir vor unserem Essen. Ich hatte meinen frischen Salat bekommen, mit knusprigen Backhähnchenstücken und Ananas und Tante Esther nur eine Markkleeberger Schwammerlsuppe. Sie übte anscheinend Zurückhaltung. Er prahlte damit, als Vorspeise am liebsten Weinbergschnecken zu essen, und besah kritisch das Pfännchen vor sich.

Achtung! Wenn einer Weinbergschnecken isst … Irgendwie kamen mir die Kommentare jetzt lächerlich vor. Warum um alles in der Welt habe ich, haben wir, es nicht vorher bemerkt?

Während ich den Salat wie immer in mich hineinstopfte, und ich sah es nicht ein, mich zu verstellen, hielt er mit der Schneckenzange das Gehäuse einer Schnecke und wühlte mit dem Gäbelchen, das er mit gespreiztem kleinen Finger festhielt, im Schneckenhäuschen herum. Mit der Serviette tupfte er öfter seinen Mund ab, als dass er etwas hineinbrachte. Trotzdem versicherte von Deichstätt uns wenig später, von diesem reichhaltigen Mahl satt geworden zu sein, und verzichtete auf eine Hauptspeise.

Achtung! Wenn ein Mann keine Hauptspeise mehr möchte, ist er entweder magenkrank oder hat kein Geld in der Börse. Beides ist hemmend für eine gemeinsame glückliche Zukunft.

Tante Esther war es nur recht, dass er nichts mehr aß, denn prompt legte auch sie ihren Löffel hin und kramte aus der Tasche, die sie auf dem Boden stehen hatte, zwei längliche Pakete hervor. Sie überreichte eines Herrn von Deichstätt und eines mir. Ich protestierte verhalten, wir müssten ihr etwas schenken und nicht umgekehrt, aber Tante Esther winkte ab. Sie forderte uns auf, endlich die Pakete auszupacken, und sah uns erwartungsvoll an, so als würde sie sich damit selbst die größte Überraschung bereiten.

Wenn ich etwas schnell konnte, dann war es Geschenke auspacken. Ruckzuck hatte ich das Band mit der Aufschrift Media Markt gelöst und das Blumenpapier zerknautscht. Hervor kamen ein Nudelholz und eine Tüte selbstgebackene Leipziger Lerchen. Ich beugte mich nach links zu Tante Esther und umarmte sie heftig.

»Leipziger Lerchen … wie ich sie liebe … und ein Nudelholz … nun muss ich nicht mehr die olle Flasche zum Teigausrollen nehmen!«, rief ich entzückt.

Anton von Deichstätt sah sich peinlich berührt um.

»Weißt du noch?«, fragte Tante Esther in meine Richtung, und ich nickte schnell, weil ich wusste, was kam. Endlich hatte sie wieder Augen und Ohren für mich. »Ja, wie könnte ich das je vergessen«, sagte ich: »Zweihundertfünfzig Gramm Mehl, einhundertzwanzig Gramm Butter, sechzig Gramm Zucker, zwei Eigelb …« Ich strahlte, so wie ich es als Kind immer getan hatte, wenn ich es wie aus der Pistole geschossen aufzählte. Auch diesmal hatte ich wieder bewusst eine Zutat vergessen. Ich wartete darauf, dass Tante Esther ihren Finger hob und über den Brillenrand lugte.

»Und?«, fragte sie.

Ich lachte auf, hob selbst den Zeigefinger und sah über meine Brille: »Einen viertel Teelöffel Salz.« Wir lachten zusammen.

Anton von Deichstätt grunzte vor sich hin. Wir ignorierten ihn.

Ich schwelgte kurz in meinen Erinnerungen, dachte daran, wie ich jedes Mal den Teig geknetet hatte und wie entzückt Tante Esther mir immer dabei zuschaute, wenn ich am Mürbeteig meine ganze Wut über die schlechten Schulnoten ausließ oder mir später meinen ersten Liebeskummer damit aus dem Sinn schlug. Während der Teig 30 Minuten im Kühlschrank ruhen musste, hatten wir uns die Zeit mit dem Erzählen von Gespenstergeschichten vertrieben. Im fortgeschrittenen Alter waren es dann die schrecklichen Geschichten über unsere fürchterlichen Freunde. Dabei hatte es Tante Esther stets schlechter getroffen als mich. Noch heute glaube ich, dass sie mich damit nur trösten wollte.

Anton von Deichstätt grunzte noch immer, oder schon wieder? Mittlerweile hatte auch er sein Paket ausgepackt und hielt sein Nudelholz wie ein Relikt aus der Steinzeit in der Hand. Seine Mundwinkel fielen nach unten.

»Gefällt Ihnen das Nudelholz nicht?«, fragte Tante Esther bedrückt. »Ich dachte, Sie als Spitzenkoch könnten immer eines gebrauchen. Ist sozusagen ein kleines Dankeschön dafür, dass Sie mich am Sonntag ins Kino eingeladen haben.«

Irgendetwas schien ihm gründlich zu missfallen, und nun hielt er nicht mehr länger an sich. »Seien Sie mir nicht böse, aber solch ein Nudelholz bekommt man höchstens noch auf dem Trödelmarkt und benutzt es als Dekorationsgegenstand, wenn überhaupt. Das wirklich gute Nudelholz – übrigens heißt es nicht mehr Nudelholz, sondern Teigausroller – gibt es mit einer Teflonbeschichtung. Da bleibt nichts mehr haften und man verdirbt sich den Teig nicht unnötig mit zu viel Mehl.«

Gegen unsere giftigen Blicke war er immun. Unbeeindruckt widmete er sich nun den Leipziger Lerchen in der Folientüte. Er drehte sie und betrachtete das Gebäck.

»Nun ja, sieht ja ganz nett aus, aber – das mit dem Mürbeteig muss nicht mehr sein. Das ist wie mit dem Nudelholz. Heutzutage nimmt man Blätterteig dafür – also für das Gebäck, nicht für das Nudelholz.«

»Sehr witzig!«, warf ich ein.

»Blätterteig? Ach ja?« Tante Esther ließ das nicht auf sich sitzen. Sie fühlte sich in ihrer Leipziger-Lerchen-Backehre verletzt. »Und welche Füllung nimmt Mann? Etwa Whisky-Kirsch-Marmelade?«

»Nein, natürlich drei Esslöffel Aprikosenkonfitüre und dreihundert Gramm Marzipanrohmasse, mit fünfzig Gramm Puderzucker.«

»Ah doch?«, fragte sie frech. »Sie haben die zwei Eier und die drei Gramm bittere Mandeln vergessen.«

»Und Sie die vier Zentiliter Aprikosenlikör!« Seine Augen blitzten. Er griff zum Teigausroller.

Tante Esther konterte. Sie riss mir mein Nudelholz aus der Hand, mit dem ich gerade die Tischdecke plättete. Ich hielt ihren Arm zurück, sie schob ihn beiseite. »Hähr off!«, zischte sie und stand auf.

Achtung! Wenn Tante Esther »Hähr off!« zischt, unbedingt verhindern, dass sie weiterspricht.

Anscheinend waren wir zu laut. Die Bedienung kam an unseren Tisch und sagte freundlich, aber bestimmt, ausgerechnet zu mir, es hätten sich einige Gäste über uns beschwert. Wir möchten unser Gespräch etwas leiser fortführen. Tante Esther ließ das Nudelholz sinken. Sie setzte sich wieder und legte es vor sich auf den Tisch. Ich war erleichtert und versuchte es ihr abzunehmen. Besorgt sah ich ihre weißen Knöchel an den Händen hervortreten, die es festhielten.

»Lassen Sie uns bezahlen und zum Cospudener See fahren«, japste Tante Esther, »er ist mit dem Auto nur fünf Minuten von hier entfernt. Der Spaziergang am See und die frische Luft werden uns gut tun.«

Achtung: Nie mehr denken, frische Luft würde gut tun.

Tante Esther ging voran und führte uns direkt zum ruhigeren Nordufer des Cospudener Sees. Der kilometerlange Sandstrand und die riesige Wasseroberfläche beruhigten leider nur mein Gemüt.

Herrn von Deichstätt beschäftigte noch irgendetwas. Er schlenkerte mit seinem notdürftig wieder eingepackten Geschenkpaket herum, das er gnädigerweise nun doch mitgenommen hatte. Mir waren nur die Leipziger Lerchen geblieben, denn meine Nudelrolle hatte Tante Esther wieder in ihre Tasche gesteckt. Ich würde sie später darauf ansprechen.

Achtung! Nichts auf später verschieben.

Anton von Deichstätt scheuchte ein paar Vögel auf, die sich kreischend in die Luft erhoben. Er sinnierte: »Um noch einmal auf die Leipziger Lerchen zurückzukommen …«

Ich stöhnte auf. Tante Esther griff in ihre Tasche.

»Wissen Sie überhaupt, seit wann es die Leipziger Lerchen gibt?«

»Ja, sicher, seit zirka 1880.« Sie sah augenzwinkernd zu mir und ergänzte: »Leipziger Konditoren haben das Gebäck erfunden und in alle Welt verschickt. Damit ist Leipzig neben dem Allerlei weltberühmt geworden. Als wenn ich das nicht wüsste.« Ihr Lachen klang gemeingefährlich.

»Irrtum!«, Anton von Deichstätt hielt das Geschenkpaket wie eine Trophäe nach oben.

Tante Esther und ich sahen uns erschrocken an.

»Die ursprünglichen Leipziger Lerchen waren kein Gebäck, sondern tatsächlich Lerchen, also die Singvögel, die bis 1875 noch gerupft und gefüllt in 12er- oder 24er-Schachteln in alle Welt verschickt wurden, Spanien, Moskau … das war die Delikatesse schlechthin! Erst 1876, nach einem schweren Unwetter in Leipzig, erfanden Konditoren eine Notlösung, weil Tausende von Tieren verendet waren. Das war die Geburtsstunde des aprikosengefüllten Gebäcks, das also in Wirklichkeit eine gefüllte Lerche darstellen soll.« Er grinste diebisch amüsiert. »Die kreuzweise aufgelegten Teigstreifen symbolisieren den Faden, mit dem das gefüllte Tier zusammengehalten wurde.«

Ich sah entsetzt auf meine Tüte mit den Leipziger Lerchen.

Tante Esther verlor ihren zarten rosigen Teint. »Das … habe ich nicht gewusst«, stammelte sie. Sie blieb am Ufer stehen.

Sein Blick sprang hin und her, er sah sich mehrmals um, obwohl wir mutterseelenallein waren.

»Natürlich wäre das heute nicht mehr denkbar, echte, gefüllte Singvögel zu verkaufen. Das steht unter Strafe.« Er beugte sich zu uns nach vorne. Ich roch zum ersten Mal seinen schwefeligen Atem, oder war es nur Einbildung?

Wieder sah er sich gehetzt um und kam noch ein Stück näher: »Ihnen kann ich es ja sagen: Es gibt da eine Käuferschicht, die das Besondere und das Verbotene liebt. Die Schickimickis, die übersättigt sind und mit ihrem Geld nichts mehr anzufangen wissen. Unter uns. Ich vertraue auf Ihre Diskretion. Ich habe es bereits getestet. Glauben Sie mir. Der Leipziger Leckerbissen wird sich sehr schnell über Mittelsmänner herumsprechen, und dann bin ich ein gemachter Mann. Ich stehe schon mit einem Hühnchenzüchter in Verhandlung, der umsatteln will! Ich werde die echten Leipziger Lerchen aufleben lassen!«

»Das werden Sie nicht!«, schrie Tante Esther. »Das weiß ich zu verhindern!«

Während ich noch überlegte, wie sie das verhindern wollte, zückte Anton von Deichstätt sein Nudelholz aus dem Paket und erhob es. Aber Tante Esther war schneller. Wie eine Dampframme schlug sie zu, dass es nur so krachte.

Achtung! Temperamentvollen Personen erst die schlagenden Argumente wegnehmen, bevor man sich mit ihnen über illegale Dinge unterhält.

Von Deichstätt lag vor unseren Füßen. Aus seinen grauen Haaren, Nase und Mund sickerten Blutrinnsale.

Von irgendwoher kamen Spaziergänger angelaufen, sagten, sie hätten zufällig gesehen, wie der Mann zuerst auf die Frau eingeschlagen habe und sie würden es bezeugen können. Die Frau beugte sich über Tante Esther. Der Mann zückte sein Handy, wählte den Notruf.

Ich war heilfroh, dass Tante Esther so fein raus war. Mit mir waren wir schon drei Zeugen, die den Angriff auf Tante Esther und somit ihre Notwehr bestätigen konnten.

Hier beendete ich die Aufzeichnung.

Ich zitterte am ganzen Körper. Nun hatte ich also den genauen Beginn der Katastrophe und deren Verlauf aufgeschrieben. Was danach kam, ging genauso blitzschnell: Die Polizei kam und verrichtete ihre Tatort-Arbeit. Sie sorgten zu guter Letzt nicht nur dafür, dass Herr von Deichstätt, sondern auch Tante Esther mitgenommen wurde.

Ich verzichtete darauf weiterzuschreiben, denn wie die Geschichte ausging, musste sich erst noch herausstellen. Eines stand jedoch jetzt schon fest: Wenn ich auf die einzelnen Phasen der Entwicklung geachtet hätte, wäre es nie so weit gekommen. Es hätte sich vieles vermeiden lassen.

Ich klappte das Rezeptbuch zu und stellte es vorläufig zu den anderen ins Regal zurück. Auf dem Hausflur hörte ich Schritte und Stimmen, dann klingelte es an der Tür.

Tante Esther kam freudestrahlend herein. Um den Kopf hatte sie einen weißen Verband gewickelt, der mit einem Netzstrumpf gehalten wurde. Sie erzählte etwas von neuester Kreation. Überhaupt war sie sehr aufgekratzt.

»Vielen Dank fürs Nachhausefahren«, sagte sie und lächelte die Kommissarin an. »Ich weiß die Ausnahme sehr zu schätzen.«

»Bitte, gerne geschehen.« Die Kommissarin wandte sich nun an mich: »So, dann haben wir alles zusammen. Sie hören von uns.«

Ich nickte und verabschiedete mich freundlich, als ich ihr keinen

Kaffee mehr anbieten konnte. Meiner Tante und mir würde er jetzt gut tun. Ich ging in die Küche.

Tante Esther begleitete die Kommissarin zur Tür.

»Moment! Ich habe da etwas für sie«, sagte sie und lief ins Wohnzimmer, kam kurz darauf zurück. »Bitte sehr, als kleines Dankeschön: Meine besten Kochrezepte – von mir handgeschrieben!«

»Ich weiß nicht, ob ich das … ach was, vielen lieben Dank!«, sagte die Kommissarin.

Ich stürzte aus der Küche und lief zum Bücherregal, um mich zu vergewissern. Das fünfte rot-karierte Kochbuch fehlte.

Ich schwor mir, nie wieder im Leben ein schlimmes Erlebnis schriftlich festzuhalten und somit nicht nur den Anfang, sondern auch das Ende zu bedenken.

In alter Tradition

Die Frauen kamen mit Rosenscheren bewaffnet in den Innenhof des alten Bauernhauses. Hier hatte die sengende Mittagssonne das dunkelrote Backsteingemäuer erhitzt und die Luft stickig werden lassen. Sie gingen zu den wackligen, unterschiedlich großen Holztischen, auf denen zwei stattliche Haufen mit Buchsbaumzweigen lagen.

Auf die nicht mehr ganz so jungen Frauenhände wartete nun harte Arbeit, die Blasen und Schnittwunden an den Fingern, ja sogar eingerissene Fingernägel verursachen würde. Aber es musste sein, denn die Tradition verlangte es so – hier in Vennikel, einem typisch niederrheinischen Vorort von Krefeld, wo die Landwirtschaft dahinvegetierte und die stämmigen Weidenbäume ihre Köpfe traurig hängen ließen, weil der alte Rheinarm sie längst verlassen hatte.

Die Nachbarn waren gekommen, um der Braut und dem Bräutigam einen Kranz zu binden. Seit Generationen bestand der Kranz aus Buchsbaum, der an dem Hauseingang der Brautleute an stabilen

Haken und Winkeln aufgehängt und mit frischen, weißen Rosen versehen werden musste. Für die Hochzeitsstühle gab es kleinere Kränze aus Buchsbaumzweigen. Sie wurden an einem bogenförmigen, stabilen Draht an den Rückenlehnen befestigt.

Schon lange hatten die Alten nicht mehr gekränzt, denn nur wenige hatten Kinder, die aber jetzt als Erwachsene in der Stadt lebten. Einer von ihnen, es war Dieter, erinnerte sich eines Tages an diesen alten Brauch des Kranzbindens und fand es sehr schick, wenn er seine Hochzeit bei seinen Eltern auf dem Land feiern könnte. Wochen vorher liefen die Vorbereitungen an.

Der gute alte Brauch wollte es, dass das Kranzbinden immer beim nächstgelegenen Nachbarn – rechte Seite – stattfand. Doch es durfte nicht so einfach damit begonnen werden. Es musste vorher eine geheime Vollversammlung aller Nachbarn einberufen werden, auf der besprochen wurde, wer den Buchsbaum wo schneidet, kaufen war verpönt, wer das Hoch-lebe-das-Brautpaar-Schild malen durfte, wann das Binden der Kränze, wann das eigentliche Kränzen, wann die Hochzeitsfeier an sich stattfinden sollte.

Nicht zu vergessen: welche Frauen dabei Kaffee einschenkten, welche spülen mussten, wer von den Männern das Bier zapfen und wer die Parkplätze auf dem Feld abstecken oder am Straßenrand zuweisen sollte. Es wurde für das Hochzeitsgeschenk abgestimmt und gesammelt und – natürlich – wie jedes Mal auf dieser wichtigen Besprechung, von der das Brautpaar absolut nichts erfahren durfte – reichlich getrunken. Doch nicht irgendetwas. Nein – Bier für die Männer, Likörchen für die Frauen.

Dieses Mal hatten sie sich bei Franz und Edelgard zum Kranzbinden versammelt. Genauso wie die übrigen Nachbarn waren sie im besten Rentenalter und freuten sich sehr über den angenehmeren Teil ihres traditionsbewussten Wirkens, da sie bisher all die Jahre nur Beerdigungen ausrichten durften. Zumal es immer schwieriger wurde, geeignete Sargträger für den jeweils verstorbenen Nachbarn zu finden. Alle Männer hatten so ihre Rückenprobleme und Wehwehchen, waren aber pflichtbewusst genug, sich diese ehrenvolle Aufgabe nicht abnehmen zu lassen.

Nun ließen sie ihre Frauen den Kranz binden, die Männerarbeit war beendet. Sie waren für den handwerklichen Teil zuständig gewesen, hatten wasserwaagengerecht starke Winkel und Haken ins Mauerwerk am Hauseingang der Brauteltern geschlagen. Eine schweißtreibende

Arbeit bei den sommerlichen Temperaturen. Aber dafür hielten die Winkel und Haken mindestens ein totes Schwein aus und das war ja immerhin etwas. So genossen sie, wieder zum Nachbarhof zurückgekehrt, den Anblick der geschickten Frauenhände und den gekauften Schnaps. Selbstgebrannten gab es schon lange nicht mehr.

»Wilfried hat es nicht anders gewollt«, sagte Franz, der älteste der Nachbarn, düster und ließ seinen Blick in die Runde schweifen. Er schob seinen Hut gerade so weit nach hinten, dass er nicht herunterfallen konnte, und kratzte sich ausgiebig genau an der Stelle, an der erst gestern die Blutkruste abgefallen war, wie er beiläufig bemerkte. Als er den Namen des neu hinzugezogenen Nachbarn erwähnte, ging ein Zucken durch die Männer, doch er ließ sich nicht beirren, fuhr fort und schüttelte dabei missmutig sein faltiges Haupt:

»Wir können es nicht dulden, dass Fremde in unsere harmonische Nachbarschaft eindringen und unsere gute alte Tradition verhöhnen.«

Walter schenkte auf Kopfnicken von Franz Doppelkorn nach. Auf Kommando hoben sie ihre Gläser.

»Prost, Prost, Kameraden, auf unsere Nachbarschaft!« Franz nahm Haltung an.

»Gut Holz, schmecken soll's«, das war Walter, der keinen anderen Trinkspruch kannte und außer zum Kegeln in die Gaststätte *Maus*, zwei Landstraßen weiter, nirgendwo hinkam. »Ahhh«, schmatzte es aus der Männermenge, und von der Frauengruppe ertönte ein Gläserklirren.

»Prostata«, johlte Hanne nicht mehr ganz nüchtern zu den Männern herüber, und alle anderen Frauen gibbelten, weil sie wussten, dass es Walter bereits getroffen hatte.

Marlies, die mit einundfünfzig Jahren Jüngste unter ihnen, kippte den selbstgemachten Kirschlikör mit Todesverachtung hinunter, griff danach mit der anderen Hand zum Zentimetermaß.

»Was hast du denn damit vor?«, fragte Hanne hinterhältig.

»Ich muss doch wissen, wie groß er schon ist, wie lange wir noch müssen.« Sie stand auf und setzte an.

»Ach so … du meinst den Kranz, ja dann … Prost ihr Lieben!«

»Sag mal, wo ist eigentlich Wilfried?«, fiel Marlies auf, die sich jetzt wieder enttäuscht auf ihren Holzstuhl sinken ließ, da das Kranzbinden nur schleppend voranging und keinen deutlich sichtbaren Erfolg gebracht hatte, sondern bisher lediglich einen Sonnenbrand und ein taubes Gefühl in den Händen.

»Hat ihm jemand Bescheid gegeben?«, ließ sie nicht locker.

»Natürlich nicht!« Rabiat riss Edelgard an der Rolle mit dem Draht. »Er gehört noch nicht zur Nachbarschaft. Oder bist du von ihm zum Kaffee eingeladen worden? Du kennst unsere Regeln, Marlies. Hast du schon vergessen, was es auf dem Land bedeutet, Tradition zu pflegen?«, rügte sie.

Entrüstet bog Marlies den Oberkörper nach vorne. Der Ausschnitt der rotweißen Karobluse, die sie zu ihrem Einstand geschenkt bekommen hatte, verrutschte.

»Nein, aber vielleicht hat er für solche Feste einfach nicht genügend Geld. Man kann ja mal Ausnahmen machen. Er ist ein junger Mann und außerdem muss man Verständnis dafür haben, wenn er so etwas altmodisch findet.«

»Verständnis? Franz hat es erst im Guten versucht, hat ihm gesagt, dass er die Betonmischmaschine nicht geliehen haben könnte, weil man erst Nachbar sein muss, bevor man etwas geliehen haben kann, man erst einen Nachbarschaftskaffee geben muss. Und was war? Wilfried hat Franz nur verspottet. Franz hat ihn dann vor die Wahl gestellt: entweder wegziehen oder sich unseren Traditionen anpassen. Stattdessen hat er Franz mit einem Stück Dachlatte auf den Kopf gehauen und ihn rausgeschmissen.«

Edelgard sah in die Runde, sammelte mit den Blicken Entrüstung, bevor sie mit gesteigerter Wut fortfuhr: »So einer ist der feine Herr Wilfried Steiner! Franz hätte ihn anzeigen können, aber er wird einen anderen Weg finden, wird ihm den Spott schon austreiben.«

Nun mischte sich Hanne ein, jedoch verflüchtigte sich Marlies' Freude schnell, in ihr eine Unterstützung zu haben, da sie in das gleiche Horn tutete.

»Meine Mutter, zum Beispiel«, sie drohte mit dem krummen Zeigefinger in Marlies' Richtung, »hat sogar nach dem Krieg einen Nachbarschaftskaffee gegeben, und dass, obwohl sie nichts hatten! Da musste eben improvisiert werden, na und? Alle haben mit angepackt und geholfen.«

»Ja, ja«, nickte Else, die Älteste, die immer nur Omma Else genannt wurde, »das war ein schönes Fest. Mein Gott, war ich da noch jung! Wir haben getanzt und gelacht …« Der weiße Dutt wackelte. Dann nahm sie sich mit ihren knorrigen Fingern einen winzigen Buchsbaumzweig, strich fast liebevoll über die kleinen rundlich-grünen

Blätter und hielt ihn sich lächelnd an das Haar, was ihrem faltigen Aussehen einen grotesken Ausdruck gab.

Hanne und Lore zwinkerten sich zu. Sie wussten beide, es war an der Zeit, die alte Geschichte zu erzählen. Die Geschichte, die immer beim Kränzen erzählt wurde, seit über dreißig Jahren.

»Omma Else, erzähl mal, was vor dreißig Jahren passierte, beim Kränzen für Mizzi und Paul. Marlies hat als neue, anerkannte Nachbarin ein Recht darauf, es zu hören.« Hanne stieß mit ihrem frischgefüllten Likörgläschen gegen Lores. Die glänzenden Augen verrieten die Vorfreude. Sie wollte sich an dem nun folgenden entsetzen Gesicht der neuen Nachbarin weiden. Unterdessen wurde Edelgard unruhig.

Omma Else ging sofort darauf ein. Düstere Schatten legten sich von selbst auf ihre Gesichtszüge, die Mundwinkel versteinerten für einen Moment. Eine unheilvolle Stimmung kam auf. Die anderen Frauen hielten inne, mucksten sich nicht. Nur vom Haus her hörten sie die störenden Stimmen der Männer, die soeben lauthals beschlossen hatten, einen Rundgang zu machen. Heinz kam auf die Frauen zu, um es ihnen mitzuteilen.

»Wir gehen mal eben zum Baggerloch, mal sehen, wie weit der Pit mit dem Auskoffern ist.«

»Ja, ja … ist schon recht.« Edelgard winkte ab, für sie gab es interessantere Themen, dazu gehörte mit Sicherheit nicht, wann der See für die Ruderregatta fertig sein würde.

Sie wandte sich zu Omma Else, die die Pause genutzt hatte, ihr Eierlikörgläschen – und nur sie bekam Eierlikör – auszulecken. Auf ihrer weißbehaarten Oberlippe klebte noch ein Rest, mit dem der soeben aufgesetzte, unheilvolle Blick nicht so recht harmonierte. Hanne bekam einen Lachkrampf, so wie sie ihn immer bekam, wenn jemand etwas nicht bemerkte.

Marlies, die Altenpflegerin gelernt hatte, sprang unwillkürlich auf. Sie zog aus dem selbstgehäkelten Basttäschchen, das vor Omma Else auf dem Tisch lag, ein sauberes Taschentuch mit Häkelrand hervor und wischte das kleine Malheur weg – ein Reflex, den sie nicht mehr abstellen konnte. Verdutzt versuchte Omma Else nachzuvollziehen, was da gerade mit ihr passiert war. Anscheinend bekam sie es nicht eingeordnet, oder es war ihr egal, jedenfalls fuhr sie mit der Geschichte fort: »Es war auf Mizzis und Pauls Hochzeit …« Hanne rutschte ungeduldig auf ihrem Stuhl hin und her, Edelgard wischte sich mit einem

Papiertaschentuch den Schweiß von der Stirn. Ihr Blutdruck preschte in die Höhe, man konnte es deutlich sehen.

»Wir Frauen saßen«, theatralisch vollführte sie einen Rundumschlag mit ihrem rechten Arm, »so wie jetzt, zusammen an den Tischen und banden den Kranz. Wir sangen Volkslieder dazu und tranken selbstgemachten Likör. Es war Mai. Früher, ja früher, wurde immer im Mai geheiratet, noch vor der Heuernte, weit nach der Einsaat. Wir waren alle froher Dinge. Die Männer hatten auf dem Nachbarhof die Haken und Winkel ins Gemäuer der Haustür geschlagen und sich anschließend von uns aus, nach einem Selbstgebrannten, auf einen Spaziergang zu den Feldern begeben.«

Omma Else musste eine für Edelgard unendlich lange Pause machen. Zu sehr wühlte sie das Bild, das sie nun vor Augen hatte, auf. Sie senkte ihren Kopf, wollte aufhören.

»Und dann?«, fragte Marlies zaghaft, bekam aber keine Antwort. Sie blickte zu den anderen, die aber nickten nur wissend mit dem Kopf.

Hanne, die die Geschichte in- und auswendig kannte, damals aber nicht dabei war, übernahm: »Die Frauen waren gerade mit dem Kranzbinden fertiggeworden und hatten sich zu einer Kaffeetafel in den Schatten begeben. Die Kränze und die Rosen wollten sie nach einer kleinen Pause aufhängen. So aßen sie also erst einmal selbstgebackenes Rosinenbrot mit frischem Käse und ...«

»Das ist doch völlig unwichtig!«, keifte Lore, »Wer will das jetzt wissen?«

Omma Else hatte sich gefasst. Sie hob ihr leeres Eierlikörglas und ließ es enttäuscht sinken. Hanne sprang auf, um nachzuschenken.

Nach einem großen, zähflüssigen Schluck blickte sie kurz zu Marlies, wischte sich schnell den Mund ab und sprach weiter: »Ich ging mit Anna, Hannes Mutter, voran, und jede von uns war mit einem Kranz aus Buchsbaum beladen. Hinter uns gingen die anderen Frauen mit den Rosen und dem Türkranz, den sie würdevoll wie eine Schleppe vor sich hielten. Als wir auf den Hof kamen, stolzierten wir an dem Kreuzweg des Bauerngartens, der mit Buchsbaumbüschen eingefasst war, vorbei, passierten das steinerne Backhaus und mussten durch den Holztorbogen mit den Kletterrosen. Anna und ich sahen ihn zuerst ... den Hauseingang ... und ... wie er da hing ... an dem Eisenwinkel für den Türkranz. Sein Kopf war zur Seite geneigt, und die blaue Zunge hing heraus, so blau, wie die von einem geschlachteten Kälbchen. Die

Arme und Beine hingen schlaff herab. Es war Peter. Peter Weimers. Er wohnte seit einem Jahr im Haus vom alten Mücks gegenüber. Er kam aus der Stadt und hatte es damals unter Preis gekauft und umgebaut. Keiner von uns hatte ihm dabei geholfen, weil er noch nicht zur Nachbarschaft gehörte. Wir alle hatten ihn auf unsere Pflicht zur Erhaltung der Tradition aufmerksam gemacht, aber er sagte nur, das sei ein alter Hut, das hätte er nicht nötig.«

Omma Else nahm den angegrünten Zeigefinger und tunkte ihn ins Glas. Sie leckte den Finger ab und wiederholte das Ganze. Die anderen blickten angewidert zu ihr – vermutlich, wegen der soeben erzählten Geschichte. Und dann endlich wagte Marlies es, als Erste zu sprechen.

»Ja, und wer hat ihn umgebracht?« Sie blickte zu Omma Else, die immer noch mit ihrem Glas beschäftigt war und zu reden aufgehört hatte.

Edelgard sprang auf und schrie panisch: »Umgebracht? Wieso umgebracht? Er hat sich selbst erhängt! Außerdem ist das schon lange her – das ist verjährt.«

»Verjährt? Eine Selbsttötung verjährt?«, grübelte Marlies laut und sah, wie die anderen eiligst ihre Arbeit aufnahmen. Sie rückten die Stühle beiseite, räumten die Abfälle weg, und Edelgard stellte die halbvollen Gläser auf ein Tablett. Sie machten sich daran, die fertig gebundenen Kränze aufzunehmen und gingen wortlos zum Nachbarhof. Marlies hatte Mühe, ihnen so schnell zu folgen. Am Hof angekommen, gingen sie durch den dunkelroten, mit Kletterrosen behangenen Torbogen zum Hauseingang. Auch hier schlug ihnen die schwüle Luft entgegen. An der Haustür wartete bereits Wilfried Steiner auf sie – an einem Eisenwinkel hängend.

Wodka, war sein letztes Wort

»Tanja, bitte schick mir die Gonzalez nach oben. Sie soll das Konnossement an die SUEDAG mitbringen und sämtliche Lieferscheine dazu. Es eilt!« Hastig stürmte Alexander van Achten in sein mahagonigetäfeltes Chefzimmer und verlangte im Vorbeigehen eine Tasse Kaffee.

Tanjas einarmiger Kollege Gerd Hunt, der wie immer die Post brachte, grinste: »Und, weißt du, warum eine Blondine nicht in die Mittagspause gehen darf?« Gerd nervte sie wie immer mit seinen frauenfeindlichen Witzen.

»Ich habe jetzt keine Zeit, wie du gehört hast«, versuchte sie ihn abzuwimmeln.

»Weil man die Blondine sonst neu anlernen müsste! Ha! Ein Brüller, findest du nicht?« Er klatschte sich auf seinen Armstummel. Tanja verdrehte nur die Augen und ließ Gerd stehen, um ihrem Chef den heißen Kaffee zu bringen. Auch diesmal würde er sich wieder die Zunge daran verbrennen, und so …

»Verdammt!« Er ließ die Tasse auf den Unterteller knallen. Tanja blieb gelassen, denn er reagierte ebenso, wenn der Kaffee einmal nicht heiß genug war. Überhaupt konnte man es ihm morgens nie recht machen. Im Laufe der Jahre hatte sie sich daran gewöhnt. Nicht gewöhnen konnte sie sich aber an ihre Gefühle ihm gegenüber. Seit dem letzten Betriebsausflug lief es ihr heiß und kalt den Rücken hinunter, wenn sie nur an die alkoholdurchtränkte Nacht mit ihm dachte, an seine nackte Haut, die für einen 52-Jährigen ziemlich straff war. Ja, sie hatte sich in ihn verliebt, und er liebte sie auch, das spürte sie einfach. Mehrere Male hatte er es ihr in dieser Nacht sogar ins Ohr geflüstert und trotz der mindestens zwei Promille pro Person wurde es ein atemberaubender Abend, obwohl Tanja normalerweise keine älteren Männer mochte, doch bei Alexander …

»Ist die Post schon durch?« Ohne eine Antwort abzuwarten, griff er zum Telefonhörer.

»Kommt sofort, Alexander«, ihre Stimme säuselte sehr privat, »ach, übrigens …«

»Nicht jetzt! Mach mir mal ’ne Verbindung zum Fernandez in Bilbao und frag seine Sekretärin, wann das nächste Meeting ist … ja – Konrad! Alter Junge! Wie steh’n die Aktien?« Mit einer Drehung nach rechts im schweren Chesterfield-Sessel, kehrte er Tanja den Rücken zu.

Enttäuscht ging sie in ihr Büro zurück. Zu gerne hätte sie sich heute Abend mit ihm verabredet, im *Luciano* gut gegessen und dann, wer weiß, aber so …

»Kann ich rein?« Rosita Gonzalez stand vollbepackt vor ihr und jonglierte mit den Ordnern.

»Noch nicht, er telefoniert gerade.«

»Was hat der Boss für eine Laune?« Rositas Standardsatz, wenn sie zum Chef musste. Eine Vergewisserung, die für ihre Berichterstattung entscheidend war.

»Och, geht so. Eigentlich wie immer.«

»Na, ja, wenn ich ihm gleich von der AMCO berichte, wird er bessere Laune …«

»Wo bleibt denn die Gonzalez?«, schallte es plötzlich gebieterisch durch die Gegensprechanlage.

Rosita riss die Cheftür auf, sodass Alexander van Achten zusammenzuckte.

»Schon da!«, jubelte Rosita.

»Na, endlich!« Genüsslich setzte er sich zurück und betrachtete seine Fachfrau von oben bis unten. Während Alexander van Achten stundenlang qualvoll auf der Sonnenbank schwitzen musste, um seinen braunen Teint zu erhalten, war Rosita die exotische Bräune von Natur aus beschert worden. Zusammen mit ihren fast schwarzen Augen und der makellosen Figur war sie für ihn eine wahre Augenfreude. Sie wurde gerne von ihm herbeizitiert, auch wenn es nicht immer unbedingt nötig gewesen war.

»Gute Neuigkeiten aus Amerika, Herr van Achten. Die AMCO gibt uns den Millionenauftrag. Eine Auftragsbestätigung wird morgen per Fax geschickt.« Rosita warf sich in die Brust und wartete auf Jubelrufe.

»Setzen Sie sich! Das muss gefeiert werden!« Van Achten stolzierte zum Barfach des Wandschranks und nahm die letzte, halbvolle Flasche Wodka heraus.

»Normalerweise«, über sein Gesicht huschte kurzes Bedauern, »gibt es für Damen Champagner, doch richtige Speditionskauffrauen müssen auch härtere Sachen vertragen, was? Haha.« Mit Dollarzeichen in den Augen goss er zwei Doppelte ein und stieß klirrend mit ihr an.

»Auf das Geschäft!« Er plumpste in den Ledersessel. Rosita drehte sich der Magen um. So früh am Morgen und dann auch noch Alkohol. Ihr Hals schrie Feuer, als sie aus Versehen einen zu großen Schluck Wodka trank. Alexander van Achten hingegen atmete hörbar gestärkt aus. Er strahlte über das ganze Gesicht, bis Tanja plötzlich das Gelage störte.

»Herr van Achten, Sie haben um 12 Uhr einen Termin mit dem Bremer Spediteur, im Hotel Interconti!« Zu vorwurfsvoll rutschte es Tanja über die Lippen. Nur gut, dass sie im letzten Moment daran gedacht hatte, ihn zu Siezen. Im Beisein anderer hielt sie es für angebrachter.

»Meinst du etwa, das wüsste ich nicht? Überhaupt, was soll dieser missbilligende Ton? Du bist nicht mein Kindermädchen!« Empört goss er sich jetzt erst recht noch einen Wodka ein, den er ebenso hastig hinunterkippte.

»Ich dachte ja nur …«

»Du hast nicht zu denken, du hast nur die Beine breit zu machen!«, mit hochrotem Kopf zeigte er auf die Tür.

»Das war's dann, Frau Gonzalez. Ich hab noch zu tun«, warf er die beiden endgültig hinaus.

Rosita Gonzalez raffte die Unterlagen zusammen. Sie wusste nicht, ob sie lachen oder weinen sollte. Verzweifelt schüttete sie den Rest Wodka die Kehle hinunter und wäre fast an dem Gesöff, aber besonders an den Neuigkeiten erstickt. Das musste sie sofort ihren Kollegen erzählen. So eine Story, und dann aus erster Hand! Sie musste sich beherrschen, um nicht zu laufen.

Tanja rannte tränenüberströmt an ihr vorbei, direkt auf die Damentoilette zu.

Bis zur Mittagspause hatte Rosita es geschafft, auch den letzten Kollegen, nämlich den Einarmigen aus dem Postversand, Gerd Hunt, zu informieren. Sensationsheischend warteten sie nun alle auf den zweiten Akt, auf die Rückkehr der Hauptdarsteller. Während Alexander van Achten noch mit Geschäftsfreunden im Hotel saß, kehrte Tanja hoch erhobenen Hauptes, aber mit deutlich sichtbar geröteten Augen an ihren Platz zurück. Noch nie musste sie so viele, für sie unsinnige Fragen ihrer Kollegen beantworten.

Ständig klopfte es an ihrer Tür.

Gerd Hunt allerdings überspannte den Bogen. Seit dem Betriebsausflug ebenfalls mit ihr auf du und du, versuchte er die Neuigkeit für sich zu nutzen.

»Naa, Tanja! Hast du heute Abend schon etwas vor? Wie wär's, wenn wir uns eine schöne Nacht machen würden?« Er griff an seinen Stummel und rieb ihn obszön. »Eine Flasche Champagner würde ich schon springen lassen, hm, wie wär's?«

»Lass mich in Ruhe!« Gift sprühte aus ihren Augen.

»Komm, stell dich nicht so an. Nur weil ich nicht so viel Geld habe wie der Alte? Oder stört es dich, dass ich nur einen Arm habe? Du hast ja keine Ahnung, was ich damit alles machen kann.« Er hielt den Stummel demonstrativ in die Höhe. Seine quabbeligen Wurstfinger der verbliebenen Hand strichen ihre langen blonden Haare beiseite, um besser den Nacken packen zu können. Tanja bewaffnete sich blitzartig mit dem Brieföffner. Noch mehr Demütigungen würde sie nicht ertragen, und obwohl es sonst nicht ihre Art war und sie für ordinäre Gebärden absolut nichts übrig hatte, hielt sie ihm den spitzen Dolch vor den Hosenreißverschluss.

»Noch ein Wort – und ich vergesse mich!« Sie ruckte gefährlich nach vorne.

»Ah, darauf stehst du also!« So schnell es Gerds schwabbeliger Körper zuließ, walzte er sich zur Seite und ergriff mit der Hand nun vorsichtshalber den Brieföffner, während er sich hinunter beugte und sie zu küssen versuchte. Bevor Tanja schreien konnte, betrat Alexander van Achten das Zimmer. Sein bewusst strammer Gang verriet ein feuchtfröhliches Geschäftsessen.

»Mahlzeit! Na, Tanja, bei der Arbeit?« Gehässig grinsend stolzierte er in sein Büro. »Komm anschließend zu mir!«

Mit hochrotem Kopf ließ Gerd von Tanja ab. Sein »Wir sprechen uns noch!«, klang äußerst bedrohlich.

Mühevoll sortierte Tanja ihre Kleidung, kämmte sich schnell die Haare, obwohl nichts durcheinander geraten war. Tief durchatmend betrat sie die Höhle des Löwen, ihre Hände zitterten.

Alexander van Achten fingerte umständlich ein Rezept und ein paar Geldscheine aus seiner Brieftasche. Abfällig schmiss er die Sachen auf den Schreibtisch, als wenn sie ihm nichts bedeuteten.

»Hier! Besorg mir meine Medikamente, zwei Flaschen Wodka und eine Kiste Champagner. Der Hunt soll dir tragen helfen.«

Tanja kramte alles zusammen, unterdessen suchte van Achten in seinen Unterlagen und knurrte unmissverständliche Worte. Erneut wandte er sich an sie.

»Ja, und dann, sag vorher alle Termine ab! Ich habe Wichtigeres zu erledigen.« Wie zur Bestätigung schüttete er sich den restlichen Wodka aus der Flasche ins Glas.

Es war wieder einmal so weit. Sein Alkoholkonsum steigerte sich exzessiv, obwohl der Arzt ihn dringend davor gewarnt hatte weiter zu trinken, weil seine Leber geschädigt war und keine Zeit mehr zum Regenerieren fand. Alexander setzte sich darüber hinweg. Er machte sich sogar über seinen Hausarzt lustig. Seit ein paar Wochen schon musste Tanja sämtliche Nachmittagstermine für ihn absagen, denn niemand sollte ihn im Vollrausch erleben, und für die Leber gab es ja schließlich Tabletten, die zu besorgen ebenfalls Tanjas Aufgabe war.

Nach ihren Telefonaten, auch mit den Angestellten des Hauses, dass der Chef für heute nicht mehr zu sprechen sei, ging Tanja widerwillig in die Einkaufspassage, zuerst in die Apotheke. Am liebsten wäre sie nach Hause gefahren, hätte sich ins Bett gelegt und einen grünen Tee getrunken, um sich wenigstens etwas zu beruhigen und um ihre Lage zu überdenken. Wie sollte es jetzt weitergehen? Zu groß war die Enttäuschung. In ihrer Ausweglosigkeit führte sie Selbstgespräche: »Ich bin eine dumme Kuh! Wie konnte ich mich nur in meinen Chef verlieben? Sicher bin ich nicht die erste dumme Kuh, der das passiert ist, aber im Gegensatz zu den anderen, bin ich nicht auf seine goldene American-Express-Card geflogen, sondern habe mich in den Menschen van Achten verliebt. Ach, Alex, das hättest du heute Morgen nicht sagen dürfen, das nicht! Nichts empfindest du für mich, absolut nichts! Nutzt mich nur aus, benutzt mich wie eine Hure … und dann dieser Hunt, der Perversling, wenn Alexander nicht gekommen wäre – demnächst muss ich mich vor zwei Männern …«

Die Apothekenhelferin kam auf sie zu.

»Ich hätte gerne dieses Medikament«, Tanja schob das Rezept über den Tresen.

»Moment bitte.«

Prompt meldeten sich Tanjas Gedanken wieder: »Nur die Beine breit machen …, soll er doch am Alkohol ersticken!« Die Wut steigerte sich, die Blicke hüpften unruhig hin und her. Ihr war zum Umkippen schlecht, bis sie ein Schild las, das die Phantasie beflügelte.

»Methylalkohol – 90%«, sprang ihr ins Auge.

Wie viel braucht er wohl für einen dicken Kater, der ihn für mindestens ein paar Tage lahm legte – oder für immer? Tanja musste sich schütteln. Diese Frage durfte sie der Apothekerin natürlich nicht stellen.

»Bitteschön, Ihr Leberpräparat!« Argwöhnisch musterte die

Apothekenhelferin Tanja, dichtete ihr womöglich einen alkoholbedingten Leberschaden an. Auch egal.

Tanja setzte noch einen drauf: »Und einen halben Liter Methylalkohol.«

Mit angewidertem Blick wurde ihr wenig später die Flasche zugeschoben, nicht ohne Tanja zu warnen: »Der 90%ige ist nur zur äußerlichen Anwendung!« Sie gab das Wechselgeld heraus.

»Ist alles in Ordnung? Sie sehen so blass aus?«

»Ja, danke. Es ist alles okay, kein Problem«, was sich allerdings erst noch herausstellen musste.

Nachdem Tanja die schweren Spirituosenflaschen alleine ins Büro geschleppt und dabei auf die Hilfe vom schleimigen Hunt verzichtet hatte, ließ sie sich auf den Bürostuhl fallen. Die offen stehende Chefzimmertür war die Gelegenheit, um den Plan auszuführen. Auf dem Schreibtisch lag ein kaum lesbarer Zettel: »Komme um 18 Uhr wieder.«

Das Schicksal wollte es so.

Tanja schloss die Tür hinter sich und begann, eine volle Flasche Wodka im Waschbecken auszukippen. Sie stellte sie gut sichtbar ins Barfach. Später würde sie schon darauf aufmerksam machen. Man würde vermuten, dass Alexander van Achten auch diese Flasche leer getrunken hatte, wenn erst einmal die Promillezahl im Blut festgestellt worden war. Zusammen mit den Tabletten, die er heute mit Sicherheit nehmen würde, müssten die zusammenkommenden Promille reichen, um …

Tanjas Laune besserte sich schlagartig, aber es bereitete ihr auch ein wenig Angst, wozu sie plötzlich in der Lage war. Die zweite Flasche Moskovskaja leerte sie nur halb im Ausguss, goss den Methylalkohol dazu. Wie eine Zauberformel murmelte sie es beschwörerisch vor sich hin: »Nur noch schütteln und auf den Schreibtisch stellen. Halt, am besten schon ein Glas einschütten, damit er nicht merkt, dass der Verschluss bereits geöffnet wurde. Tabletten sichtbar danebenlegen – fertig.«

Zehn Minuten hatte sie dafür gebraucht. Zehn Minuten, um ihr Leben einschneidend zu verändern. Tanja wurde übel. Sie lief zur Toilette.

Schweren Schrittes kam Alexander van Achten am späten Nachmittag zurück. Die Angestellten hatten bereits Feierabend, bis auf Tanja, die immer erst die Rückkehr ihres Chefs abwarten musste. Er würdigte Tanja keines Blickes, sonst hätte er das kreidebleiche Gesicht und die verquollenen Augen gesehen, die ihren momentanen seelischen und körperlichen Zustand widerspiegelten.

Van Achten ließ die Tür offen stehen. Tanja verfolgte, wie sich ihr Chef, und mehr war er nicht mehr, eher noch viel weniger, zwei Kapseln aus der Packung drückte. Anerkennend pfiff er durch die Zähne, als er den bereits eingeschütteten Wodka erblickte.

»Trinkst du einen mit?«, lallte er in ihre Richtung.

»Nein, danke, ich habe vorhin eine Tablette genommen.«

»Ach, so ein Blödsinn. Meinst du etwa, das stimmt alles, was in den Beipackzetteln steht? So naiv kannst nur du sein!« Lachend hielt er seine zwei Leberkapseln hoch und schluckte sie mit dem Wodka, auf ex, hinunter. Triumphierend breitete er beide Arme aus, schlug sich dann hektisch an den Hals.

»Hhhhhhh«, saugte er die Luft ein, »Tanja! Einen Arzt!«

»Wozu? Der kann auch nicht mehr helfen. Sei doch nicht so naiv, das zu glauben!« Tanja stand neben ihm, nachdem sie sorgfältig die Tür hinter sich geschlossen hatte.

»D… der … Wod … ka«, seine erstickte Stimme drang nicht in ihr Gewissen.

Stattdessen schritt sie scheinbar lässig, aber am ganzen Körper zitternd zum Waschbecken und vernichtete den Rest der Flasche Wodka, spülte die Flasche und das Glas gründlich um und stellte alles auf seinen Schreibtisch.

»Nie wieder mache ich die Beine breit! Nie wieder! Für keinen Chef der Welt! Hörst du, Alexander? Alex …?«

Tanja nahm ihre Handtasche mit der angebrochenen Flasche Methylalkohol, die sie in irgendeinen Glascontainer werfen wollte, und machte endlich Feierabend. Kurz vor ihrer Haustüre klingelte das Handy. Es trieb Tanja Schweißperlen auf die Stirn. Sie nahm das Gespräch an und hörte seine verhasste Stimme: »Hallo, meine kleine Domina, hast du dir überlegt, wann wir uns quälen? Machst du mir mein Rohr frei?«

Es war Gerd Hunt und wenn er gequält werden wollte, konnte er es haben. Und was das Rohr anging, sie würde es schon freibekommen. Eigens dafür fiel ihr spontan ein Hausmittelchen ein.

Rate mal, wo ich jetzt bin …

»**Hallo Karin!** Rate mal, wo ich jetzt bin! Falsch. Nein, auch nicht in der Telefonzelle. Ja, zu Hause … aber aufm Klo. Ich hab jetzt auch ein Handy!«

»Rate mal, wo ich jetzt bin! Im Restaurant *Kupferkanne!* Ich kann nicht lauter reden – die gucken so komisch. Nein, ich konnte dir nicht Bescheid geben. Ich bin doch mit Uli verabredet … ja, der aus der Zeitung, der vierzigjährige Naturbursche, der, der die unabhängige, alleinstehende Frau für alle Schandtaten gesucht hat. Ich bin so aufgeregt! Drück mir die Daumen. Natürlich melde ich mich anschließend wieder. Klar doch. Da kommt einer … das ist er! Ich werd verrückt!«

»Juhuu, Karin! Rate mal, wo ich jetzt bin! Nein. Ich muss so leise reden. Uli schläft noch – Moment, ich geh in seine Küche, … ja, ich bin bei ihm. Ach komm, Karin, du weißt genau, dass ich keine Frau für eine Nacht bin – aber bei ihm … bei ihm ist es was anderes. Er ist so, so leidenschaftlich, so männlich-wild, wenn du weißt, was ich meine. So, als ob er jahrelang keine Frau gehabt hätte, und stell dir vor, es war tatsächlich so. Zehn Jahre hat er in Alaska gelebt, hatte dort nur ein Zimmer mit einem Bett, einem Stuhl und einem Klo – ein Klo – auf dem Zimmer! Und weil er so einsam war, hat er sich eine kleine Träne unter sein rechtes Auge tätowieren lassen – eine Träne, als bleibende Erinnerung an all die vielen anderen Tränen, die er die ganzen Jahre vergossen hatte, als er zwar frei war, aber seine Freiheit nicht genießen konnte. Was heißt das, wo gibt's in Alaska ein Tattoo-Studio, das weiß ich doch nicht! Was du immer hast, ich erzähle dir etwas total Romantisches und du hinterfragst alles. Ich muss aufhören. Er hat nach mir gerufen. Ich komme, Stummelchen. Also, tschüss, Karin.«

»Karin? Rate mal, wo ich jetzt bin! Du glaubst es nicht. Im Düsseldorfer Hauptbahnhof. Ja, Uli steht gerade am Schalter, um Zugfahrkarten zu besorgen. Wir wollen verreisen. Er liebt die Natur über alles. Er hat mich auf einen Campingplatz eingeladen – nach Au am Rhein – na, in der Nähe von Neuburg. Dort stehen ein Wohnwagen und ein

Schlauchboot für uns bereit … ist das nicht toll? Er will mit mir über den Rhein fahren! Natürlich weiß ich, dass ich nicht schwimmen kann und Camping habe ich auch noch nicht gemacht, aber mein Stummelchen wird schon auf mich aufpassen. Warum er Stummelchen heißt? Nun … nein, er hat noch beide Arme … keinen Pferdeschwanz … du weißt schon – nicht? Ja, also, er hat, wie soll ich sagen, an seinem Dings, also an seinem Teil, also wirklich, Karin, ich steh hier auf dem Bahnhof, da kann ich das doch nicht in den Mund nehmen … das Wort. Auf alle Fälle hat er da eine Verletzung. Es fehlt ein Stück sozusagen. Vor langer, langer Zeit hat eine Frau ihn da verstümmelt, deswegen ist er ja nach Alaska gereist, er wollte von Frauen nichts mehr wissen, aber wie gesagt, das ist lange her und er kann damit wunderbar … leben. Klar pass ich auf – wie meinst du das? Was heißt, ich kenne ihn noch nicht lang genug? Das spielt doch keine Rolle. In unserem Alter kann man sich nicht mehr viel Zeit lassen – sonst ist der Zug abgefahren … ach du je, der Zug, ja Uli … ich komme!«

»Karin, meine Süße! Rate mal, wo ich jetzt bin! Wir sitzen hier am Rheinufer in Au, unter einer Trauerweide und ich blicke direkt auf unser geliehenes Boot. Prost, Karin! Gerade haben wir die zweite Flasche Rotwein aufgemacht. Ach, das Leben kann so schön sein. Hier gibt es sogar ein wenig Sandstrand. Uli ist im Moment unterwegs, Zigaretten kaufen. Er darf nicht merken, dass ich mein Handy mitgenommen habe. Er hasst diese Dinger abgrundtief. Meine Handynummer? Verflixt, jetzt weiß ich die schon wieder nicht. Ich bin ja froh, mein Handy überhaupt gefunden zu haben, denn meine Brieftasche und die Geldbörse sind verschwunden. Uli meint, die finden sich schon wieder. Wir kommen dich mal … Moment … Ich sehe Uli kommen. Gleich muss ich … nicht was du denkst, Karin! … Nein, wir wollten am Rhein spazieren gehen. Ja, also, ich melde mich wieder. Tschüss, Karin!«

»Rate mal, wo ich jetzt bin! Kalt … kalt …, ja, woher weißt du das? Ich sitze gerade – hallo? Bist du noch da? Also, ich bin gerade im Schlauchboot – allein. Wieso soll ich Angst haben? Uli kommt gleich wieder. Er wollte eine Runde schwimmen … iih, ist das kalt an den Füßen. Karin? Ach nichts, ich habe gerade nur nasse Füße bekommen. Hier dringt Wasser – ah, da kommt Uli zurückgeschwommen.

Moment Karin … Uli, schnell, komm hoch, das Boot ist undicht! Hier, nimm das Paddel! Karin, ich muss jetzt …

Uli? Was machst du mit dem Paddel? Uli? Uhh…liii!«

Die Moritat der Gebrechlichen.

Es war im Jahre 1820.

Schlag zwölf trafen sie sich auf dem Marktplatz in Kaldenhausen: der Einbeinige, der Blinde, der Stumme und der Bucklige. Die Gestalten waren schmutzig und ihre Kleidung verschlissen. Dennoch war an jedem von ihnen etwas Besonderes: Der Einbeinige blickte aus wunderschönen blauen Augen, der Blinde besaß gesunde kräftige Zähne, den Stummen schmückte langes lockiges Haar und der Bucklige war vor Hässlichkeit schön.

Sie lungerten am Rande des niederrheinischen Marktplatzes auf alten, ausgedienten Branntweinkisten und hielten sich abwechselnd eine große Flasche billigen Wein an den Hals. Die vier sahen nur scheinbar dem regen Markttreiben zu. In Wirklichkeit aber waren ihnen die Nummer mit den dressierten Hunden und die Moritat des Bänkelsängers einerlei. Sie ließen die alten, gebückten Frauen mit ihren vollgepackten Kiepen an sich vorüberziehen. Niemand von ihnen störte sich an dem Gepolter der Ochsenkarren, die – mit Getreide-, Flachs- und Keramikwaren schwer beladen – Mühe hatten, auf dem mit Schlaglöchern versehenen Kopfsteinpflaster weiter zu kommen. Einzig und allein die köstlichen Gerüche, die über den Marktplatz zogen, bescherten einigen von ihnen ein Magenknurren, das lauter als das Brüllen des Tanzbärs war, der abwechselnd Zuckerbrot und Peitsche bekam.

Ihr ausgeheckter Plan und dessen Verwirklichung war ihnen viel wichtiger als das bunte Marktleben. Er sollte ihnen auf Dauer ein besseres Leben bescheren, ein Leben in Saus und Braus. Jedoch ließ ihr Kundschafter auf sich warten. Ob er sie versetzt hatte, schlimmer noch, sich selbst an der Beute vergriffen hatte – oder womöglich mit anderen gemeinsame Sache machte?

Der bucklige Anführer heuchelte Zuversicht.

Nach einer Weile kam der Kleinwüchsige tatsächlich auf sie zu gelaufen. Er blieb direkt vor ihnen stehen und trippelte von einem krummen Bein auf das andere. Sein kurzer, aber gewaltiger Brustkorb hob und senkte sich bedrohlich, als wolle er jeden Moment abheben.

»Grandios!«, krächzte er bemüht leise und kletterte auf eine der Kisten. »Ich habe alles ausbaldowert. Es gibt da ein lohnendes Ziel. Unschätzbare Werte befinden sich in dem Haus. Ich habe reichlich Schmuck und ungefähr 3.000 Gulden in der Geldkiste entdeckt. Ein Viertel von der Beute müsst ihr mir geben, dann gehört der Rest euch.«

»Halt. Nicht so eilig, Zwerg. Wir müssen deine Angaben erst prüfen«, sagte der Bucklige. »Wo ist das Haus?«

Dem Kleinwüchsigen wurde es mulmig. Konnte er den Vieren vertrauen? Ihm blieb nichts anderes übrig. Er alleine war nicht in der Lage, alles zu tragen. Er reckte sich, warf sich wichtig in die Brust: »Es ist zwanzig Meilen von hier entfernt. Ihr geht bis zur Mühle, nach der Kurve an der Poststation links, dann …«

»Zwanzig Meilen? Das ist zu weit für mich!«, rief der Einbeinige aus und legte dem Blinden seine Pranke auf die Schulter: »Johann, geh' du hin, und sieh nach, ob dort wirklich viel zu holen ist oder ob er uns zum Narren hält.«

»Ich?«, fragte der Blinde. »Ich soll nachsehen?«

Der Bucklige packte sich an den Kopf: »Das ist nichts für Johann, du Döskopp.«

»Dann schicken wir Dünndreit hin«, bestimmte der Einbeinige, schnappte sich die Weinflasche und belohnte sich für die gute Idee mit einem kräftigen Schluck.

Der stumme Dünndreit streckte die Arme gen Himmel.

Der Bucklige sprach für ihn. Seine Stimme überschlug sich: »Wie, um alles in der Welt, soll er uns sagen können, ob die Angaben vom Zwerg stimmen, he?«

Der Einbeinige zuckte zusammen. »Bleibst nur noch du! Du musst losziehen! Ich kann mit meinen Holzkrücken nicht so weit gehen.« Er sah zum Buckligen.

»Nein, ich nicht. Ich bin euer Hauptmann und muss hier die Stellung halten. Zudem schmerzt mein Buckel höllisch, wenn ich lange Strecken laufe. Seid ruhig und lasst mich nachdenken.« Der Bucklige riss dem Einbeinigen die Flasche aus der Hand und trank.

Dem Kleinwüchsigen dauerte alles viel zu lange. Er zappelte und streckte seine kurzen Arme aus: »Und ich? Ich habe mir wohl einen Schluck verdient. Schließlich seid ihr bald reich und könnt euch Hunderte von den Flaschen leisten, ach was, ein ganzes Fass.«

Widerwillig gab der Bucklige die Flasche ab.

Der Stumme sah ihr hinterher. Mit wilden Gesten zeigte er erst auf den Wein und klopfte sich dann mehrfach auf die Brust.

»Ich hab's! Nur gut, dass ihr mich habt«, triumphierte der Einbeinige. »Der Stumme und der Blinde sollen gehen. Der Stumme sagt dem Blinden was er gesehen hat – nein anders herum: der Blinde sagt dem Stummen … verflucht!« Eine Zornesader kroch aus seinen Haaren. Sollte es keine Lösung geben?

Der Bucklige schüttelte den Kopf über seine Männer, aber auch ihm fiel nichts Gescheites ein.

Schließlich meldete sich der kleinwüchsige Kundschafter wieder: »Ich muss ja nicht mehr prüfen, ob meine Angaben stimmen. Ich könnte gleich in das Haus einbrechen und die Beute behalten. Allerdings … alleine kann ich nicht alles … tragen …« Er hüpfte geschwind von der Kiste und machte eine Verbeugung. »Ich empfehle mich!«

»Halt! Das Geld gehört uns!«, schrie der Einbeinige. Mit voller Wucht schlug er dem Zwerg die Flasche Wein über den Schädel.

»Bist du wahnsinnig?«, fauchte der Blinde, der am Klirren des Glases erkannt hatte, dass die Flasche zerbrochen sein musste. »Die war noch gut halbvoll.«

Der Einbeinige beobachtete, wie der Wein im Sand versickerte und das Rinnsal Blut sich ausbreitete. Der Kleinwüchsige war auf der Stelle tot. Schnell schob der Bucklige ein paar leere Kisten vor den kleinen Körper, damit niemand von den Marktleuten und den Bürgern darauf aufmerksam werden sollte, was soeben geschehen war.

»Jetzt hab ich's!«, rief der Einbeinige, den der Ehrgeiz gepackt hatte, endlich eine Lösung zu finden. »Wir besorgen einen Handkarren, und der Stumme muss mich ziehen.«

Der Blinde nickte aufgeregt. Der Stumme klatschte begeistert in die Hände.

»Fein!«, giftete der Bucklige. »Wenn du uns jetzt noch sagst, wohin er dich bringen soll …«

Alle sahen sich ratlos um – auch der Blinde.

Und was ist die Moral von der Geschicht'?
Diebstahl schadet nur – aber Denken nicht.

Der Adventskalender

Es war wieder einmal so weit. Magdalena legte die Kartonpappe, Kleber, Lineal und Schere bereit, zählte noch einmal die leeren Zigarettenschachteln und prüfte das Zigarrenkistchen auf seine Tauglichkeit. Kleine Schweißtropfen kullerten aus ihren strähnigen Haaren. Adventskalender zu basteln war eine Art Therapiemaßnahme für sie – hier in der Psychiatrischen.

»Sie müssen Ihre Aversionen gegen das Weihnachtsfest bekämpfen. Stellen Sie sich Weihnachten! Stellen Sie sich Ihrer Tat!«, sagte der Therapeut bei der ersten Sitzung. Sein Grinsen hatte ihr nicht gefallen, aber Magdalena war auf die Forderung eingegangen.

Es war ihr sehr schwer gefallen, diesen Adventskalender anzufertigen. Beim Falten der fünften Schachtel tobte sie und bekam prompt einen Schreikrampf. Sofort schnallte man Magdalena vorübergehend auf ihr Bett, bis die verabreichte Spritze wirkte.

Ihre Erinnerungen an *das* Weihnachten, an *den* Adventskalender vor fünf Jahren hatten sich fest in ihr Gehirn gebrannt. Jedes einzelne Türchen und was sich dahinter verbarg, waren ihr präsent – bis zu dem Tag der eigentlichen Katastrophe, der vierundzwanzigsten Schachtel. Magdalena durchlebte diese schrecklichen dreieinhalb Wochen Vorweihnachtszeit jedes Mal aufs Neue, wenn sie Adventskalender sah oder einen basteln musste. Tag für Tag, Türchen für Türchen.

Damals hatte sie ihre 70-jährige Mutter Anfang Dezember zu sich eingeladen. Ihre Mutter, die Zeitlebens dominant gewesen war und auch im Alter nichts von ihrer Tyrannei eingebüßt hatte, sollte zumindest ein einziges Weihnachtsfest mit ihrer Tochter verbringen.

In Magdalenas Kindheit war dies nie möglich gewesen, da ihre Mutter an solchen Tagen stets Dienst gehabt hatte – so wie sie es nannte. Aus diesem Grund und weil sie auch Geburtstage, Ostern und andere Feiertage nie mit ihr hatte feiern können, waren die beiden einst im Streit auseinander gegangen. In der Wut hatte ihre Mutter mit Enterbung gedroht, was Magdalena aber nicht schockte, da sie immer wieder die beiden Häuser, um die es dabei ging, als Druckmittel benutzte. Das kannte Magdalena schon, erben würde sie trotzdem, sie war ihr einziges Kind.

Magdalena hatte dann irgendwann einmal nachgegeben. Sie wollte sich später keine Vorwürfe machen müssen, als erwachsene Frau nicht eingelenkt zu haben, zumal ihre Mutter gesundheitlich nicht auf der Höhe war.

Ihre Mutter nahm die Einladung tatsächlich gerne an. Anscheinend hatte sie sich auch Gedanken darüber gemacht. Sie verhielt sich zunächst ausgesprochen umgänglich, als sie bei ihr war, hatte nur wenig auszusetzen, an der Art wie sie die Möbel stellte und an dem selbst zubereiteten Abendessen ihrer Tochter.

Am ersten Abend, zur vorgerückten Stunde, nach zwei Gläsern Wein flüsterte sie: »Weißt du, ich würde dir gerne einen Adventskalender basteln – weil ich es früher nie gemacht habe.« Sie stand auf und kramte umständlich in ihrer Tasche, aus der sie einen Plastikbeutel zog. »Schau, Zigarettenschachteln. Besorgst du mir das restliche Material für den Kalender?«

Magdalena hatte vor Rührseligkeit feuchte Augen bekommen. Sie hoffte, dass ihre Mutter sie endlich liebte. Ein Gefühl, das sie so sehr vermisste.

»Lene, komm ein Türchen öffnen«, weckte ihre Mutter sie mit einer Kinderstimme – am ersten Dezember gegen sieben Uhr – und ließ nicht locker, bis sie aufstand. Sie folgte ihrer Tochter humpelnd in die Küche, in der an der vertäfelten Wand der Adventskalender hing, gleich über dem Messerblock.

Ihre Mutter hatte die eigens für den Kalender mitgebrachten alten Zigarettenschachteln mit Filzstift bemalt und sie mit der Öffnung nach unten auf Kartonpappe geklebt, so dass man sie noch öffnen konnte. Die Lasche war mit Tesafilm fixiert, damit nichts heraus fiel.

Magdalena traute ihren Augen nicht. Als Kind hätte sie sich solch einen Kalender gewünscht. Da wären ihr die Macken auch nicht aufgefallen: die fahrigen Filzstiftstriche, das unsaubere Kleben und die Fingerabdrücke rechts und links auf dem verknickten Karton. Skeptisch fragte sie sich nach dem Grund, wieso ihre Mutter plötzlich diese Anwandlungen bekommen hatte. Schloss sich der Kreis wieder? Vom Kind zur alten Frau, zurück zum Kind?

Magdalena sah gespannt in die erste Schachtel.

Befanden sich in den Pappschachteln eins bis fünf harmlose Dinge wie Fruchtdrops, Gummibärchen, Pfefferminz, ein Plastik-Kondensmilchtöpfchen und zwei Zuckertütchen, so fing mit der sechsten Schachtel das Grauen an. In ihr steckte eine ausgetrocknete Maus, deren leere Augenhöhlen sie nie vergessen würde. Nie!

Ihre Mutter hatte sich erst geweigert zu sagen, wo sie sie gefunden hatte, was Magdalena noch wütender machte.

»Ich dachte, sie würde dir gefallen. Na, gut, ich sage es dir: Ich habe sie von zu Hause mitgebracht. Weißt du noch, Lene, wie du einmal als Kind eine getrocknete Maus in deiner Hosentasche mit dir herumgeschleppt hast? Das ist sie natürlich nicht«, sagte ihre Mutter. »Wie habe ich mich damals davor entsetzt.« Sie riss die Augen auf.

Magdalena wandte sich ab. Sie musste sie unbedingt zu einem EEG überreden.

An den folgenden Tagen fischte Magdalena zwar harmlosere Überraschungen aus den nächsten drei Schachteln, aber nicht minder eklige. Es steckte jeweils ein Probetütchen aus der Apotheke mit Eukalyptusbonbons darin, die sie als Kind schon gehasst hatte. Sie waren ihr zu scharf und brannten in der Kehle. Magdalena fragte sich, wo all die Leckereien waren, die sie ihrer Mutter aus dem Supermarkt mitgebracht hatte.

Eines Abends fand Magdalena die leeren Verpackungen der Dominosteine und Schokotäfelchen im Papierkorb ihres Arbeitszimmers. Schon wieder hatte sich ihre Mutter nur das Beste genommen und wieder nur an sich gedacht. Magdalena hielt es ihr in einem strengen Ton vor, der die Mutter jedoch nur irritierte.

»Habe ich nicht alles für dich getan? … Das stimmt nicht … natürlich warst du mein blonder Sonnenschein, so wie du immer als Kind mit deinem Roller auf und ab gefahren bist.« Sie verzog dabei keine Miene, sah stattdessen zum Fernseher.

Magdalena stutzte, sie hatte nie einen Roller besessen, sich nur sehnlichst einen gewünscht – aber ihre Mutter bestand weiterhin darauf, dass es so gewesen war und nicht anders.

Gerne hätte Magdalena mit der Mutter ihre Kindheit aufgearbeitet. Es mussten die quälenden Fragen von dreißig Jahren beantwortet werden, aber vor allem wollte sie wissen, ob ihre Mutter sie wirklich liebte. Die Werbeblocks im Fernsehen waren jedoch viel zu kurz, die Aufmerksamkeit und der Wille darüber zu reden, nicht mehr vorhanden.

Am elften Tag im Dezember fand Magdalena in der Adventskalender-Schachtel, bei der sich ihre Mutter nicht einmal die Mühe gemacht hatte, die Tabakkrümel auszuschütten, ein kleines goldenes Medaillon. Es war ihr Medaillon, das sie von ihrem geliebten Vater zur Konfirmation geschenkt bekommen hatte. Magdalena hatte es eines Tages vermisst und überall danach gesucht. Sie bekam eine Ohrfeige von ihrem Vater, als sie gestehen musste, dass sie es verloren hatte. Kurz danach war er gestorben.

Lange Zeit nagten Schuldgefühle wegen des viel zu frühen Herztodes des Vaters an ihrer Seele. Magdalena drehte das Schmuckstück in ihren Händen. »Wo hast du das Medaillon her? Wo hat es all die Jahre gesteckt?«, fragte sie.

Die Mutter zuckte nur mit den Schultern: »Ich hatte es mir geborgt, und jetzt brauche ich es nicht mehr. Du kannst es wiederhaben.« Sie stand mühsam auf und humpelte in die Küche.

In den nächsten Tagen konnten Magdalena die Inhalte der Schachteln nicht mehr so sehr ärgern wie das von der Mutter entwendete Medaillon. Den alten Butterkeks, die Rolle Tesafilm aus ihrem Büro oder andere Dinge, die ihre Mutter irgendwo aufgegabelt hatte, übersah Magdalena trotzdem nicht so einfach.

Sie rief ihren Hausarzt an, der meinte, sie solle die Sache mit der Mutter auf alle Fälle im Auge behalten. Aber jetzt, so kurz vor Weihnachten sei die Praxis überfüllt und so wie es sich anhörte, sei es kein akuter Notfall, sondern lediglich ein Weihnachts-Syndrom. Da drehten die Leute schon mal durch, weil sie dem Stress nicht gewachsen seien und besonders bei älteren Menschen … »Ja, ich komme«, rief er zwischendurch in den Raum und sprach dann wieder in die Muschel, »ich …«

Magdalena legte einfach auf.

Magdalena nahm die an der Spitze abgerundete Schere und schnitt das Geschenkpapier zurecht, mit dem sie die Zigarettenschachteln einschlagen wollte. Jeder Handgriff saß. Sie hielt inne und schaute auf das blanke Metall, das plötzlich spitz zulief. Ihre Hand zitterte. Sie spürte die Schere von damals in der Hand – die sie nach dem Öffnen der vierundzwanzigsten Schachtel vom Küchentisch genommen hatte – dann verschwammen die Konturen, dafür wurde die Erinnerung glasklar.

Magdalena war diesmal nicht um sieben Uhr in der Früh aufgestanden. Am Heiligen Abend wollte sie ein einziges Mal ausschlafen. Ihrer Mutter hatte das absolut nicht gefallen. Sie stand an ihrem Bett. Erst sprach sie weinerlich, dann schimpfte sie, humpelte schließlich in die Küche.

Zwei Stunden später kam auch Magdalena, schüttete Kaffee auf und sah die Bescherung: Ihre Mutter hatte beim Frühstücken keine Rücksicht genommen. Die Küchenablage war mit Marmelade verschmiert, das Buttermesser auf die Tischdecke gelegt und die Zeitung zum Teil zerknüllt auf den Boden geworfen worden. Bevor sie sich darüber beschweren konnte, befahl ihre Mutter mit zittriger, aber kompromissloser Stimme: »Du musst endlich dein letztes Türchen öffnen, Magdalena!«

Magdalena beschloss insgeheim sie gleich morgen zum Bahnhof zu bringen. Diese Strapazen mit ihr würde sie nicht noch eine Woche aushalten.

Sie stand auf und ging zögernd zum Kalender, deren Zigarettenschachteln bereits abgerissen waren. Es hing nur noch der löchrige Pappkarton mit der kleinen Zigarrenkiste dort. Vorsichtig öffnete Magdalena die Klappe. Sie war auf alles gefasst – nur nicht auf das, was dann kam.

Mit schwarzem Filzstift schrieb sie die Zahlen auf die Schachteln, die bereits auf dem Pappkarton klebten. Auf das Zigarrenkästchen mit der

Vierundzwanzig malte sie ein Kreuz, welches aber sofort verwischte, da der Stift nicht wasserfest war. Sie wischte sich die Tränen weg und klebte ein neues Blatt auf das Kästchen, damit man das Kreuz nicht mehr sah. Nun begann sie, die einzelnen Schachteln zu füllen, mit dem, was sie in letzter Zeit dafür gesammelt hatte.

Magdalena knibbelte den Tesastreifen ab und zog ein zerknittertes Foto aus der Schachtel.

Ihre Mutter beobachtete sie stumm und schien sich an ihrem verstörten Gesichtsausdruck zu weiden.

»Wer ist das? Ich kenne diesen Mann nicht.« Magdalena wollte das Passfoto wieder weglegen.

Die Mutter griff nach ihrem Arm. Es schmerzte. Ihre Hand war eiskalt. »Ich kenne ihn auch nicht näher – aber es ist dein leiblicher Vater. Er war öfter bei mir in der Bar – ständig auf der Durchreise.« Sie drückte ihr Kreuz durch, wobei ihre mittlerweile aus der Form geratene Brust besser hervorkam. Vermutlich eine Begrüßungsform für die Bargäste, dachte Magdalena verbittert.

»Dein angeblicher Vater, der Schwächling, hatte von alledem nie was mitbekommen. Für ihn arbeitete ich in der Fabrik und habe in Nachtschichten die Getränkeabfüllung überwacht. Stimmte ja auch irgendwie. Nie wäre er auf den Gedanken gekommen, was ich als angeblich mühsam arbeitende Ehefrau so alles trieb – ha! Der Idiot!«

Magdalena saß plötzlich einer ihr fremd gewordenen Frau gegenüber, sie blickte direkt in ihr Gesicht. Es sah verlebt, vergilbt und verhärmt aus, von all den Zigaretten, den durchzechten und verhurten Nächten … und sie, Magdalena, sollte ein Produkt davon sein?

»Magdalena? Was ist mit dir? Sei froh, dass ich es dir überhaupt erzählt habe, du hättest es sonst nie erfahren. Es lohnt sich aber nicht, deinen Vater zu suchen. Er war ein Lump, ein Nichtsnutz, hatte nie genügend Geld, wenn er bezahlen musste. Es reichte noch nicht einmal für eine Abtreibung. So einen möchtest du doch nicht zum Vater haben, oder?«

Magdalena schüttelte heftig den Kopf, sie wollte das Gehörte loswerden und griff zur Schere, die auf dem Küchentisch lag. Mit ihr hatte sie eben noch die Milchtüte aufgeschnitten. Nun stach sie damit zu – mindestens vierundzwanzig Mal.

Dr. Roland Engler freute sich sehr über den wunderschönen Adventskalender, den Magdalena ihm in seinem Büro überreicht hatte. Es war ein sicheres Zeichen dafür, dass seine Therapiemethode angeschlagen hatte.

Magdalena stand regungslos da. Kalter Schweiß lief ihr vom Nacken den Rücken hinunter.

»Na, sehen Sie, Magdalena, es geht doch – und ganz ohne Anstrengung. Wenn Sie jetzt noch weniger rauchen würden …«, er tippte auf eine der vierundzwanzig Zigarettenschachteln, dann sah er auf seinen Tischkalender. »Oh, da darf ich ja sofort eine Schachtel öffnen.« Er klappte die Lasche der ersten Schachtel auf. »Wollen doch mal sehen …«, dann schreckte er hoch und sah verdutzt auf seinen Brieföffner, dessen Spitze Magdalena ihm nun an den Hals hielt.

»Nie wieder werde ich Adventskalender basteln – hören Sie – nie wieder!«

Dann stach sie zu.

Nicht nur Wein muss atmen

Heinrich Probst, der vergangene Woche fünfundsechzig Jahre alt geworden war, wollte nicht mehr. Er überlegte, ob er die Türen seines Privatmuseums für immer schließen sollte.

Bislang hatte es ihm sehr viel Spaß gemacht, all die Dinge für sein privates Weinmuseum zusammenzutragen. Gegen ein geringes Eintrittsgeld stellte er dem interessierten Publikum diese Gegenstände stets persönlich vor. Das Museum hatte in der Anfangszeit, in den Siebzigerjahren, großen Anklang gefunden, war beliebt bei den vielen Touristen. Seine Idee mit der anschließenden Weinprobe, dank verschiedener Winzer aus der Region verwirklicht, sprach sich schnell herum und der Zulauf wurde noch größer.

Aber in letzter Zeit ärgerte er sich sehr darüber, dass die Erwachsenen immer oberflächlicher, die Jugendlichen immer lauter, die Kinder immer dreister wurden. Anscheinend waren die Zeiten vorbei, in denen sonntäglich gekleidete Menschen vor den Ausstellungsstücken stehen blieben und andächtig die Beschriftungen davor lasen oder gespannt seinen Ausführungen lauschten.

Den Rest hatte ihm aber der Montag gegeben – der rabenschwarze Montag. An diesem Tag öffnete er das Museum nur für eine Sonderführung. Schon bevor die Gruppe erschien, schmerzte Heinrich Probsts Narbe am Bein. Das verhieß entweder Unheil oder schlechtes Wetter – draußen schien die Sonne und es war brütend heiß.

Punkt 15 Uhr standen sie vor dem Museum: Heinrich Probst, geschniegelt und gestriegelt im feinen Zwirn, und der angemeldete Kegelclub *Stief drop* aus dem Rheinland, sportlich liederlich gekleidet.

Die Männer im mittleren Alter trugen jeder eine Kampftrinkweste, die mit den vielen Taschen für Schnapsfläschchen, und scharrten mit den Füßen. Sie beabsichtigten am letzten Tag ihres Ausfluges den Punkt *Kultur* auf der Tagesordnung abzuhaken. Irgendetwas mussten sie ja ihren Frauen berichten.

Da standen sie also am Eingang des Weinmuseums und grölten *Kornblumenblau* und Thomas, der lauteste von allen, überstimmte mit einem *Wein her, Wein her, oder ich fall' um.*

Die bereits um diese Zeit nicht mehr ganz nüchternen Männer schenkten der reich geschnitzten antiken Eichentür mit den Motiven aus dem Weinbau keine Beachtung. Sie lauerten nur darauf, wann Heinrich Probst die Tür öffnete.

Der ließ sich besonders viel Zeit. Er versuchte die Fassung zu bewahren. Mit seiner Größe von einem Meter achtzig hielt er sich kerzengerade im dunkelgrünen Blazer, was ihm eine stolze Haltung verlieh, dann schloss er langsam die Tür auf.

Die Kegelgruppe drängte an ihm vorbei und stürmte in den kühlen Vorraum des Museums, wo sie die Lage peilten. Thomas klopfte Heinrich Probst kameradschaftlich auf die Schulter: »Na, dann zeig' uns mal deine Schätzchen!« Er zwinkerte ihm zu.

Pflichtbewusst begann er mit seiner Führung: »Ich werde Sie in der nächsten halben Stunde durch die Räume meines 1970 erstmalig eröffneten Weinmuseums führen. Mein Weinmuseum …«, Heinrich Probst war besonders stolz darauf, *mein* sagen zu können, »beherbergt eine umfangreiche Sammlung zur Kultur des Weins. Unter Mithilfe zahlreicher Sponsoren und langfristiger Leihgaben ist es mir gelungen, recht imposante Exponate zusammenzustellen. Die Erbmasse …«

Es war wieder mal Thomas, der sich nun selbstständig machte. Mit hochrotem Kopf und durch den Alkohol verzückt verkrampften Gesichtszügen, schwankte er zu einer Vitrine: »Kalle! Guck ma!«, schrie er in den für ihn viel zu trockenen Vortrag hinein, »wat die hier haben! Nen goldenen Kelch! Dat wär doch wat für unseren Kegelkönig, ne? Da ’nen leckeren Jägermeister rein und ab jeht die Post!«

Heinrich Probst zog verächtlich die Mundwinkel nach unten. »Es handelt sich hier um einen Kelch aus dem Jahre 1910. Die Goldverzierung macht ihn zu einem der kostbarsten Kelche meiner Sammlung.«

»Egal, Hauppsache, man kann draus trinken. Wann gibbet denn hier die Weinprobe? Wo is dat dann?«

Denjenigen, die noch etwas Anstand in den Nachmittag hatten retten können, war es nun sichtlich peinlich. Jemand schubste Thomas in Richtung Toilettentür, die aufsprang. Er drehte sich zu seinen Kegelfreunden um und rief: »Boah, die saufen hier den Wein aus Waschbecken.«

Nur noch acht Männer heuchelten Interesse an der Führung durch das Museum und folgten dem unermüdlich bemühten Heinrich Probst, der diesen Tag insgeheim verfluchte. Er hatte wenig Hoffnung, dass die restlichen Kegler mehr kulturelles Verständnis zeigten, da in ihren Gesichtern lediglich die Gier nach Wein zu erkennen war.

Sie kamen zu einer Sammlung von Fässern, *der* Sammlung schlechthin. Er erzählte mehr sich, als den unaufmerksamen Kegelbrüdern, von den alten Holzfässern und den kunstvoll geschnitzten Klemmhölzern zum Verschließen der Fasstürchen. Schilderte, wie schlanke Menschen durch dieses kleine Loch ins Fass kletterten und es reinigten. Sie wurden Fassschlubber genannt und durften keine Probleme in engen Räumen haben. Heinrich Probst konnte sich an diesem Kunsthandwerk der Fassriegel nicht satt sehen. Obwohl er die Exponate mehrmals am Tag sah, entdeckte er immer wieder neue Kleinigkeiten, die sein Herz erfreuten, und er stellte sich in Gedanken die Handwerker vor, wie sie vor langer, langer Zeit in ihren Werkstätten gesessen und in wochenlanger Kleinarbeit liebevoll das Holzstück zu einem Meisterwerk verarbeitet hatten. In Gedanken versunken, bemerkte er nicht, dass sich bereits sechs Männer aus dem Raum geschlichen hatten und auf eigenem Erkundungsgang zum Weinkeller strebten.

Nur noch zwei Exemplare der Spezies *Heute hau’n wir auf die Pauke* standen vor Heinrich Probst, sie hatten wohl den Anschluss verpasst, weil sie mit etwas völlig anderem beschäftigt waren. Paul drückte ständig auf den Tasten seines Handys herum, Horst schielte ihm über die Schulter. Eigens dafür hatte er sich schnell die Lesebrille auf die rotgeäderte Nase gesetzt.

Heinrich Probst war fassungslos. Schweren Schrittes ging er einen Raum weiter. Er dachte darüber nach, den Rundgang sofort abzubrechen. Wozu sollte er sich unnötig aufreiben? Er würde die beiden jetzt zum Weinkeller führen, und Marie Bescheid geben, dass sie nur einfachen Tafelwein zur Probe anbieten sollte. Es wäre Perlen vor die Säue geworfen, diesen Saufköpfen womöglich eine körperreiche *Deidesheimer Maushöhle* oder noch schlimmer seinen Lieblingswein, eine *Mußbacher Eselshaut* zu kredenzen, obwohl es vom Namen ja gepasst hätte, aber auch nur vom Namen her.

Thomas kam aus der Weinstube zurückgestürmt und lallte: »Ja, wo bleibbsch ihr denn?« Er hielt Paul die Flasche Wein entgegen, zog den halb hervorschauenden Korken heraus und warf ihn achtlos auf den Boden.

»Hier. Das issst eine Deidesssheiiimmmer Mausssshölle«, aber da hatte Paul schon die Flasche an die Lippen gesetzt und einen kräftigen Schluck genommen.

Er schmatzte: »Das macht nix. Hauppsache lecker.«

»Folgen Sie mir bitte«, ächzte der verbitterte Heinrich Probst, obwohl er nicht damit rechnete, dass sie es auch wirklich taten. Und richtig. Thomas torkelte samt Flasche zurück zur Weinstube und Paul, der diesmal eine SMS schrieb, wich dem neugierigen Blick von Horst aus. Er stellte sich an ein schweres Holzgestell. Horst folgte ihm.

Heinrich Probst atmete tief durch. Sollten sie sich tatsächlich für die große Kelter interessieren? Er ging zu ihnen und holte zu einer Erklärung über die Funktionsweise aus. Da sah er in die Gesichter der Männer. Sie schauten sich wie zwei Kampfhähne an, die jeden Moment aufeinander losgingen.

Horst brach sein Schweigen: »Das war doch meine Frau, der du da eine Nachricht geschrieben hast!«

»Wie kommst du denn darauf?«, versuchte Paul abzuwehren und verdeckte das Display.

»Na, nur du nennst sie doch *Liebchen* – nur du!« Er bekam dunkelrote Flecken im Gesicht.

»Ich nenne viele Frauen *Liebchen!*«, erklärte Paul in Heinrich Probsts Richtung, der es gar nicht wissen wollte und sich peinlich berührt abwandte.

»Ja? Ja, wirklich? Ach hör' doch auf mit deinen Sprüchen!« Horst spuckte die Worte verächtlich aus.

»Jo, mach doch kää Schbrich!«, übersetzte Heinrich Probst sich leise ins Pfälzische.

Horsts hysterisch heller werdende Stimme hallte unheimlich wider: »Und was sollte das: *Ich möchte dein Prinz sein?* Ist es nicht Eva, *meine* Frau, die für Prinz Charles schwärmt und sämtliche Fotos und Zeitungsausschnitte sammelt, he?«

Heinrich Probst war nun auch ein wenig auf die Antwort gespannt und drehte sich zu den beiden Streithähnen um. Er sah den resignierten Blick von Paul, der sich keine Mühe mehr gab, Ausreden zu erfinden.

»Wenn du es nicht mehr bringst!«, war sein letzter Satz, dann bekam er keine Luft mehr, weil Horst ihm an der Kehle hing und mit den Händen zudrückend um seine Ehre kämpfte. Paul befreite sich aus dem Griff. Sie krachten beide auf die Dielen.

Wäre Heinrich Probst zwanzig, nein vierzig Jahre jünger gewesen, hätte er eingegriffen, aber so sah er in Anbetracht seiner verkalkten Knochen keine Möglichkeit mehr, dazwischen zu gehen. Er verließ den Raum, um aus der Weinstube Hilfe zu holen. Eilig hatte er es dabei nicht.

Heinrich Probst war es so satt!

Er schlurfte grüblerisch durch die Räume, dachte dabei an seinen Ruhestand, ans Rasenmähen in seinem bescheidenen Gärtchen. Ihm blieb der Ärger mit den Frauen erspart. Seine Frau, Gott hab sie selig, hatte vor neun Jahren das Zeitliche gesegnet – und die restliche holde Weiblichkeit konnte ihm seitdem gestohlen bleiben.

Wie immer, wenn er an den geschnitzten Klemmhölzern der Fasstürchen vorbeikam, blieb er eine Weile fasziniert stehen. Er sah auf die Uhr. Na, eigentlich wäre die Führung jetzt zu Ende gewesen.

Heinrich Probst öffnete die Tür zur Weinstube. Hier war die Hölle los. Die Luft war zum Schneiden. Es roch nach verschüttetem Wein, Rauch und Schweiß. Kegelbrüder krakeelten zu den Weinliedern, hier und da klirrte ein Glas. Hinter vorgehaltener Hand raunte er seinem

Weinschenk zu, er solle doch mal im Raum mit der großen Kelter nachsehen, da sei ein Handgemenge im Gange.

Heinrich Probst setzte sich nicht zur Ruhe.

Er liebte sein Weinmuseum wie nie zuvor. Seit dem letzten Vorfall fuhren unzählige Busse vor. Die Menschen, die nun hineindrängten, hörten ihm ehrfürchtig zu und konnten es kaum erwarten, den großen Raum zu sehen, der erst kürzlich als Tatort in den Medien Schlagzeilen gemacht hatte.

Drama in der Pfalz! Tourist von Nebenbuhler mit Korken erstickt! … hatte es da geheißen.

Ab ins Heim

»Noch ein kleines Stückchen, dann hast du es geschafft, Magda«, sagte Paul.

Geschafft hatte sie gar nichts! Was war das denn für ein Erfolg, sich auf die Toilettenbrille setzen zu können, ein Scheiß-Erfolg! Und dann noch mit Hilfe – mit männlicher Hilfe. Es hatte etwas Entwürdigendes.

Nun kam auch noch seine grobschlächtige Hand und fummelte zittrig mit einem Blatt Toilettenpapier an ihren empfindlichsten Körperstellen herum. Wie sie das hasste! Sie konnte nicht schreien, sich nicht wehren, brachte nur ein klägliches »Jo« heraus und schüttelte dabei energisch den Kopf.

»Du brauchst dich nicht dafür zu bedanken. Das mache ich doch gern!«, sagte Paul.

Trotz oder wegen seiner siebzig Jahre glaubte sie dem alten Lüstling. Seit mehreren Wochen fummelte er an ihr herum, machte Herzmassagen, obwohl kein Bedarf war. Cremte sie seelenruhig und genüsslich am ganzen Körper ein, während er dabei leise stöhnte. Magda hatte nicht einmal die Kraft seine Hand wegzuschlagen, ihn zu verscheuchen oder einfach wegzulaufen. Wie sollte sie sich also verständlich machen? Sie hatte es vorige Woche versucht, aber da drohte er damit, dass aggressive Gelähmte ins Heim kämen, und da wollte sie unter keinen Umständen hin. Das wäre ihr Todesurteil gewesen, zwischen den Alten, in sämtlichen Stadien des Siechtums. Und wiederum fragte sie sich, wieso sie an ihrem kleinen bisschen unwürdigen Leben so hing. Wieso nur?

»Weißt du, ich habe früher schon viel für dich empfunden und da ist es für mich selbstverständlich, dich im Alter zu pflegen. Ich habe sonst ja auch niemanden mehr. Und um dein Haus kümmere ich mich schon. Ach, übrigens, wir brauchen dringend einen neuen Wasserkran. Wo hast du dein Gespartes versteckt? Ich muss einkaufen gehen und in der Kasse ist nichts mehr«, sagte Paul.

»Jo«, kam es aus Magda heraus. Mehr nicht. Magda hob den gesunden Arm ruckartig in die Höhe. Sie wunderte sich kurz darüber. Es war ein Reflex, den sie immer dann hatte, wenn sie wütend wurde. Sie tippte sich mit dem Zeigefinger an den Mund. Es sollte eigentlich die Stirn werden, aber so weit nach oben kam sie nicht mehr.

»Hast du schon wieder Hunger? Das kann doch nicht sein. Wir haben gerade erst gefrühstückt! Also, wo ist das Geld? Oder meinst du damit … es ist im Esszimmer? Ja, sicher – im Esszimmer!«, sagte Paul.

Wer hatte Paul eigentlich hier hereingelassen? Sie musste kurz überlegen. Sie nicht! Ihre Tochter Bianca war es, die ihn ihr auf den Hals gehetzt hatte. Bianca hatte sich zu ihrem Nachteil verändert, seitdem sie in ihrem Landhaus in Österreich hockte und sich für ihre minderbemittelte Mutter schämte, die nur in einem heruntergekommenen kleinen Haus wohnte. Auch ihren Vater, einen einfachen Maurer, hatte sie verleugnet. Und Paul – Paul hatte sich sofort angeboten, sich um Magda zu kümmern, als er von ihrem Schicksal hörte und es darum ging, wo sie nach ihrem Schlaganfall bleiben sollte. Er gab vor, ein alter Jugendfreund zu sein, der gern bereit sei, sie in ihrem Haus zu pflegen. Nicht umsonst hatte er sie fast jeden Tag in der Reha besucht – nicht umsonst! Der Ärztin gegenüber hatte er sich sogar als Lebensgefährte ausgegeben, denn Magda war nicht in der Lage zu widersprechen. So war es für ihn ganz einfach gewesen, die Betreuung zu übernehmen. Ja, und dann kam er immer öfter, war eines Tages kurzerhand eingezogen – in ihr Haus – und hatte sich dreist in Erwins Bett gelegt. Wenn der das wüsste, er würde sich im Grab umdrehen. Ihrer Tochter war diese Fürsorge nur recht. Sie hätte sogar jemanden von der Straße genommen. Hauptsache man steckte Magda nicht in ein teures Heim, das sie womöglich mitfinanzieren musste. Aber Bianca war ja so naiv, so selbstherrlich, so egoistisch, sie ahnte noch nicht einmal, wie viel Barvermögen Magda im Hause versteckt hatte, sie nicht – Paul etwa?

»Du zeigst mir jetzt sofort, wo dein Gespartes ist! Sonst steck ich dich wirklich ins Heim, hörst du? Dafür werde ich sorgen! Meinst du, ich spiele hier umsonst den Betreuer, mache mir meine alten Knochen kaputt, damit du auf deinem Geld sitzen bleiben kannst? Was? Nein, meine Liebe, ich weiß genau, dass das Geld im Haus versteckt ist. Dein Erwin hat zu Lebzeiten lange genug damit geprahlt, sich damit wichtig gemacht. Zum Schluss hat ihm zwar niemand mehr geglaubt, aber ich habe ihn besser gekannt. Eingemauert hat er's, jawohl! An irgendeiner Stelle, aber wo? Los, zeig sie mir! Und komm mir nicht mit irgendwelchen Ausreden. Dein Langzeitgedächtnis funktioniert! Das hat mir der Arzt ausdrücklich bestätigt, als ich ihn danach gefragt habe«, sagte Paul.

Magda war noch nicht einmal fähig zu weinen. Tränen der Wut sollten es werden und dabei hatte sich so viel davon angestaut. Die Wut musste raus, aber wie? Sie war Paul gnadenlos ausgeliefert, von wegen Nächstenliebe! Das war ihr schon verdächtig vorgekommen, als er den Pflegedienst abbestellt und gemeint hatte, er käme allein mit ihr klar. Sicher kam er klar – fragte sich nur, in welcher Beziehung.

Jetzt wollte Magda in ein Heim! Sofort! Sie wollte unter Beobachtung sein. Menschen um sich haben, die sich nichts zu Schulden kommen ließen. Nur dort war sie sicher. Es sei denn, sie servierten ihr salmonellenverseuchten Schokoladenpudding. Na gut, das war dann Schicksal, das musste sie in Kauf nehmen. Aber niemand sollte je an ihr Geld kommen, wenn sie schon nicht in der Lage war, es für ihren Traum auszugeben. Niemand – und schon gar nicht der perverse Paul. Mühsam hatte sie so manchen Euro mit Erwin gespart, auf vieles verzichtet, um eines Tages eine Weltreise machen zu können.

Sie sah den wütend dreinblickenden Paul, noch immer Geld fordernd, vor sich stehen. Magda hob ihren Arm etwas an und zeigte auf die gegenüberliegende Wand.

»Na bitte, warum nicht gleich so«, sagte Paul.

Jetzt ging dieser Idiot fort. Wohin nur? Sie hörte die Tür zuschlagen und ihn kurz darauf wiederkommen. Mit einer Bohrmaschine in der

Hand sah er aus wie ein Rächer aus dem Fernsehen, aus diesen neumodischen Radaufilmen. Er stellte die Maschine an. Lärm und Dreck breiteten sich im Wohnzimmer aus. Hätte sie jetzt sprechen können, es hätte ihr nichts genützt. Paul arbeitete wie besessen, Schweiß rann sein Gesicht herunter, tropfte auf das bereits nasse Hemd. Ihm war nicht mehr zu helfen.

»Da ist nichts, du dumme Kuh!« Er bedrohte sie mit der laufenden Bohrmaschine. »Zeig mir, wo! Du weißt es«, sagte Paul.

Magda wusste, wo die Stromleitungen in diesem alten Haus verliefen, kreuz und quer, weil der Elektriker mit Schwarzgebranntem unter Strom stand, als er die Kabel direkt nach dem Krieg in Schwarzarbeit verlegt hatte. Daran konnte sie sich noch erinnern. Seitdem war nichts geändert worden. Es war Erwin immer zu kostspielig gewesen, die elektrischen Leitungen zu erneuern und einen modernen Sicherungskasten einbauen zu lassen – der gute Erwin! Stets hatte er sich davor gehütet, Löcher in die Wand zu bohren.

Paul musste nur die richtige Stelle treffen. Magda zeigte mit ihrem krummen Finger auf eine andere Stelle. Treffer!

»Schei…!«, sagte Paul – mehr nicht.

Magda nickte mit dem Kopf und murmelte: »Jo!«

Zufrieden blickte Magda um sich. Ja, das Leben hatte wieder einen Sinn. Freundliche Schwestern und Altenpfleger kümmerten sich liebevoll um sie. Niemand konnte ihr mehr damit drohen, dass sie in ein Heim müsse, und Schokoladenpudding gab es bisher auch nicht.

Die größte Freude überkam sie, wenn sie an ihre Tochter dachte, weil sie endlich einmal etwas für ihre Mutter übrig haben musste, auch wenn es nur Geld war.

Und da wollte Magda noch möglichst lange durchhalten.

Hundert Jahre waren ihr gestecktes Ziel.

Die Grabrede

Karina betätigte zum vierten Male die Starttaste ihres MP-3-Players. Kaum setzte die Musik ein, drehte sie die Lautstärke auf und tanzte wild durch den Raum. Ihre blonden Locken hüpften im Takt. *So good*, so gut, ging es ihr schon lange nicht mehr. Sie war befreit von all ihren Sorgen und Nöten, die sie jahrelang, ach was, jahrzehntelang, gequält hatten, und auch finanzielle Probleme würde es bald nicht mehr geben. Mit dem letzten Takt der Musik ließ sie sich auf die Couch plumpsen. Staubwölkchen pufften. Ach, das Leben konnte so schön sein!

Die Klingel an der Haustür schellte dreimal. Karina schreckte auf. Dreimal schellen lassen, das war das Erkennungszeichen zwischen ihrem Mann und ihr gewesen – aber er konnte es unmöglich sein. Sie drückte zuerst auf den Türöffner und nahm dann den Hörer der Sprechanlage ab. Macht der Gewohnheit und wie immer die verkehrte Reihenfolge, außer einem Rauschen und Knacken war nichts mehr zu hören.

Erwartungsvoll stellte Karina sich in die offen stehende Wohnungstür und lauschte. Ihr Blick fiel in der Zwischenzeit auf das getöpferte Türschild aus Ton: *Hier wohnen Karina und Wilfried Ommer*. Diese Geschmacksverirrung war bei einem Töpferkurs in der Volkshochschule entstanden, als sie die Abende nichts anderes mit sich anzufangen wusste, weil ihr Mann ständig auf Tour war.

Ein Gekeuche kam immer näher, und nun sah sie ihn: Es war der stattliche Pastor der Gemeinde, der erst kürzlich 65 geworden war. Sie kannte ihn nur vom Lokalblatt. Wieso kam er? Sie hatte ausdrücklich nach dem jüngeren Pastor verlangt.

»Guten Tag!«, japste er, »Ich bin Ihr Pastor, Gottfried Lutta.« Er blickte auf Karina, die keine Anstalten machte, die Tür freizugeben, und so fuhr er fort: »Ich habe gehört …«, er wischte sich mit einem Tuch die Schweißperlen von der Stirn, »… dass Sie seelischen Beistand benötigen, und möchte Ihnen zur Seite stehen.«

Beistand? Von wem er das gehört haben wollte, war Karina ein Rätsel, sie hatte lediglich beim Gemeindebüro angerufen und um ein Gespräch für die Grabrede gebeten. Seelischen Beistand brauchte sie nicht, Gott bewahre.

»Ich möchte eine Grabrede für meinen Mann«, korrigierte Karina ihn und konnte sich ein leichtes Grinsen nicht verkneifen. »Eigentlich hatte ich nach Pastor Breuken gefragt.«

Verschnupft stopfte er das Taschentuch zurück in die Hosentasche. »Pastor Breuken musste zu einem Notfall, und da habe ich mich kurzfristig bereit erklärt, für ihn einzuspringen, obwohl ich nicht mehr …«

Karina ging darüber hinweg. Es galt, keine weitere Zeit zu verlieren. »Kommen Sie herein«, sie führte den Mann im schwarzen Anzug durch den Flur und ging vor, »bitte, hier entlang. Darf ich Ihnen einen Kaffee anbieten?« Hoffentlich lehnte er ab, sie hatte absolut keine Lust, welchen aufzuschütten.

»Oh, nein danke.« Mit einem verkrampften Gesichtsausdruck massierte er seine Magengegend.

»Oder einen Cognac? Ich würde Ihnen damit Gesellschaft leisten«, sagte Karina.

»Tja … dann sag' ich nicht nein«, er faltete die Hände, »er wird uns beiden gut tun, gerade in dieser schwierigen Zeit.«

Beinahe wollte sie ›halb so wild‹ sagen, fand es dann aber unpassend, weil der Pastor ja so zu leiden schien.

Sie öffnete das Barfach des Wohnzimmerschrankes. Hier erinnerte sie noch alles an Wilfried. Unzählige Rumflaschen und -fläschchen standen der Größe nach sortiert im untersten Regal – sie alle waren leer. Darüber gab es das Fach »für Gäste«, die sie seit Jahren nicht mehr gehabt hatten, aber auch dort sah es nicht viel gehaltvoller aus. Erst gestern hatte Karina diese leeren Gräber entdeckt und schnell für Nachschub gesorgt, da sonst nur noch Klosterfrau Melissengeist im Hause war. Sie schnappte sich die Cognacflasche nebst zwei Gläsern und schenkte ein.

»Danke sehr, gute Frau! Ja dann, zum Wohl!«

Hastig leerte er das Glas. Seine Magenschmerzen schienen weggetrunken. Er kramte umständlich einen in Leder gebundenen Block hervor und setzte seine Lesebrille auf die Nasenspitze. »Zunächst einmal möchte ich Ihnen mein allerherzlichstes Beileid aussprechen. Es ist immer schwer, einen besonders lieben Menschen zu verlieren.« Er senkte seinen Kopf, schloss die Augen und gedachte mit ein paar Schweigesekunden des Toten.

Karina nutzte die Gelegenheit in die Runde zu schauen, ob das Wohnzimmer aufgeräumt war. Erleichtert atmete sie auf.

»Seufzen Sie ruhig«, sagte der Pfarrer. »Das befreit. Auch Ihre Tränen müssen Sie nicht zurückhalten. Wir sind alle Gottes Kinder. Ja, also … ich werde mir ein paar Notizen über den Verstorbenen machen, die gebe ich dann weiter an Pastor Breuken. Ein paar abschließende, liebe Worte über den Verstorbenen werden Ihnen ein Trost sein.«

Karina überlegte. Der Verstorbene – nun ja. Sie kratzte sich gedankenverloren am Kopf. Bei »abschließenden Worten« fiel ihr nur ein »Klappe zu, Affe tot«, das war wohl wenig geeignet, allerdings – da keine Verwandtschaft, Bekanntschaft und Freunde anwesend sein würden …? Sie alle hatte er zu Lebzeiten mächtig beschimpft, betrogen, belogen, beraubt, sprich vergrault. Sie alle hatten, nachdem Karina ihnen vom Tod ihres Mannes berichtet hatte, bekundet, auf eine Teilnahme an der Beerdigung verzichten zu wollen. Warum sollte sie sich da nicht ihre ganz persönliche Grabrede bestellen, eine, die nichts verschönte und von Grund auf ehrlich war? Eine herrlich gehässige Grabrede, bei der sie Genugtuung empfinden würde. Ob dieser alte Pastor das mitmachen würde?

»Geht es Ihnen gut?« Besorgt beugte er sich zu Karina und sah sie voller Mitgefühl an.

»Ja, sicher, warum nicht?«, antwortete sie patziger, als sie es wollte.

»Ich habe Sie nach Ihrem Mann gefragt.« Er senkte abermals den Blick, als ob er sich dafür schämen würde.

»Ach ja.« Also, was jetzt, dachte Karina, was sollte sie dem Pastor sagen? Dass Wilfried ein Herumtreiber war und kein weibliches Wesen in Ruhe lassen konnte?

»Lassen Sie sich Zeit. Es ist immer schwierig, die passenden Worte zu finden, bei solch einem schweren Schicksalsschlag. Die Wege des Herrn sind unergründlich«, brummelte der Himmelsvertreter und schielte auf die Cognacflasche.

»… und Wilfrieds Wege waren es auch«, rutschte es Karina heraus. »He, das ist gut, das können Sie schreiben.«

Erleichtert füllte Karina die Gläser. Der gute Mann musste einfach lockerer werden, damit er ihr den Wunsch erfüllte, eine passende Grabrede zu halten, nur für sie – und für Wilfried.

»Frau Onkel, zunächst einmal die Angaben zur Person …«

»Ich heiße Ommer!«, berichtigte sie ihn.

»Ach, Entschuldigung. Sie waren also gar nicht verheiratet?« Er griff zum Glas.

In seinen Augen stand so etwas wie Lotterleben, wilde Ehe ... oder bildete sie sich das nur ein? »Wir waren zwanzig Jahre verheiratet«, Karina winkte verächtlich ab.

»Oh, dann haben Sie Ihren Namen behalten? Ja, dann.« Der Pastor machte sich Notizen.

»Nein, den Namen Ommer habe ich von ihm.« Sie drehte ihren Ehering. Dieses Ding, die leeren Schnapsflaschen und das Türschild würde sie als Nächstes entsorgen.

Pastor Lutta kratzte sich am Kinn. Auf seinem Zettel stand ein wildes Durcheinander.

Karina hatte plötzlich eine genaue Vorstellung von der Grabrede.

»Schreiben Sie ... oder soll ich? Besser Sie, damit Sie es hinterher auch lesen können. Trinken Sie noch einen?« Karina füllte die Gläser.

»Also, Wilfried Ommer wurde 1952 in Düsseldorf geboren, war eins siebzig groß, hatte blondgefärbte Haare, kornblumenblaue Haftschalen ...« Stopp, was redete sie da? Das hörte sich nach Kontaktanzeige an. »... machte den Schreinermeister und sich dann selbstständig, arbeitete bis zu seinem Tod in seiner Werkstatt, verunglückte an der Kreissäge.«

Soweit der offizielle Teil, der Rest ging den magenempfindlichen Pastor nichts an. Er musste nicht wissen, dass Wilfried noch nie in seinem Leben so entsetzt geschaut hatte, als sie plötzlich hinter ihm stand und ihm den entscheidenden Schubs gegeben hatte. Wie einfach es gewesen war, in seiner gebückten Haltung, besonders weil Wilfried noch nie etwas von dieser dämlichen Schutzkappe an der Kreissäge gehalten hatte. Nach anfänglichen Schwierigkeiten hatte sie ihn Stück für Stück über die Säge ... Zugegeben, es war nichts für schwache Nerven. Aber sie hatte ihre während der langjährigen Ehe gestählt.

Dieser »Unfall« sollte ihr Geheimnis bleiben. Das letzte gemeinsame Geheimnis der Eheleute Ommer.

Noch immer flog sein Kuli krakelig über den Notizblock. »... verunglückte an der Kreissäge?« Er stockte. »Moment, Moment, das wollen wir doch lieber weglassen. Gut, soweit habe ich es.« Er wühlte mit seinen Fingern in den dichten grauen Haaren. Eine Haarsträhne stand ab, sie sah aus wie ein Hörnchen des Höllenfürsten. Karina hätte laut loslachen können, nahm dann lieber einen Schluck Cognac und verschluckte sich daran, als sie wieder zu ihm schaute.

Ungeachtet dessen setzte Pastor Lutta erneut an: »Was war er denn für ein Mensch? Was, würden Sie sagen, waren seine besonderen Fähigkeiten oder guten Eigenschaften?« Er lächelte madonnenhaft.

Seine Anteilnahme machte sie krank. Grundgütiger, er ließ nicht locker, Wilfried etwas Positives abgewinnen zu wollen. Karina überlegte krampfhaft, wie sie es ihm endlich beibringen sollte.

»Er war ein verschwenderischer Mann«, nuschelte sie, »er hatte immer dann gute Laune, wenn er bekam, was er wollte, und er hatte einen Appetit wie ein Vielfraß …«

»Ähm, das lassen wir besser weg«, intonierte der Kirchenmann räuspernd, »und sonst …«

»Sonst?« Wenn ihm das nicht reicht, dachte Karina, dann fliegen ihm jetzt die Ohren weg.

»Ja …«

Er hatte es nicht anders gewollt.

»Er war gut im Bett – aber mit anderen!« Karina ließ den Satz in der Luft schweben, wartete ab, ob der Pastor nun wieder mitschrieb, aber nichts geschah. Peinliche Stille.

Es war ganz offensichtlich eine falsche Formulierung, und er schien ein gestörtes Verhältnis zur Wahrheit zu haben.

Karina setzte noch einen drauf: »Er war jähzornig, gewalttätig und egozentrisch! Wilfried hat seiner Mutter das Nähkästchen an den Kopf geworfen, seinen Bruder beklaut und mir eine glühende Zigarette auf die Brust gedrückt, weil ich keinen Aschenbecher holen wollte.« Sie nestelte schon an ihrer Bluse, überlegte es sich dann anders und holte lieber tief Luft. »Eines Tages lag er mit einer anderen in unserem Ehebett. Los, schreiben Sie, das wird eine schöne Grabrede!«

Der Prediger erstarrte: »Das kann ich nicht …«

»… glauben? Das können Sie nicht glauben, wollen Sie das sagen?« Karina war außer sich vor Wut.

»Kein Mensch … ist von Grund auf … nur schlecht«, stammelte er.

»Kein Mensch, aber Wilfried schon – los, schreiben Sie!«

»Das kann man nicht sagen«, er riss die Augen auf, »so etwas darf man nicht sagen. Man muss Tote ruhen lassen.«

»Ist das Ihr letztes Wort?«

»Ja!« Pastor Gottfried Lutta sprang auf und steckte, vor Empörung zitternd, seinen Block und den Kuli ein.

»Wenn das so ist, dann müssen Sie auch das nicht glauben. Hören

Sie gut zu. Er war so ein schlechter Mensch, dass ich mich gezwungen sah seinem Schicksal etwas nachzuhelfen.«

Entsetzt hielt der Pastor inne: »Wie meinen Sie das?«

»Wie ich es gesagt habe. Und wissen Sie, was das Beste daran ist? Sie dürfen es niemanden sagen, dass ich ihn auf dem Gewissen habe. Es gibt das Beichtgeheimnis.« Karina lachte hysterisch. »Ich habe ihn geschubst, einfach vors riesige Sägeblatt geschubst.« Sie stand auf und machte es vor. »Es war eine Befreiung, als er da so lag – blutüberströmt. In seinem Leben wollte er nichts, gar nichts mit mir teilen. Dann habe ich ihn geteilt. Keinen Piep konnte er mehr sagen, keinen Befehl herausbrüllen – es war so erleichternd, können Sie das verstehen?«

Pastor Luttas Gesicht war leichenblass. »Rache ist nicht der richtige Weg. Sie müssen in sich gehen und ihre Tat sühnen und vor allen Dingen nicht nur vor Gott verantworten, sondern auch vor der Polizei.«

Er sank auf den Stuhl und zückte sein Handy.

»Hier, nehmen Sie.«

»Was soll das?«

»Sie werden sich der Polizei stellen.«

»Niemals.«

»Wenn Sie es nicht tun, werden Sie schlaflose Nächte bekommen. Immer wieder daran denken müssen, dass es verkehrt war, ihn umzubringen. Über Tag werden Sie sich verfolgt fühlen, von Ihrem schlechten Gewissen, verfolgt von den Bildern, wie es geschah, und es zutiefst bereuen, dass Sie einen Menschen getötet haben. Solange, bis Sie Ihre Tat der Polizei gestehen.«

»Ich wüsste nicht, warum ich es tun sollte. Sie dürfen unser Gespräch nicht weitergeben, also wird es niemand erfahren. Ein schlechtes Gewissen habe ich nicht, nicht bei Wilfried. Und verfolgen können mich nur Menschen.«

»Richtig. Ich bin Rentner. Ich habe Zeit – viel Zeit.«

Wenn man denkt, man denkt

»Herta! Hast du schon gehört?« Ruth blickte sich im Supermarkt nach allen Seiten um, bevor sie im Flüsterton weitersprach: »Herr S. hat neulich sein Auto bar bezahlt, alles Fünfhunderter!« Sie griff zum No-Name-Waschpulver, stellte es dann aber unter Hertas hämischem Blick wieder ins Regal zurück und nahm das Markenprodukt.

»Nein! Woher weißt du das?«

Sie zwängten sich mit den Einkaufswagen nebeneinander durch die Gänge.

»Ich stand im Autohaus zufällig hinter ihm an der Kasse, weil ich den neuen Auspuff bezahlen musste, und konnte genau sehen, wie er das dicke Bündel Geldscheine herausnahm. Und was soll ich dir sagen, es war ihm peinlich, als er mich sah. Ich bitte dich, welcher vernünftige Mensch bezahlt ein Auto in bar? Ganz rot wurde der feine Herr! Jawohl, rot!« Ruth hielt Herta das Netz Tomaten vors Gesicht.

»Da geht etwas nicht mit rechten Dingen zu! Und dann immer diese seltsamen Handschuhe. Wie ein Dieb schleicht der durch die Gegend!«

Sie schoben ab zur Wursttheke. Herta nahm den teuren Schinken. Ruth ließ sich Roastbeef geben.

»Richtig unheimlich, der Herr S.«, flüsterte Ruth Herta schließlich an der Kasse ins Ohr, weil sie sich nicht beruhigen konnte, »neulich ging er mit zwei vollen blauen Müllsäcken in den Keller. Er hatte daran ordentlich zu schleppen. Wer weiß, was da drin war.« Sie kramte im Portemonnaie, bezahlte und wartete draußen auf Herta, weil sie in Supermärkten und speziell, wenn sie an Herrn S. dachte, immer Hitzewellen bekam und dringend an die frische Luft musste.

»Und außerdem«, empfing sie Herta mit hochrotem Kopf, »ich habe es schon mehr als einmal bereut, ihm die Wohnung in meinem Haus vermietet zu haben! Wenn ich das vorher gewusst hätte, was das für einer ist. Als er einzog, hat er noch nicht einmal mein Angebot zu einer Tasse Kaffee angenommen. Und jetzt fällt es mir wieder ein: Für die Wohnung gab er mir auch die Kaution in bar, alles in großen Scheinen. Ich hatte ihn noch gefragt, ob er ein Bankräuber sei. Noch nicht mal gelacht hat er.«

Nachdem Ruth einen Teil ihres Heimweges mit Herta geteilt hatte, stand sie schwer bepackt mit den Einkäufen vor der Haustür. Sie suchte den Schlüssel, der wahrscheinlich wie immer ganz unten in ihrer Handtasche war. Sie fluchte leise.

Wenn sie die Jutebeutel jetzt abstellen würde, könnte sie sie wieder waschen. Die Arme wurden lahm, dann schrie sie plötzlich auf. Jemand zerrte von hinten an beiden Taschen.

»Darf ich Ihnen helfen?«, sprach er leise in ihr rechtes Ohr.

Ruckartig drehte Ruth sich um. »Hi….«, sie sog die Luft ein. »Haben Sie mich erschreckt!«

»Entschuldigung, das wollte ich nicht«, lächelte er in sich hinein.

Ruth hielt ihre Handtasche fest im Griff.

»Wollen Sie nicht öffnen?«, fragte Herr S. und hielt ihr das rote Schlüsselmäppchen entgegen. Ruth hatte es wohl vorsichtshalber obenauf in eine der Jutetaschen gelegt, damit sie nicht so lange suchen musste.

»Haben Sie Besuch?« Ruth blickte zu seiner Wohnungstür, die im Parterre lag, wünschte sich in dem Moment Röntgenaugen, um sehen zu können, was in seiner Wohnung vor sich ging.

»Ja«, er ging die Treppen hinauf und überreichte ihr vor der Wohnungstür die schweren Beutel, »eine Bekannte. Sie hat sich anscheinend die Zeit mit etwas Radiomusik vertrieben. Ich war nur kurz am Kiosk Zigaretten holen und werde sie sofort darauf aufmerksam machen, dass es Ihnen zu laut ist.«

Von wegen Radio! Ruth vernahm ein rhythmisches Gestöhne und schwülstige Musik, bis die Geräusche abrupt abbrachen, als Herr S. die Tür aufschloss.

Sie musste sofort Herta anrufen.

»Herta, das ist die Chance, ihn endlich loszuwerden«, beendete sie ihre Berichterstattung. »Ich kann sein unheimliches Geschleiche nicht länger ertragen, seine schleimige Art, dieses Triebtäterlächeln und die Flüsterstimme, so ist kein normaler Mensch! Und jetzt, wer weiß, was die da treiben. Erst zeigt er ihr Pornofilme und dann … man kennt das ja.«

»So?«

»Naja, ich meine, nicht wirklich, also mir ist so etwas … Moment, ich höre Geräusche im Flur, das ist sie bestimmt. Ich muss Schluss machen.«

Ruth lief schnell die Treppen hinunter in den Hausflur, zupfte hier und da, vollkommen unauffällig, aber vom Laufen noch schwer atmend, die welken Blätter von der Grünlilie.

»Guten Tag«, begrüßte Ruth die junge Frau, dachte aber, ach, wie interessant!, da sie ihr bestens bekannt war. Es war die Kassiererin vom Supermarkt. Flinke Finger hatte sie zwar, aber ansonsten war sie eher eine dümmliche Person, die noch nicht einmal wusste, wie man Karnickel zubereitete. Ruth hatte damals für sie im Kochbuch nachsehen müssen.

»Es war die Dralle vom Supermarkt«, posaunte Ruth los, die Herta sofort zu sich gebeten hatte, um mit ihr zu beratschlagen, wie sie am geschicktesten vorgehen könnte, um Herrn S. loszuwerden.

»Die Schande ist, so einfach wird man einen Mieter heutzutage nicht mehr los. Die haben tausend Rechte und die Vermieter tausend Pflichten. Hast du noch eine Tasse Kaffee?«, fragte Herta beiläufig.

Da hatte Herta ausnahmsweise Recht, aber einen besseren Mitbewohner hatte sie schon verdient. Ruth goss den letzten Rest Kaffee in Hertas Tasse und hatte einen Geistesblitz. Vielleicht war es sogar die Chance, an mehr Geld zu kommen.

»Er könnte den Garten vernachlässigen, die Mittagsruhe stören, oder die Wohnung verkommen lassen«, schlug Herta vor.

Ruth musste sich beherrschen, Herta von ihrer Idee nichts zu erzählen, und so ging sie nur auf ihre letzte Frage ein: »Der doch nicht! Der Garten hat noch nie so schön geblüht, seit er sich darum kümmert, und die Mittagsruhe hat der noch nie gestört.«

Beide kratzten sich synchron am Kopf, bis Herta fragte: »Warum willst du ihn dann loswerden?«

Ruth hätte es wissen müssen, dass Herta nur halb hinhörte. Sie schien die Geschichten mit seinem rot verfärbten Geschirrhandtuch auf der Leine im Keller vergessen zu haben und die mit dem Paket, auf dem »Gruß aus Solingen« stand. Als Ruth damals das schwere Päckchen für ihn entgegennahm, hatte sie sofort gewusst, was sich darin befand. Und nun stellte Herta ihn als feinen Herrn Mitbewohner dar. Mit ihr konnte sie so etwas nicht besprechen. Total unfähig, logisch zu denken, geschweige denn, sich in ihre Gefühle hineinzuversetzen. Die Ängste, die sie jedes Mal ausstehen musste, wenn Herr S.

sich wieder einmal von hinten anschlich und in Handschuhen den Briefkasten öffnete, richtig unheimlich, sie konnte es nicht oft genug wiederholen.

Zwei Tage später stand Ruth als Dritte im Supermarkt an der Kasse und hatte genügend Zeit, die Dralle genauer zu betrachten. Irgendetwas war heute anders an ihr. Aber was? Sie kramte ihre Brille hervor und ging ein paar Schritte näher, tat so, als würde sie sich nur die Plastikschiene für den nächsten Kunden holen, nutzte in Wirklichkeit aber die Gelegenheit, sich die Hände der Kassiererin anzuschauen. Und tatsächlich! An ihrem Ringfinger prangte ein Brillantring erster Güte. Er war so groß und schwer, dass Laien ihn für unecht halten würden – Laien, aber nicht sie! Sie wusste plötzlich, für welche Dienste die Dralle ihn bekommen hatte. Es war schließlich in ihrem Haus passiert. Sie wurde gelb vor Neid, dann rot vor Wut. Bevor es ihr schlecht wurde, legte sie heimlich dem Hintermann, der sich am Zeitungsstand die Sexmagazine anschaute, ihre Strickmusterzeitungen in seinen stehen gelassenen Wagen und verschwand fluchtartig.

Sie hatte Herta nur schnell angerufen, um ihr vom Ring der Drallen zu erzählen. Aber Herta fand nichts Besonderes daran. Das war wieder typisch. Trotzdem, Ruth wusste Bescheid. Sie passte Herrn S. ab, was äußerst schwierig war, da ihr Fenster nicht den Blick zur Haustür freigab. So musste sie sich die ganze Zeit im Hausflur aufhalten. Die Grünlilie schwamm bereits im Wasser und hatte nur noch wenige, beschnittene Blätter. Die Kälte der Fliesen war Ruth schon bis zu den Knien hochgezogen. Wenn ihr Vorhaben gelingen sollte, würde sie sich als Erstes einen dicken Teppichboden kaufen.

»Guten Tag, Herr S.!« Mit der spitzen Haushaltsschere in der Hand fühlte Ruth sich relativ sicher, und dementsprechend fiel ihre Tonart aus. »Aus gegebenem Anlass muss ich Sie auffordern, eine Nachzahlung zu leisten!« Zur Unterstützung ihrer Worte stemmte sie die Hände in die Hüften und stach sich dabei in die Rippen.

»Nachzahlung? Für was? An wen?« Herr S. hob die Augenbrauen.

»An mich! Na, für – sagen wir mal – gewerbliche Wohnungsnutzung!«

»Wie meinen Sie das?« Die Brauen formten sich zu einem Fragezeichen.

»Ich kann es nicht dulden, dass in meinem Haus Dinge geschehen, die unmoralisch und sittenwidrig sind – nicht zu diesem Mietpreis! Entweder Sie suchen sich eine andere Wohnung oder aber Sie gehen auf meine Forderung ein und zahlen! Es wird Ihnen ja nicht wehtun.«

Das war genial! Beweisen konnte sie zwar nichts, aber sie konnte es versuchen, so an mehr Geld zu kommen oder ihn endlich loszuwerden.

Sein Gesicht verfärbte sich. Er ballte seine Hände zu Fäusten und trat einen Schritt auf sie zu. Ruth fing an zu zittern.

»Sie vertreiben mich nicht! Hören Sie! Keiner vertreibt mich mehr! Jahrelang, ach was, jahrzehntelang, bin ich auf der Flucht, auf der Suche nach einem Ort, an dem ich mich wohlfühlen kann, an dem ich endlich meinen Frieden finde. Ich bleibe hier wohnen! Hören Sie! Nur weil ich viel Geld habe, verfolgen mich alle. Ich habe keine Bank ausgeraubt! Das Geld gehört mir, ich habe es geerbt! Es gehört mir allein, und ich kann damit machen was ich will! Eher …« Er kam noch einen Schritt näher.

Sie konnte seinen stoßweisen Atem spüren, seine Brust hob und senkte sich heftig. Auf der Stirn trat eine vom Platzen bedrohte Ader hervor.

Ruth wagte nicht zu schlucken. Ihr Hals war staubtrocken und sie schmeckte Eisen. Die Schere glühte in ihrer Hand, aber fallen lassen durfte sie sie nicht, und sie verstecken war zwecklos, er hatte sie längst gesehen. Zu weiteren Gedanken war sie nicht mehr fähig. Ruth sah die schwarzen Handschuhe wie in Zeitlupe auf sich zukommen. Sie hob den rechten Arm …

»Hilfe! Rettet mich! Er will mich töten! Nehmt die Handschuhe weg! Warum hilft mir denn keiner?«

»Beruhigen Sie sich. Sie sind in Sicherheit. Niemand will Sie töten«, redete ein großer, schlanker Mann im weißen Kittel auf Ruth ein, zog eine Spritze auf und injizierte etwas. Dann verließ er den Raum.

Ruth schloss kurz die Augen. Sie atmete befreit auf, als beruhigende Wärme durch ihren Körper strömte, der Puls langsamer wurde. Entspannt fiel sie zurück auf das Kissen. Im Dämmerzustand bemerkte sie, wie sich leise die Türe öffnete. Schwarze Handschuhe hielten sich daran fest. Sie verdrehte die Augen.

»Ruth … hörst du mich?«, flüsterte die Person, die an ihrem Bett stand. »Ich bin's, Herta!« Sie zog den Mantel und die Handschuhe aus, ging zum vergitterten Fenster und schloss es.

»Ich darf nur fünfzehn Minuten bleiben, damit du dich nicht aufregst. Ich wollte dir nur sagen: Du brauchst keine Angst mehr vor Herrn S. zu haben. Du hast ihn erstochen!«

Ruth lächelte selig.

»Stell dir vor, Herr S. hat tatsächlich geerbt und war nicht an einem Banküberfall beteiligt, das weiß ich von der Polizei. Und die Kassiererin war gar keine Geliebte von Herrn S. oder eine Prostitu… du weißt schon … und hatte auch kein Verhältnis mit ihm. Sie war lediglich seine Bekannte und wollte ihm die liegen gebliebene Geldbörse zurückbringen. Daraufhin hat er sie zu einer Tasse Kaffee eingeladen. Hörst du mich, Ruth? Tja, und als er dann Zigaretten holte, hatte sie den Sky-Sender eingestellt, weil sie den doch zu Hause nicht sehen kann und sich die Zeit vertreiben wollte, und da kam dann, aber das weißt du ja … Ja, das hat sie mir alles unter Tränen erzählt, auch gesagt, dass der Ring vom Teleshopping ist und nur neunzehn Euro neunzig gekostet hat, plus vier Euro Versandkosten. Das hat man dem nicht angesehen! Und du dachtest schon … und jetzt ist er – Ruth?«

Ein Schritt in die Ewigkeit

Hilde schlich sich auf den Speicher und öffnete vorsichtig die halbhohe Tür, um ihre lieben Kleinen nicht zu erschrecken. Liebevoll stellte sie zwei Teller mit süßen Apfelstückchen, die sie so sehr mochten, auf eine Ecke des Bodens. Sie murmelte beschwörende Worte und blickte in ihre Richtung. Einige wurden unruhig, aber der Rest schlief tief und fest.

»Ich fahr zu Hilde!«, rief Holger ins Badezimmer, in dem sich seine Frau Hetti aufhielt.

»Schon wieder?« Sie blickte um die Ecke.

»Ja, der alte Drachen hat gerade angerufen. Sie bildet sich diesmal ein, auf dem Speicher wäre ein Untier. Ich stelle nur rasch ein paar Fallen auf, und dann hat sich das ruckzuck erledigt. Wir sollten ernsthaft überlegen, ob wir sie nicht entmündigen lassen und in ein Heim stecken. Wahnvorstellungen hat sie jedenfalls. Ich könnte Dr. Petersen mal fragen, was man da machen kann.«

»Vorsicht! Unterschätze Tante Hilde nicht. Am Ende treibt sie dich in den Wahnsinn. Du weißt genau, dass wir das Haus nur dann übertragen bekommen, wenn wir uns verpflichten, sie bis ans Lebensende zu pflegen.« Hetti kam mit erhobenem Zeigefinger unter der Dusche hervor und sah, nur mit der Mörderduschhaube bekleidet, zum Fürchten aus.

»Vielleicht solltest du dich in diesem Aufzug mal unter ihre Dusche schmuggeln. Das gibt einen astreinen Herzinfarkt mit Todesfolge«, dozierte er.

Eine Bürste flog ihm entgegen.

Er duckte sich schnell, ließ aber nicht locker: »Wenn wir Pech haben, wird sie noch hundert, dann sind wir selbst alt und verkraften einen Umzug nicht mehr«, versuchte Holger nach wie vor zu überzeugen. »Dabei könnten wir den Platz so dringend gebrauchen, jetzt da Marie und Luise immer älter und größer werden und sich nicht länger ein Zimmer teilen können.«

»Sieh erst mal nach dem Untier und töte es auf keinen Fall. Je nachdem wie groß es ist, erledigt sich alles von alleine.« Leicht amüsiert zog sie sich in die Nasszelle zurück.

Holger klingelte an der schweren Eichentüre des Bauernhauses. Hier würde er eine Bank hinstellen und die ollen Rosenstöcke erst einmal rausreißen. Dafür kämen riesige Bambusbüsche hin und ein kleiner Teich musste ebenfalls angelegt werden, mit einem dreistöckigen Wasserfall. Überhaupt würde alles rundum erneuert werden. Den Speicher könnte man zu einem wunderbaren Atelier umbauen und in den geräumigen Keller passte sein Traum, ein Billardtisch. Hoffentlich verfügte sie zusätzlich über ausreichend Bargeld. Er schellte Sturm, obwohl er genau wusste, dass es dauerte, bis sich der Drachen erhoben hatte. Es war immer die gleiche Zeremonie: eine halbe Minute stehen bleiben, damit der Kreislauf angekurbelt wurde, einen Schritt nach dem anderen setzen, an der Wand festhalten und vorsichtig die drei Stufen nach unten gehen. Das dauerte. Wenn er es recht bedachte, unter diesen Umständen, mochte er keine Siebzig werden und 130 Kilogramm wiegen.

Vorsichtig öffnete sich die Tür einen Spalt breit. Müde Augen blickten ihm entgegen.

»Ah, da bist du ja endlich!«, schimpfte sie. »Ich warte seit geschlagenen drei Stunden. Das Geräusch wird immer lauter, nicht zum Aushalten! Komm schnell!«

Holger hasste es, wenn man seinen Arm festhielt. Er versuchte sich zu befreien, aber sie klammerte sich daran und stützte ihr ganzes Gewicht auf ihn. Stolpernd zwängten sie sich die schmale Speichertreppe hinauf. Er lauschte vorsichtshalber erst an der Tür, bevor er eintrat. Als sie den riesigen, verwinkelten Speicherraum betraten, herrschte Totenstille. Von den Sonnenstrahlen sichtbar gemacht, wirbelte der Staub von hundert Jahren durch die Gegend. In einem Dachvorsprung befand sich ein medizinballgroßes Loch. Auf den Boden waren notdürftig ein paar dünne Bretter genagelt. Es zog fürchterlich.

»Das muss repariert werden«, schimpfte Holger. »Wie soll ich mir denn hier ein vernünftiges Atelier einrichten?« Er lief rot an und versuchte sich zu berichtigen. »Ich meine, wenn es mal soweit kommen sollte, nicht dass du denkst …«

Sie hatte verstanden und das war auch der Grund, weswegen sie ihn um Hilfe gebeten hatte, aber noch war es nicht so weit. Sie musste ihn erst testen.

»Wie wollt ihr euch denn das Haus aufteilen?«, fragte sie und war auf seine Antwort und Mimik gespannt.

Holger staunte. Noch nie hatte sie mit ihm darüber reden wollen. Dieses Thema war bisher tabu gewesen.

Aber nun sprudelte es aus ihm heraus, und er beschrieb die Belegung der Zimmer ausführlich, wie vom Blatt gelesen. Hilde wunderte sich nicht.

»Und in welchen Zimmern soll ich leben?«

»Zimmern? Ach so, du meinst welchen Raum wir dir zur Verfügung stellen würden?« Das war eine Fangfrage, das wusste Holger nur zu genau. Vorsicht war angesagt.

»Noch ist es ja nicht so weit und dann sehen wir mal.«

»In welchen Zimmern würde ich wohnen, wenn ich euch das Haus nächste Woche überschreiben würde?«, wiederholte sie, etwas lauter.

Die Frage musste sich ihr stellen. Sie brauchte dringend Hilfe, war nicht mehr fähig, einkaufen zu gehen, alles fiel ihr schwer und sie hätte nur zu gerne gesehen, dass ihre Nichte mit den Kindern zu ihr zog und sie ein wenig mit der Arbeit unterstützte. Hetti würde es tun, aber Holger war das Problem. Er hatte den ganzen Tag nur Malen und Zeichnen im Sinn, wollte dabei nicht gestört werden und war zu faul, um einem ordentlichen Beruf nachzugehen.

Haus überschreiben? Holger strahlte. Aber er ahnte auch, dass eine Gemeinheit dahinter steckte. Lebenslanges Wohnrecht für die Hexe? Nicht mit ihm. Alle Zimmer waren im Geiste vergeben. Da war kein Platz mehr für sie. Tante Hilde musste raus, doch dann bekamen sie das Haus nicht. Schweiß perlte auf seiner Stirn. Er steckte in einer Zwickmühle. Wie er sie kannte, würde sie sich das Anrecht auf die ihr zugewiesenen Zimmer schriftlich geben lassen.

Nachdenklich blickte er auf die fehlenden Dachziegel, die maroden Schrägen und wackeligen Dielen. Wie schnell konnte man hier stürzen – konnte sie stürzen.

»Ich habe es geahnt! Du willst mich loswerden. Willst mich hier raushaben«, keifte sie.

Abstreiten war zwecklos. Holger stand reglos da.

Hilde ballte die Fäuste in ihrer Kittelschürze und suchte seinen Blick.

»Ist gut. Ich räume das Feld«, sagte sie ohne jegliches Bedauern. »Sobald wir es notariell festgelegt haben – nächste Woche.«

Holger vergaß alle Skepsis. Er hätte sie am liebsten umarmt, war überglücklich. Zum ersten Mal nannte er sie »Liebe Hilde« und war erleichtert, sich nicht weiter mit Mordgedanken tragen zu müssen.

»Wenn ich es recht überlege«, fuhr sie fort, Holger zuckte, »kamen die Geräusche eher von dort.« Sie zeigte auf eine kleine Speichertür, am Ende des Raumes. Je näher sie kamen, desto deutlicher drangen tatsächlich raschelnde Laute an ihre Ohren. Nein, eher flatternde Geräusche. Heftig flatternde Geräusche. Es stank nach Ammoniak.

Holger hustete, öffnete in gebückter Stellung mutig die Tür. Er betrat den Raum. Ruckartig riss er die Arme hoch, hielt sie sich schützend vor den Kopf, bevor er lautschreiend in die Tiefe stürzte.

Auf ihre Tierchen war Verlass. Unzählige Fledermäuse schwirrten nun um Hildes Kopf, umkreisten sie, schwirrten zurück in das Zimmerchen, flatterten nach draußen, völlig verwirrt und in ihrer Tagesruhe gestört. Ihre Fledermäuse, die sie über alles liebte, die in ihrem Dachgeschoss an den Balken und in den Nischen eine lebenslange Bleibe gefunden hatten und die es nicht störte, dass der Dielenboden zum Teil fehlte. Sie waren so anspruchslos wie ihre Nichte, auf die sie sich bereits jetzt freute, denn nun stand ihrem Einzug nichts mehr im Wege.

Natürlich hatte Hilde gewusst, wo die Geräusche herkamen, sie war ja nicht blöd. Aber dass ihr Plan so schnell aufging, damit hatte sie nicht gerechnet. Sie musste noch nicht einmal nachhelfen. Nun würde sie den Fußboden endlich ausbessern lassen, denn das war wirklich lebensgefährlich.

Legittima difesa – Notwehr

»Marie! Wie siehst du denn aus?«, begrüßte mich Silvie und nahm mich in den Arm.

Ich schrie auf. Meine Blutergüsse schmerzten höllisch unter der langärmeligen Bluse. »Gibst du mir ein Glas Wasser mit Strohhalm?«, fragte ich heiser und marschierte mit meinem Rucksack an ihr vorbei, endlich wieder über den hochflorigen Teppichboden unserer WG.

Während Silvie in die Küche verschwand, schleppte ich mich und mein Gepäck ins Zimmer und setzte mich vorsichtig auf die Couch.

Im Eiltempo kam meine beste Freundin mit zwei Gläsern und einer Wasserflasche zurück. »So wie du aussiehst, muss ich froh sein, dich überhaupt wiederzusehen. Ich weiß schon, warum ich nicht in die Toskana will.«

Ich hustete, es schnürte mir die Luft ab. Ich wollte sagen: ‚Ja, wir müssten tatsächlich mein geschenktes Leben feiern', stattdessen blieb ich stumm. Jedes ausgesprochene Wort schmerzte.

Silvie stellte alles auf den Tisch. »Ist dir das italienische Essen nicht bekommen?« Sie betrachtete mein leicht geschwollenes Gesicht. »Nun sag schon. Was ist passiert?«

Ich beugte mich mit vorsichtig zusammengebissenen Zähnen nach vorne und griff zum Glas mit Halm, sog gierig daran. Das kalte Wasser linderte für einen kurzen Moment den Schmerz im Unterkiefer.

»Hast du einen Eisbeutel? Dann erzähl ich es.«

»Der Flug von Köln nach Pisa war wunderbar. Die Zeit verging schnell. Am Flughafen stand der Leihwagen.«

Mit dem Eisbeutel auf der Wange ging es. Ich durfte mich an längere Sätze wagen und war froh, endlich mit Silvie über mein Erlebtes reden zu können.

»Meine Güte, müsst ihr gefeiert haben.« Silvie wippte vor Aufregung mit den Beinen. »Weiter … und dann?«

Ich kühlte mit dem Beutel die Stirn, es stach, probierte es am Oberarm. Erst jetzt bemerkte Silvie, wie dreckig es mir wirklich ging. Sie erschrak. »Du musst zum Arzt!«

»War ich schon, in Italien, habe gesagt, ich sei gestürzt. Stimmt ja auch in etwa.« Ich griff zum Glas, schluckte schwer und setzte es ab. »Ich muss alles von Anfang an erzählen, sonst verstehst du es nicht.«

Silvie schaute gekränkt.

Ich verbesserte mich schnell: »Niemand versteht es sonst.« Obwohl ich mehr Sauerstoff hätte brauchen können, atmete ich wegen meiner geprellten Rippen flach und fuhr fort: »Es hatte lange gedauert, bis ich den Ort *Castelnuovo di Valdi Cecina* gefunden hatte. Die alte Mühle war wirklich so, wie du sie beschrieben hast, auch das Gästehaus, das *Albergo* war ein Traum. Ich habe mich gleich bei der Ankunft wohlgefühlt.«

Silvie sah mich ungläubig an.

Ihr Blick hielt mich nicht davon ab, weiterzureden. Keine Sekunde länger wollte ich verschweigen, was passiert war. »Mit deiner quirligen Tante Nina verstand ich mich auf Anhieb. Sie war hinreißend bemüht, zeigte mir alles und wies mich in die Besonderheiten des Gästehauses ein. Leider, so sagte sie, müsse sie gleich los, einen kurzfristigen Termin in Bologna wahrnehmen, käme aber spätestens am nächsten Abend wieder. Das machte mir schon ein wenig Angst, alleine in den Weiten der Toskana zu bleiben. Sie tröstete mich, meinte, Pasquale, der Sohn ihrer Freundin, käme am Abend her und würde am nächsten Tag mit mir ein paar schöne Ausflüge machen. Wir könnten uns Siena, Massa Marittima und Populonia, die ehemalige Piratenstadt ansehen.

Außerdem kenne Pasquale die besten und preiswertesten Restaurants in der Umgebung. Ich freute mich über das Angebot und war gespannt auf diesen Typen.«

»Ah ja, Pasquale. Ich kenne ihn nur aus Tante Ninas Erzählungen. Der hilft Onkel Hans schon mal mit dem Freischneider aus oder bei der Weinernte. Er wohnt oben im Ort.«

Silvie sprang auf und lief ins Schlafzimmer. Sie kam mit einem großen Kopfkissen wieder und stopfte es mir vorsichtig hinter den Rücken. »Leg die Beine hoch, du siehst blass aus.«

Ich gehorchte. »Weißt du, ich hätte direkt am ersten Tag wieder nach Hause oder sonst wohin fahren sollen, aber so …«, ich trocknete zwei Tränen, die gegen meinen Willen herausgekullert waren, »… aber so lernte ich Pasquale kennen. Ich hatte noch nie Glück mit bildschönen Männern.«

Silvies Augen wurden immer größer. »Naja, Pasquale bildschön? Ist halt Ansichtssache. Hat er dich etwa … ich meine, hat er dich so zugerichtet?«

Ich schüttelte zaghaft den Kopf, dann wechselte ich den Beutel auf eine Stelle, die nicht taub vom Eis war, und erzählte weiter: »Ich wollte gerade zum Gästehaus gehen, da kam er mir auf dem Weg entgegen. Er war anfangs sehr schüchtern und hatte sich noch nicht einmal richtig vorgestellt oder mir die Hand gegeben. Ich erzählte von deiner Tante und dass ich mich freue, dass er mir bis zu ihrer Wiederkehr die Orte und Restaurants zeigen mochte. Er fragte, wann sie denn wiederkäme. Leider hätte er keine Gelegenheit gehabt, sich von ihr zu verabschieden und danach zu fragen, rechtfertigte er sich, er wisse nur, dass Hans längere Zeit auf Geschäftsreise sei. Ich klärte ihn auf. Wir verstanden uns gut, lachten viel und saßen auf der Terrasse an der Mühle. Im Laufe der Zeit tranken wir ein Glas Wein nach dem anderen und dann, mitten in der Unterhaltung, nahm er sein Handy und lud ein befreundetes Pärchen zu uns ein, ohne mich zu fragen, ob es mir recht sei.«

Silvie lehnte sich wieder zurück.

»Das passte mir gar nicht. Der Mann stellte sich als Frederico vor und war sehr angeberisch und aufbrausend. Italienisches Temperament nennt man das wohl, oder betrunken. Er stritt sich vom ersten Moment an mit seiner Loretta, schon ihren Namen sprach er hart aus. Obwohl sie beteuert hatten, beim Deutsch zu bleiben, verfielen sie immer wieder in ihre Muttersprache. Sie machten auf mich den

Eindruck, als säßen sie auf heißen Kohlen und hätten überhaupt keine Lust auf einen gemütlichen Abend. Dabei hätte es so schön sein können. Die Luft war lau und kaum dämmerte es, da wuselte und wieselte es um uns herum. Fledermäuse flatterten in unregelmäßigen Bahnen umher, Schwärme von Glühwürmchen stoben auseinander. Aber dann …«

»Fressen Fledermäuse Glühwürmchen?«

»Schwer zu sagen, ob danach ein paar fehlten.«

»Gibt's da auch Zikaden?«

»Möchtest du einen tierkundlichen Bericht oder hören, was ich erlebt habe?« Ich war ungerecht, ich hatte ja mit den Fledermäusen angefangen.

Silvie war untröstlich. »Entschuldige, natürlich interessierst du mich mehr. Das mit den Zikaden kannst du ja später erzählen.«

»Aber dann stritten Frederico, Loretta und Pasquale über das Abendessen. Frederico wollte Pizza, Loretta Pasta und Pasquale Pollo. Zuerst dachte ich, es sei Tintenfisch, aber er belehrte mich, sagte, es sei Hähnchen und dass wir Deutschen doch Hähnchen über alles liebten. Er wollte mich damit auf seine Seite ziehen. Als ich den Kopf schüttelte, sah ich zum ersten Mal tiefe Zornesfalten und blitzende Augen, die sein schönes Gesicht entstellten.« Während ich es erzählte, sträubten sich an meinen Armen die feinen Härchen. An der Schwellung tat es sogar weh. Schnell legte ich den Eisbeutel darauf, in dem es nur noch gluckerte. Trotzdem wollte ich ihn nicht abgeben, er gab mir Halt.

»Habt ihr etwa selbst gekocht?«, fragte Silvie.

Ich nickte.

»Bei Tante und Onkel in der Küche?« Silvie schlug die Hand vors Gesicht. »O weh. Die sind doch sehr eigen, was das angeht. War das kunstschmiedeeiserne Gitter nicht davor?«

»Nicht mehr, Frederico hatte es aufgebrochen, Pasquale und ich haben es zu spät gesehen. Wir waren draußen bei Loretta, die vor Hunger lautstark protestierte. Mir war es unangenehm, was Frederico da trieb. Noch unangenehmer aber war, was dann folgte. Pasquale sah auf einmal den Ingwer in der Obstschale und fand Gefallen an der Idee, sein Lieblingsgericht *pollo con zenzero* zuzubereiten. Die beiden Männer einigten sich schließlich darauf und mit Pesto, Pasta und Salat dazu war auch Loretta einverstanden. Sie forderten mich auf zu helfen, aber ich wollte keine mühsam herangeschleppten Vorräte deiner Tante und deines Onkels aufbrauchen oder etwa durcheinanderbringen oder womöglich eine wertvolle, handgearbeitete Schüssel herunterfallen lassen. Wir waren ja alle nicht mehr ganz nüchtern. Frederico schien das egal zu sein. Er verstreute hier etwas und da etwas, kleckste auf den Boden und fiel zwischendurch über die teure Schokolade aus der Schweiz her, die im Kühlschrank lag. Loretta, das kleine Silikonwunder, beobachtete zunächst das Treiben in der Küche, riss ihm dann den letzten Riegel aus der Hand, zog eine Flasche Montalcino aus dem Regal und stolzierte durch die Räume der Mühle, was ich sehr dreist fand. Irgendwann saß sie Gott sei Dank wieder draußen.«

Das Erzählen tat mir gut. Zum einen, weil ich mir so alles von der Seele reden konnte, obwohl das Schlimmste noch nicht gesagt worden war, zum anderen, weil durch die Kieferbewegungen alles beweglicher wurde.

»Während Frederico den Tomatensalat und das Pesto für die Pasta zubereitete, stellte Pasquale fest, dass sich weder im Kühlschrank noch in der Gefriertruhe Huhn oder Hähnchen befand. Zu voreilig hatte er den Ingwer und den Knoblauch feingehackt, mit Olivenöl, Sojasoße und den Gewürzen vermengt. Da stand er nun mit der Schüssel, in der die Marinade glänzte, und war bereit die Hähnchenteile darin einzulegen, die nicht da waren.«

Silvie schluckte, sie wischte sich die Mundwinkel sauber. Mir hingegen schlug alles auf den Magen.

»Pasquale ging mit einem Kochmesser nach draußen. Als wir Loretta aufschreien hörten, wussten Frederico und ich, wo er steckte und was er gemacht hatte. Wir liefen zum Hühnerauslauf, aber da war es schon zu spät. ‚Es war Notwehr', stammelte Pasquale und brach mit dem blutigen Messer in der Hand zusammen.«

»Notwehr? Was sind denn das für Hühner?«, fragte Silvie erschrocken.

»Das verstanden wir zuerst auch nicht. Es ging nicht um ein Huhn, Silvie, es ging um einen Mann in Jeans und Hemd. Sein dunkler Bart war ungepflegt und die wenigen Haare wirr, aber das alles spielte nun keine Rolle mehr. Er spielte keine Rolle mehr, denn so wie er da lag, mit dem starren Gesichtsausdruck und dem Messer tödlich attackiert, würde er keinen Finger mehr krümmen.«

»Aber um Himmels willen. Wer war der Mann, und wieso war es Notwehr?«

»Habe ich mich auch gefragt. Neben dem Toten lag keine Waffe, sondern lagen nur zwei Flaschen Pinot Grigio.«

»So gut ist der nicht, dass man dafür …«

Ich schlug mir mit der Hand vor den Kopf, schrie auf und legte den warmen Beutel darauf. Silvie nahm ihn mir ab und lief damit zum Eisfach. Unter normalen Umständen konnte ich Leute nicht ausstehen, die nicht richtig zuhörten und meine Erzählungen mit ihrem Gerenne – irgendwohin – unterbrachen. Aber sie wollte mir nur helfen, und dies war kein normaler Umstand, dies war der reine Horror.

Silvie schrie aus der Küche: »Und dann?«

Ich wartete, bis sie wieder bei mir war: »Pasquale rappelte sich auf, sagte, der Mann habe versucht, ihm die Flasche auf den Schädel zu schlagen, als er dem Hähnchen eins geben wollte. Kaum hatte Pasquale das herausgebracht und sich noch einmal zu dem Mann hinunter gebeugt, wurde er hektisch. Da war es ihm anscheinend bewusst geworden, dass Tote nicht mehr aufstehen. Pasquale wich zurück und lief zum Haus. Auch bei Loretta und Frederico löste sich die unsichtbare Sperre. Auch sie ließen alles stehen und liegen und rannten los, fuhren aber wenig später mit dem Wagen in einer Staubwolke auf dem Hohlweg davon.«

»Hilfe! Und du warst mit dem Mörder alleine!«, erkannte Silvie ausnahmsweise einmal richtig.

»Was sollte ich machen? Die Mühle liegt in einem einsamen Tal, weit und breit nur Einöde. Keine unmittelbaren Nachbarn, keine Polizeistreife, nichts. Sicher, ich hätte vielleicht die Polizei anrufen können, aber hätte ich das bis zu ihrer Ankunft überlebt, wenn ich dabei von ihm erwischt worden wäre? So versuchte ich an seine Vernunft zu appellieren. Redete ihm ein, er brauche dringend einen Arzt und die Polizei. Von beidem wollte er nichts wissen. Er nahm das Messer …«

Silvie hielt sich die Hände vor die Augen, sprach durch ihre gespreizten Finger: »Und stach zu?«

»Nein, er warf es in hohem Bogen in die Umlaufbahn, irgendwohin, wo es niemand finden sollte. Danach ging alles sehr schnell. Er zwang mich, die Küche aufzuräumen und den Salat, die Pasta und das Pesto zu beseitigen. Er blieb die ganze Zeit daneben stehen, damit ich keine Dummheiten machte, und rauchte eine nach der anderen. Die Kippen steckte er sorgfältig ein. Dann hängte er das schmiedeeiserne Gitter wieder in die Angeln und lehnte es an das demolierte Schloss. Wo er es angefasst hatte, wischte er mit dem Geschirrtuch drüber. Danach ging's zum Hühnerstall, dort die Spuren verwischen.«

»Die Ordnung hätten die mal vorher einhalten sollen. Ja. und … und was hat er mit dem Toten gemacht? Ihn in den Gartenstuhl gesetzt?«

»Fast. Ihm einen Müllbeutel übergestülpt, abgebunden und in meinen Leihwagen gesetzt. Der tote Unbekannte saß mit mir hinten, weil ich ihn festhalten musste. Pasquale ist gefahren. Weißt du, was es heißt, mit einem Betrunkenen am Steuer und einem Toten im Arm Serpentinen zu fahren?«

»Das vertrage ich noch nicht mal solo, und schon gar nicht, wenn ich hinten sitzen muss. Nein, wie furchtbar!«

Ich schob die Blusenärmel hoch und zeigte meine blutunterlaufenen Oberarme. »Nach zirka einer Stunde Fahrt durch die Berge und ebenso langem Bangen, wann wir mit Karacho den nächsten Abgrund hinunterstürzen würden, fuhr er rechts ran und stieg aus. Er zerrte den Toten aus dem Auto, entfernte den Müllbeutel, damit die Tiere nicht daran verenden würden, und ließ die Leiche an einer lichten Stelle den Abhang hinunterrollen.«

»Hat euch denn niemand gesehen?«

»Es war mittlerweile dunkel. Wir waren mitten im Gebirge, umgeben vom dichten Wald. Niemand da. An die Wildschweine und Dachse, die Allesfresser sind, wollte ich lieber nicht denken.«

»Und dann? Hat er dich ausgesetzt?«

»Dachte ich auch zuerst, dass er es wollte. Aber dann schrie er mich an, ich solle endlich einsteigen, wir müssten weiter. Wir fuhren nach Siena, wo das Nachtleben im vollen Gange war. Er verschwand im Getümmel des Campo.«

»Wo gehst du hin?«, rief Silvie mir hinterher.

Ich tapste auf wackligen Beinen in die Küche zum Gefrierfach und nahm den Eisbeutel wieder heraus, brachte zusätzlich eine Flasche Sekt mit.

»Gibt's was zum Feiern? Haben sie Pasquale gefasst?«

»Leider nicht. Die *Carabinieri* konnten mit meiner Beschreibung vom Täter nichts anfangen, weil fast alle Italiener dunkelhaarig, braunäugig und gut aussehend seien, sagten sie. Zudem wusste ich nicht, wo genau im Wald er die Leiche den Abhang hinunter geworfen hatte. Sie machten einen genervten Eindruck, glaubten wohl, mir wäre der

Grappa nicht bekommen. Ich verließ die *guardia* und fuhr mit meinem Auto zurück nach Castelnuovo.

»Warum das denn? Hätte ich nicht gemacht.«

»Was blieb mir denn anderes übrig? Ich hatte kein Geld, kein Adressbuch mit der Handynummer deiner Tante bei mir und brauchte meine Ausweise und die Scheckkarten. Meine Kleider wollte ich auch nicht zurücklassen. Wie auch immer. Es war unheimlich, mitten in der Nacht an den Ort des Geschehens zurückzukehren. Die Mühle war hell erleuchtet, dabei hätte sie doch verlassen sein müssen. Stattdessen standen zwei Autos auf dem Parkplatz am unteren Weg. Der Kombi gehörte deiner Tante und den Kleinwagen kannte ich nicht.«

»Der war sicher von Pasquale.«

»Eben nicht. Pasquale musste zu Fuß gekommen sein oder mit dem Fahrrad. Keine Ahnung. Ich weiß nur, dass der Wagen von Loretta und Frederico der einzige auf dem Parkplatz vor der Mühle gewesen war – außer meinem natürlich.«

»Deshalb musstest du den Toten und Pasquale auch fahren und den einen im Wald und den anderen in Siena absetzen.«

Wo nahm sie nur plötzlich die Scharfsinnigkeit her? Das machte mir Mut, ihr auch den Rest des Geschehens begreiflich zu machen.

»Deine Tante kam händeringend auf mich zu. Sie schickte Stoßgebete gen Himmel, sie sei so froh, dass ich zur Zeit des Einbruchs nicht hier war. Die fremde Frau neben ihr fragte aufgeregt, wo ihr Sohn Pasquale sei. Sie hätte versucht ihn zu erreichen. Ich wusste nicht, wie ich beginnen sollte. Da legte deine Tante los. Sie schimpfte, sagte, als wenn sie es geahnt hätte, habe sie das Angebot der Übernachtung in Bologna nicht angenommen. Nie hätte sie gedacht, dass die Einbrecher mal nach Castelnuovo kommen und schon gar nicht bis zur Mühle. Sie habe sofort ihre Freundin angerufen, nachdem sie das mit dem Gitter gesehen habe, und zusammen mit ihr in den Zimmern nachgesehen. Schmuck und andere Dinge fehlten, aber alles nur von ideellem Wert. Die Freundin wurde immer nervöser, fragte nochmals, wo ihr Sohn sei. Da konnte ich nicht mehr an mich halten und erzählte, was sich zugetragen hatte. ›Madonna mia‹, schrie sie entsetzt. ›Das war nicht mein Sohn! Mein Sohn macht so etwas nicht!‹ Sie sprang auf, riss mich vom Stuhl und ging mir an die Gurgel.«

Ich machte eine Erzählpause zum Luftholen, dann griff ich mir an den Hals. Jetzt, da ich die Situation wieder durchlebte, fiel mir das Schlucken noch schwerer.

Silvie knallte mit dem Sektkorken, was sich eher wie ein Schuss anhörte und zum ersten Mal nichts Feierliches hatte. Sie goss ein und reichte mir ein Glas. Alkohol war keine Lösung. Sekunden später stieg er in meinen Kopf und verbreitete dort eine unangenehme Hitze, brachte ihn zum Glühen.

»Wir hatten Mühe, Pasquales Mutter zu beruhigen. Ich bat sie inständig, ihren Sohn anzurufen und ihn davon zu überzeugen, dass es besser sei, sich der Polizei zu stellen. Wenn es wirklich Notwehr … Hier unterbrach sie mich und rief: ›*Ce sei o ce fai? Pazzia pura! Il mio figlio non piace pollo!*‹ Mein Italienisch ist nicht sonderlich gut, ich wusste nicht, was sie von mir wollte. Sie palaverte weiter, kramte ein Foto aus ihrer Börse und fuchtelte damit vor meiner Nase herum. Ich erschrak. Das war nicht der schöne Pasquale, den ich kannte. Da übersetzte deine Tante auch schon: ‚Sie hat gesagt: Sitzt du auf deinen Ohren, oder willst du mich nicht verstehen? Mein Sohn verträgt kein Fleisch, er mag gar kein Hähnchen.«

Silvie war erschüttert.

»Wie kann man kein Hähnchen mögen? Besonders mit Ingwer. Gibst du mir mal das Rezept der Marinade?«

Lass uns sterben

Bonnie und Klaus saßen in der Hollywoodschaukel auf der Terrasse und genossen den Spätsommer. Jetzt um die Mittagszeit tat die Hitze ihren müden Knochen gut. Das Quietschen der altersschwachen Schaukel störte sie nicht, denn sie hörten es nicht mehr.

Verträumt sahen sie auf die blühenden Stauden in allen Pastellfarben und Schattierungen links und rechts des Gartenweges, der sich zum alten Obstbaumbestand schlängelte. Die Yuccapalme vor dem Gewächshaus trug vier saftig grüne Ableger, wovon jeder einzelne eine mächtige Rispe mit eng aneinander liegenden weißen Blütenglocken besaß. Alte englische Rosenstöcke, links am Zaun, saßen voll prallgefüllter Blüten von Rosa bis Magenta. Ein Farbenrausch.

»Und schau, der herrliche Eisenhut«, sagte Bonnie und lächelte versonnen.

Sie sah zu ihrem Mann, mit dem sie neunzehn lange Jahre verheiratet war. Klaus war ihr vierter Mann. Klaus schlief. Wie so oft in letzter Zeit, wenn er sich auf etwas stark konzentrieren musste, nickte er einfach ein. Mitten im Satz, beim Essen und beim Fernsehen sowieso. Er schlief wie ein Baby, sah aber mit seinen achtzig Jahren natürlich nicht mehr so aus. Den Kopf hatte er leicht zur Seite geneigt, seinen faltigen Mund ein wenig geöffnet. Die flachen Atemgeräusche waren kaum zu hören. Glücklicherweise schnarchte er nicht, denn das machte sie rasend.

»Ach ja, die Rosen«, sagte sie mit einem tiefen Seufzer zu sich selbst, klappte das Album mit den Gartenbildern vergangener Jahre zu und stellte sich der Realität. Hoffentlich dauerte es nicht mehr lange. Dieser Anblick war nicht zu ertragen. Der Rasen war hüfthoch und bestand zwischen den Grashalmen aus Unkräutern, deren Samen herbeigeweht worden waren. Selbst die sonst so widerstandsfähige Distel und der robuste Löwenzahn kämpften ums Überleben. Vom Eisenhut war überhaupt nichts mehr zu sehen, die Yucca-Palme verfaulte und zog sich in die Erde zurück und das nur, weil Klaus gemeint hatte, er könne das Unkraut und die Schädlinge auch mit Altöl bekämpfen. Was die Rosen anging, so hatte er es geschafft, sämtliche Stöcke derart weit zurückzuschneiden, dass sie es erst gar nicht mehr wagten, wieder hervor zu kommen. Nur eine einzige rotblättrige Pflanze stand in ihrer vollen Schönheit in der grünen Hölle, weil Bonnie sie gehegt und gepflegt hatte. Viel Wasser brauchte der imposante Rizinus nicht, was ihr sehr entgegenkam. Jedes Jahr bangte sie, ob sich aus eingepflanzten Samenkapseln wieder eine neue Pflanze bildete und ob sie wieder zwei Meter hoch werden würde, wie im Vorjahr.

Klaus wurde wach. Er hustete seine Atemwege frei und sah sich um, so als müsse er sich erst einmal neu orientieren.

»Hier bin ich«, sagte Bonnie. Ein alter Scherz, den sie nicht lassen konnte. »Sollen wir nicht mal zum Arzt fahren?«, fragte sie. Es ist nicht normal, wenn du die ganze Zeit nur schläfst. Auch mit achtzig sollte man noch etwas vom Leben haben. Vielleicht fehlen dir ja nur irgendwelche Mineralien oder Vitamine. Du isst immer weniger und trinkst dafür mehr, damit meine ich jetzt kein Wasser.«

»Ich gehe nicht ins Krankenhaus. Da bekommen mich keine zehn Pferde hin.«

»Wer redet denn gleich vom Krankenhaus? Arzt. Hörst du, Arzt!«

Bonnie stand ächzend auf, humpelte in die Küche und kam einige Zeit später mit dem Servierwagen wieder, den sie wie einen Rollator benutzte. Sie deckte den Tisch. Heute gab es nur leichte Kost. Brot, Butter, Gelee, Käseaufschnitt und Leberwurst aus der Dose. Klaus verlangte nach seinem Bier, das sie wohlweislich mitgebracht hatte.

Schon beim Öffnen der Brotverpackung schaffte er es nicht, die Klammer des Plastikbeutels zu lösen. Er bekam sie nicht gerade gebogen und stach sich mit dem Metallende in den Daumen. Je länger sein Versuch dauerte, desto zittriger wurde er, bis er die Tüte mit dem Brot auf den Tisch warf.

»Vorsicht! Bierglas!«, rief Bonnie noch, als sie mit ansehen musste, wie das leere Glas vom Tisch kullerte und zersprang. Auch Klaus' Reaktionsfähigkeit hatte enorm nachgelassen. Einfach alles.

Weder die Käseverpackung noch das Geleeglas oder die Leberwurstdose bekam Klaus geöffnet, noch nicht einmal seine geliebte Flasche Bier. Mühsam rappelte sich Bonnie wieder hoch und blieb kurz stehen, weil so der Kreislauf in Gang kam. Sie sammelte die Scherben auf und ging in die Küche. Nach einer Weile kam sie mit der geöffneten Bierflasche zurück.

Klaus setzte an und trank. Der Schaum quoll heraus und lief über sein schlecht rasiertes Kinn. »Es macht keinen Spaß mehr«, sagte er.

»Was hast du gesagt?«, fragte Bonnie.

»Es. Macht. Keinen. Spaß. Mehr.«

»Wieso sprichst du so seltsam? Merkst du das nicht?«

»Was denn?«

»Du lässt so viele Silben aus.«

»Nicht, dass ich wüsste. Test … Test … Test.«

»Auch das sollten wir untersuchen lassen. So schnell wie möglich«, sagte sie. Er würde es nicht wollen, so viel war klar. Dabei hätte sie ihn ohne weiteres zum Arzt fahren können, denn im Gegensatz zu Klaus ging sie aus dem Haus und fuhr noch mit dem Wagen. Eine wertvolle Freiheit, die ihr geblieben war und die sie ausnutzte, wann immer es ging. Sie nahm die Gartenzeitschrift zur Hand, die sie sich heute Morgen beim Einkaufen besorgt hatte. Auf der Titelseite war ihre Lieblingspflanze, der Rizinus abgebildet. Bonnie schlug den Artikel auf und las ihm vor: »Wusstest du, dass der Rizinus auch Wunderbaum oder Christuspalme, Hundsbaum, Läusebaum oder Kreuzbaum genannt wird?«

»Ja«, sagte Klaus. Was mit Sicherheit gelogen war.

»Und dass aus den Samen, den sogenannten Castorbohnen, die einen an vollgesaugte Zecken erinnerten, das Rizinusöl hergestellt wird? Rizinusöl, für eine rasante Verdauung.«

»Ja, sicher weiß ich das. Bin noch klar bei Verstand, nur so unendlich müde. Ich will nicht mehr, Bonnie. Ich kann nicht mehr.« Er stach mit dem Messer auf die Leberwurstdose aus Plastik ein, deren Lasche sich erst gar nicht und dann nur stückchenweise aufreißen ließ.

»Nur eins noch«, sagte Bonnie, die spürte, dass es keine bessere Gelegenheit dafür gab: »Die Samenschalen des Wunderbaums sind sehr giftig, da sie das toxische Eiweiß Rizin enthalten. Nur 0,25 Milligramm können tödlich wirken. Das entspricht wenigen Samen.«

»Gib her und hol mir meine Brille«, sagte Klaus, in den Leben gekommen war und der außergewöhnlich schnell den Arm nach dem Magazin ausstreckte, wenn auch mit einem Schrei.

Er las flüchtig und ließ die Zeitung sinken.

»Lass uns sterben!«, sagte er. »Wir haben alles, was wir dafür brauchen.« Er zeigte auf die Todespflanze im Garten.

Bonnie sah ihn aus schreckgeweiteten Augen an. »Fängst du schon wieder vom gemeinsamen Sterben an? Spinnst du?«

»Nein, aber bevor ich spinne, will ich selbst bestimmen, was mit mir geschieht. Du kommst mit. Du kannst doch auch nicht mehr so wie früher. Hast doch auch Schmerzen in den Knochen und Gelenken, und dann deine ständige Migräne und die Magenschmerzen.«

Sie flüsterte, weil sie es loswerden musste: »Wegen dir. Alles wegen dir, Klaus.«

»Und wer weiß, wo sie uns hinbringen, wenn wir gar nicht mehr können«, empörte er sich. »Unsere Möbel, das Haus, alles wird verkauft und wir werden in ein Bett gesteckt und müssen vor uns hinsiechen.«

»Es gibt sehr gute Heime. Die Pflegerinnen und Pfleger unternehmen viel mit den alten Menschen und opfern sich tagtäglich auf. Soll ich mal dort anrufen?«

»Untersteh dich.«

Sie kannte seine Einstellung zu Heimen und sprach jetzt mit einem depressiven Unterton: »Ja, du hast recht. Es wird wohl das Beste sein, wenn wir uns … Ich hole ein paar Samenkapseln und lege sie in die Sonne, damit wir die getrockneten Schalen mörsern können, denn nur darin befindet sich das Gift. Das Pulver soll nach Nüssen schmecken, habe ich mal gehört. Aber es kann zwei, drei Tagen dauern, bis …«

»Nicht schneller?«, fragte Klaus. »Werden wir Durchfall bekommen?«

Bonnie nickte. »Erst brennt es im Mund, dann schädigt es Magen, Leber, Nieren und Darm, bis hin zum Kreislaufversagen und ja, vorher Übelkeit, Erbrechen. Wir sollten uns darauf einstellen und die Dosis erhöhen, damit wir nicht lange leiden müssen.«

Klaus nickte. Angst hatte er nicht davor. Seine Organe waren längst geschädigt. Schlecht war es ihm auch manchmal und der flotte Otto kam wie sein Name. Allein deswegen hatte er sich so manches Mal gewünscht, schneller laufen zu können. Bonnie musste es dann meistens aufwischen, weil er mit seiner kaputten Hüfte nicht mehr so weit nach unten kam. Ja, auch für sie würde es eine Erlösung sein. Sein Entschluss stand felsenfest.

Zaghaft lächelte er Bonnie an und nahm ihre faltige Hand, die er so fest drückte, wie es ihm nur möglich war. »Jeder von uns sollte einen Abschiedsbrief hinterlassen, für unsere Nachbarn oder die Nachrichten, für all diejenigen, die es interessieren könnte. Holst du uns Papier und Stift, meine Sonne?«

Bonnie schossen die Tränen in die Augen. So hatte er sie schon lange nicht mehr genannt. Es war ihr Kosename aus vergangenen Tagen, an denen sie sich heiß und innig geliebt hatten, an fast allen Orten auf dieser Welt. Das war auch das, was sie am meisten vermisste: das Reisen und das Lieben. Nur durfte sie es nicht laut sagen. Nicht mit achtzig.

Bonnie brachte die Blätter und setzte sich so, dass Klaus nicht lesen konnte, was sie schrieb. Auch er hielt seine Hand vor das Papier, als säße er in der Schulbank und als gelte es, niemanden abgucken zu lassen. Klaus schrieb mit krakeliger Schrift:

Zunächst entschuldige ich mich dafür, Ihnen einen solchen Schrecken versetzt zu haben. Ich hoffe, Sie überwinden das Trauma sehr schnell, zwei alte tote Menschen gefunden zu haben. Der Anblick ist sicher nicht schön für Sie, aber mir stand kein anderes Gift als Rizinus zur Verfügung. Wenn man den Symptomen der Rizin-Vergiftung glauben darf, war es für mich auch nicht gerade einfach.

Dies zu schreiben, strengt mich bereits an, so wie mich alles angestrengt hat in meinem Leben. Die Schule, die Arbeit, meine Frau, die immer mehr wollte, als ich bereit war zu geben (ich hoffe, du liest es nicht heimlich, verzeih mir, meine Sonne, aber es war wirklich nicht immer einfach mit dir), und dann diese Anstrengungen im alltäglichen Leben. Das Autofahren, Tragen, Gehen, Essen, Lesen, Reden und Schreiben und diese elendigen Verpackungen, Dosen und Flaschen, die man im Alter nicht mehr aufbekommt.

Mein Leben ist unwürdig geworden.

Was nützt einem das viele Geld? Nichts. Ich will mir keine Hilfen kaufen, die mir den Hintern nachtragen und abwischen und ich will nicht eines Tages aus meinem Haus getragen und in ein Heim gebracht werden.

Deshalb ist es ist mein eigener Wille, aus dem Leben zu scheiden, gemeinsam mit meiner Frau, die so auch nicht mehr weiterleben will, nicht ohne mich.

Ich verabschiede mich für immer.

Klaus Sprinter

Klaus fiel zurück in die Kissen und schielte zu Bonnie, die immer noch zu überlegen schien und sehr langsam schrieb:

Was ich erledigen muss:

1. Bestatter anrufen – Sarg aussuchen
2. Police suchen – Versicherung anrufen
3. Putzfrau bestellen – großzügiges Trinkgeld geben
4. Gärtner bestellen – Rosen kaufen
5. Schatzi einladen – zum Kuchen und zur Reise
6. Geld abholen – und Kreditkarte beantragen
7. Kuchen kaufen – keine Sahne, da sonst Durchfall.

»Bist du soweit?«, fragte Klaus.

Bonnie nickte. Sie klebte den Brief schnell zu und legte ihn vor sich. Klaus warf seinen Umschlag offen auf den Tisch.

In der Sonne waren die Hüllen der Rizinussamen schnell getrocknet.

Klaus wollte sie selbst mörsern, in der Küche. Im Stehen habe er mehr Kraft, meinte er und humpelte los.

Bonnie hatte lange auf ihn gewartet, und dann war es endlich soweit. Er kam mit einem Tellerchen wieder, auf dem das tödliche Pulver lag. Es zitterte in seiner Hand. In der Linken trug er eine Flasche Bier, die er mit letzter Kraft geöffnet hatte. Er stellte alles vor Bonnie ab, hielt inne und sagte: »Halt! Ich habe es mir überlegt.«

Sie sah ihn erschrocken an. »Wir machen es etwa nicht?«

»Wir machen es anders.« Er nahm den Umschlag, der vor Bonnie lag. Sie zerrte daran. »Das ist meiner!« Klaus entschuldigte sich und griff zu seinem, strich auf dem Blatt herum und ergänzte Sätze.

Danach verschwand er kurz. Es polterte im Schlafzimmer, so als würde er alles aus den Schränken reißen und auf den Boden werfen. Japsend kam er wieder auf die Terrasse und hielt seine Wehrmachtspistole in der Hand, die er wie seinen Augapfel gehütet hatte. Noch nicht einmal Bonnie hatte gewusst, wo er sie versteckt hatte – jetzt wusste sie es.

»Wir werden uns erschießen. Das geht schneller. Du zuerst.« Er hielt ihr die Waffe hin, mit dem Lauf zuerst.

Bonnie bekam Schweißausbrüche. Sie wehrte ab: »Nein! Das mache ich nie! Nie im Leben. Ich … ich nehme lieber das Pulver.«

»Wer sagt mir, dass du es auch wirklich nimmst?«, fragte er in einem Ton, den sie so gar nicht von ihm kannte.

»Du wirst es sehen«, antwortete sie ruhig. »Ich mache es zuerst.«

Klaus lächelte. »Das ist gut.«

Bonnie stierte auf das Pulver. Ihr wurde mulmig. »Ich habe gehört, wenn man es mit Öl nimmt, dann ist es erträglicher.«

»Seit wann ist Gift verträglich?«, fragte Klaus.

»Erträglich! Klaus. Du solltest mal zum … ach.«

Sie holte das Öl in einer Tasse aus der Küche, setzte sich wieder auf den Klappstuhl und schüttete etwas von dem Pulver hinein. Ihr Puls raste, die Ohren pfiffen. Bonnie rührte und rührte. Es musste sich gut verteilen. Sie führte die Tasse zum Mund und trank kleine Schlucke, verzog das Gesicht dabei.

»Oh, es wirkt schon!«, krächzte sie kurz darauf. Die Tasse fiel zu Boden, Bonnies Kopf kippte zur Seite, ihre Augen starrten gen Himmel.

Klaus stand unter Schock, ihm kamen die Tränen. Sie hatte es tatsächlich gemacht, für ihn gemacht, für ihre Liebe.

Er humpelte mit der Flasche Bier in der Linken und der Pistole in der Rechten ins hohe Gras, weil er auf der Terrasse keine Schweinerei anstellen wollte, nahm einen Schluck Bier, ließ die Flasche fallen und steckte sich den Lauf der Pistole in den Mund. Klaus drückte ab …

Bonnie war der Schrecken in die Glieder gefahren, als sie den Schuss gehört hatte. Ob er noch als Letztes mitbekommen hatte, dass sie zusammengezuckt war? Hoffentlich nicht. Ach, es spielte keine Rolle mehr.

Es war also korrekt, was in der Zeitung stand. Das Gift Rizin ist nur wasserlöslich, in Öl löst es sich nicht auf, es bleibt also in den Rückständen. Nur so konnte auch Rizinusöl hergestellt werden, es wäre sonst zu gefährlich. Nicht auszudenken, wenn es schief gegangen wäre. Sie sprang auf und ging schnellen Schrittes ins Wohnzimmer, wo das Telefon stand. Endlich durfte sie wieder in ihrem normalen Tempo weitermachen. Bonnie hatte die letzten Wochen die gebrechliche alte Frau nur vorgegeben, nur gespielt, wie ihre Kräfte immer mehr nachlassen, weil sie wusste, dass Klaus dann diese seine letzte Entscheidung eher treffen würde. Oft genug hatte er ja davon gesprochen und es zig Mal gedanklich durchgespielt. Ihm hatte nur der letzte Anstoß gefehlt, den hatte sie ihm mit der Rizinuspflanze gegeben.

Sie hatte Durst. Im Kühlschrank befand sich ein Piccolo. Bonny trank große Schlucke daraus. Das würde sie später als *Nervenberuhigung* erklären, nicht als *Feier*. Ihren reiselustigen und liebestollen Schatzi, den sie beim Frühstück in der Bäckerei kennengelernt hatte und der zehn Jahre jünger war als sie, durfte sie noch nicht anrufen. Da wollte sie kein Risiko eingehen, auch wenn alles eindeutig war. Der Abschiedsbrief war von Klaus, es war seine Pistole und es waren seine Fingerabdrücke. Oh! Die Tasse mit dem Gift! Sie spülte sie schnell und stellte sie wieder ordentlich in den Schrank. Bonnie wollte die Polizei, die sie gleich anrief, nicht unnötig verwirren.

Ihr wurde übel. So eisigkalten Alkohol so schnell zu trinken, das konnte ja nicht gut gehen. Ob sie schnell etwas essen sollte? Wer weiß, wann sie wieder dazu kam. Sie nahm den angebrochenen Familienbecher Wackelpudding mit Waldmeistergeschmack und Vanillesoße mit auf die Terrasse. Ihr Lieblingsdessert. Klaus hatte wieder einmal darin herumgestochert und fast die komplette Vanillesoße aufgegessen und den Rest untergerührt. Wie sie das hasste. Es sah so unästhetisch aus. Sie hatte schon keine Lust mehr, davon zu essen, aber der Hunger war stärker. Nachdem sie die Hälfte ausgelöffelt hatte, stieß sie auf etwas Hartes. Es war ein kleiner Zettel. Sie kratzte die Reste mit dem Löffel ab, faltete ihn auseinander las die krakelige Schrift:

Ich wusste, du würdest pfuschen.

Der Klappstuhl schwankte. Bonnie fiel um und starb.

Der Rizinus

Der Rizinus, lateinisch *ricinus* für Zecke (die Samen der Pflanze sehen wie eine vollgesaugte Zecke aus) wird auch *Christuspalme, Hundsbaum, Läusebaum oder Kreuzbaum* genannt.

In unseren Gefilden wächst er als einjährige krautige Pflanze. Sie wächst sehr schnell, ist anspruchslos und kann durchaus bis zu fünf Meter hoch werden. Die Laubblätter sind handförmig, fingerähnlich und erreichen eine Größe von 30 bis 70 cm. Sie sind meist glänzend grün oder rot bis purpurfarben. Deshalb wird sie sehr gerne als imposante Zierpflanze für den Garten genommen.

Die Samen des Rizinus werden auch als *Castorbohnen* bezeichnet. Aus ihnen gewinnt man das bekannte abführende Rizinusöl. Da die Samenhüllen hochgiftig sind, aber nicht wasserlöslich, ist es machbar. Das Gift bleibt in den Schalen zurück.

Diese Angaben sind ohne Gewähr. Bitte probieren Sie es nicht in einem Selbstversuch oder womöglich bei anderen aus.

Der Knöterich, der Knöterich, das ist ein arger Wüterich

(Frei nach Struwwelpeter von Dr. Heinrich Hoffmann)

Mia Magaloff saß auf der Terrasse ihres Einfamilienhauses und beobachtete mit dem Fernglas die Tiere im naturbelassenen Garten.

Die grüne Hölle nannte ihr Noch-Mann Bodo das üppig wuchernde Terrain hinter ihrem Haus. Es war zu der Zeit, in der er sich verstärkt in Ostasien aufhielt und der niederrheinischen Idylle sowieso nichts mehr abgewinnen konnte. Von so einem musste sie sich doch nicht vorwerfen lassen, ihr Garten würde verkommen. Zumal dieser Wildwuchs seine Gründe hatte. Ihr tat es in der Seele weh, wenn sie auf dem Sitzrasenmäher den Löwenzahn mit seinen Pusteblumen und die weißgelben Gänseblümchen köpfen musste. Auch wenn es nur ein schmaler Weg war, den sie da jedes Mal schnitt, es musste sein. Wie sonst hätte sie ohne Machete in die hinterste Ecke ihres Gartens kommen können, wo die beiden Schuppen standen?

Ja, Mia liebte die spontane Vegetation in ihrem 2.800 qm großen umzäunten Freigehege. Noch so eine Bezeichnung von Bodo, den es bereits aufregte, wenn der Maulwurf seine lustigen Häufchen buddelte und der Buntspecht ein Loch in den Stamm des Apfelbaums hämmerte. Wenn Bodo wüsste, dass sie bewusst das hintere Gartentor offen ließ, damit der Rehbock aus dem angrenzenden Wald sich an ihren duftenden Edelrosen bedienen konnte, er würde sie für verrückt erklären. Sie stimmte das nur traurig, denn mit dem Reh würde es vorbei sein, sobald die Schonzeit vorbei war. Die Rosen wuchsen nach, die Rehe bald nicht mehr, sofern man ihnen den natürlichen Lebensraum nahm.

Mia war jedenfalls stolz darauf, dass sich die Tiere in ihrem Garten wohlfühlten. Das war ihr Beitrag zur Erhaltung der Natur, den Jägern wollte sie aber nicht in die Hände spielen. Sie würde sich deshalb dieses Jahr auf die Lauer legen und den Bock rechtzeitig warnen, musste dabei nur höllisch aufpassen, dass sie selbst keine Kugel abbekam.

»Dat haben wir gerne! Sitzt hier rum und heckt was aus!«

Mia erstarrte. Ihr Herz blieb kurz stehen, bis es sich wieder in den richtigen Takt gestolpert hatte.

»Haste mal nen bissken Butter für mich?«

»Röschen! Hast du mich erschreckt!«

Ihre Nachbarin hieß eigentlich Annerose. Beide Namen passten nicht so recht zu der 93-Jährigen, die im Laufe ihres langen Lebens zwar geschrumpft, aber dafür in die Breite gegangen war. Sie wirkte quadratisch, praktisch, gut – wobei das *gut* nicht immer zutraf. Sie war misstrauisch und geizig, zudem eine Meisterin im Recyceln, aber wohl eher die ungekrönte Messie-Königin in Vennikel. Sie konnte alles gebrauchen, wenn nicht jetzt, dann irgendwann einmal.

Na gut, das sollte Mia egal sein, es war ja nicht ihr Leben. Was sie aber bei Röschen schier verrückt machte, war, dass sie sich immer anschlich. Immer kam sie von hinten durch den Garten. Mehrmals hatte sie, anstatt des Rehbocks, Röschen durch das Fernglas erspäht und sie dabei erwischt, wie sie sich am Schuppen und im Unterstand herumtrieb. Dabei hatte sie ein breites und zufriedenes Grinsen im Gesicht. Sicher suchte sie nach irgendwelchen Gegenständen, die sie gut gebrauchen konnte. Wehe! Das sollte sie mal wagen, etwas mitzunehmen, dann war Schluss mit lustig!

Mia lief der Nachbarin hinterher, die auf direktem Weg in die Küche war.

Ruckartig drehte Röschen sich um.

Mia zuckte zusammen.

»Meine Güte, bist du heute schreckhaft. Ich tu dir doch nix. Dat schlechte Gewissen erschreckt dich, Mia.«

Mia öffnete zögernd und nur ein wenig den Kühlschrank.

Röschen spinzte seitlich an ihr vorbei. »Ach, ja … ich seh et gerade … ein Paket Eier könnt ich auch gebrauchen … und den durchwachsenen Speck da hinten. Dat gibt ein lecker Rührei.« Sie hielt ihre Schürze auf und schaute, als fielen Sterntaler vom Himmel.

Eigentlich war sie ja unverschämt, aber irgendwie hatte Mia auch Mitleid mit der alten Frau, die sich völlig alleine durch ihr Leben schlug.

Sie wurde nachdenklich. Wenn die alte Nachbarin das Zeitliche segnete, was würde wohl aus dem Einfamilienhaus werden? Soweit Mia informiert war, hatte Röschen keinen Kontakt mehr zu ihren vier Töchtern, die alle im Ausland lebten, und selbst wenn, sie würden sich bestimmt nicht um das Haus reißen. Diejenige, die es bekäme, müsste die anderen ausbezahlen und außerdem Geld für die Instandsetzung aufbringen.

Zwar war es in den 80er Jahren umgebaut worden, aber man munkelte, dass Röschen plötzlich die finanziellen Mittel ausgegangen seien. Davon zeugten auch das reparaturbedürftige Dach und fugenlose Backsteingemäuer.

Mia war 1986 zum ersten Mal über die unendlich lang scheinende Hofeinfahrt gefahren, weil sie sich als neue Nachbarin vorstellen wollte. Sie war mitten in den Streit mit einem Handwerker – oder war es der Architekt? – geraten. Röschens giftversprühende Augen und die Mistgabel in ihrer Hand, mit der sie drohte, ließen sie die Flucht ergreifen. Von solchen Leuten sollte man sich besser fernhalten. Das wiederum war ihr nicht schwergefallen, denn damals begleitete sie sowieso Bodo auf seinen Reisen und war selten zu Hause.

Glücklicherweise hatte sich Röschen später doch als überwiegend friedfertige Person entpuppt – wenn man sie nicht provozierte. Wie auch immer, Röschens Haus alterte nun vor sich hin, so wie die Besitzerin.

Bevor es zu spät sein würde und Mia es womöglich bereute, sie nicht einmal in ihrem Haus besucht zu haben, sagte sie: »Röschen, du hast immer noch keinen Kaffee gegeben, und ich habe dein Haus noch nie von innen gesehen. Sollen wir das heute mal nachholen?«

Röschen strahlte, was jede noch so kleine Falte zur Furche werden ließ. »Eine gute Idee … nur, also, hm … hast du noch ein Paketchen Kaffee und ein Tütchen Milch … eventuell auch ein paar Stückchen Kuchen … zu verleihen?«

Schließlich nahm jede einen Henkel der großen Tasche voller Lebensmittel, und so zogen sie gemeinsam zu Röschens Grundstück. Nach zirka einhundert Metern erreichten sie den verwunschenen Garten. Armdicke Brombeerranken hatten den Weg mit den vermoosten Platten eingenommen und zwangen die beiden Frauen, Slalom zu gehen. Sie wichen auf den mit Buchsbaumhecken umsäumten Kreuzweg aus, in dessen Rondell ein alter Brunnen stand. Hier hatten sich Kletterrosen in ihrer dunkelroten Schönheit entlang der Überdachung gehangelt und den Blick versperrt, so als dürfe niemand in den alten Steinbrunnen hineinsehen.

Als sie das Haus erreicht hatten, erschrak Mia. Fenster, Tür und Dach waren so schief, als stünde das Haus kurz vor dem Zusammenbruch.

Röschen war Mias Blicken gefolgt. »Dat war der Architekt. Der sollte sich kümmern. Hatter alles durchgehen lassen, bei den Handwerkern. Im Haus zieht et überall. Nichts passt ineinander und zueinander.« Sie drückte die Klinke herunter und warf sich mit der Schulter gegen die Tür. Die Angeln überquietschten ihr Ächzen. Normalerweise hätte Mia solch ein Haus nur mit Bauhelm betreten, aber da hatte Röschen sie auch schon in den Flur geschoben und die Tür hinter ihr zugeschlagen. Wie sollte sie jemals wieder herauskommen? Mit einem Stemmeisen?

»Fühl dich hier wie zu Hause«, sagte Röschen in den Flur und hustete inbrünstig. Sie trat gegen eine im Weg stehende leere Plastikflasche, die von der Wand abprallte. Mia, die nicht länger als nötig in diesem Bau verbringen wollte, hob die Flasche auf. »Sag mal, was wurde denn beim letzten Umbau alles gemacht?«, fragte sie und verkniff sich das Lachen.

»Na, dat war doch der Ärger. Deswegen funktioniert hier doch nichts.« Röschen humpelte zu der braun-weiß melierten Kaffeemaschine. Beim schwungvollen Aufklappen des Filters flog dieser drei Küchenschränke weiter und blieb in einer Schüssel auf einem Rest Kartoffelpüree liegen. Sie fummelte den Filter wieder in die Maschine und knüllte ein Stück weißen Feinrippstoff hinein, das sie fertigzugeschnitten aus der Schublade holte und an den Kanten umschlug. Mia wollte jetzt nicht wissen woher er stammte, sondern nur, ob das wirklich funktionierte. Sie beugte sich nach vorne.

»Ist billiger als diese dämlichen Papierfilter, die sowieso immer umknicken«, strahlte Röschen. »Meine Erfindung.«

Das Aufschneiden der Kaffeepackung mit der Schere zelebrierte sie wie eine Autobahnfreigabe. »Früher hatten wir ja nur Muckefuck.« Sie steckte ihre knubbelige Nase in die Tüte und schnüffelte. An ihrer Nasenspitze blieb Kaffeemehl haften.

»Für mich bitte nur Wasser«, sagte Mia schnell. Sie nahm zwei Teller von der Anrichte, die ihr sauber vorkamen. »Und ein Stück Kuchen.« Der stammte schließlich aus ihren eigenen Vorräten.

Röschen war anscheinend das Kaffeearoma zu Kopf gestiegen. Übereifrig fuchtelte sie mit ihren kurzen stämmigen Armen durch die Gegend, fluchte und zeigte auf die Schadstellen in der Küche. »Siehst du das und das und das?«

»Was? Was? Was?«

»Den Knöterich da oben links an Wand und Decke? Siehst du ihn?«

Mia nickte. »Wer das mag. Ist Geschmackssache. Ich hätte dafür kein Loch in die Wand gehauen.«

Röschen schnappte nach Luft und atmete mit einem »Habbich auch nicht« wieder kräftig aus. »Der Architekt is et schuld, dieser Krömm. Klaus Krömm, junger Schnösel. Der konnte nur gut aussehen. Sonst nix. Ein Frauenhinterherschauer. Alle Frauen aus dem Ort sind schon auf den reingefallen. Nein, nein, der Knöterich ist von alleine gekommen, von draußen, weil dat Dach doch nich … Der hat sich stickum an der Hauswand hochgeschlichen, der Knöterich, und durch den Spalt gezwängt … und hier, siehste am Boden, den Hubbel? Is nur praktisch, wenn man Wasser in der Küche stehen hat, bei Schlagregen. An der Stelle kommt et schon mal nich weiter. Von wegen, neuer Estrich muss her. Ha! Dat habbich jetzt davon. Hatter sich auch nich drum gekümmert, sollte er aber, wie bei den Fenstern, der feine studierte Herr … und da, die Balken. Von wegen ›dringend neues Dach‹. Die Löcher für die Balken sind zu groß, sagt auch der Rosen Willi. Aber niemand will et machen. Alle Dachdecker haben Schiss auf dat Dach zu gehen. Wenn mein Heinz noch leben würde, der würdet machen und wenn et dat Letzte wär, wat er machen würde. Jetzt muss alles neu, alles – aber jetzt habbich kein Geld mehr, verstehse?«

Mia schüttelte den Kopf. »Pfusch am Bau nennt man sowas. Dem Architekten, dem Herrn Krömm hätte ich aber Feuer unterm Hintern gemacht, damit er die Handwerker heranpfeift«, meinte Mia. »Was hat er denn dazu gesagt?«

»Nichts.«

»Wie, nichts?«

»Er sagte, das Haus ist alt und verbaut. Daraus könne er keine Luxusvilla machen, wenn ich nicht tief in die Tasche greife oder alles abreißen und neu aufbauen lasse. Den Handwerkern dürfe man außerdem nicht reinreden, sondern ich sollte dankbar sein, welche bekommen zu haben.« Röschen holte tief Luft, ihre Lunge pfiff dabei. »Zur Versöhnung hat er mir dann überall Knöterich hingepflanzt, weil der so schnell wächst. In ein paar Jahren sieht man nix mehr, sind alle Löcher dicht, meinte der. Der heißt ja auch *Architektentrost* – also der Knöterich – und dat er dat nich pflanzen müsste und dat er dat aber dennoch macht und aus der eigenen Tasche bezahlt. Nur soll ich dann auch endlich still sein, sonst würd er mich belangen, weil doch der Heinz die Grenzsteine von unserem Grundstück versetzt hätte. Heinz war immer schon großzügig.

»Das ist allerhand.«

»Was? Das mit Heinz? Sonst hätte ich ihn nicht geheiratet, wenn er nicht großzügig gewesen wäre.«

»Nein, das mit dem Architekten. Tja, da kann man wohl nichts mehr machen und nach dreißig Jahren erst recht nicht.«

»Genau. Jetz is et zu spät. Aber seine Strafe hat er bekommen.« Sie gluckste. »Dafür hat Rita schon gesorgt.«

»Rita?«

»Rita.«

Mia sagte sich, sie müsse Geduld haben mit alten Menschen. Sie würde auch einmal alt werden und wäre dann mit Sicherheit froh, wenn auch ihr Schafsgeduld entgegengebracht würde, aber dann hielt sie es nicht mehr aus: »Wer zum Himmel ist Rita?«

Röschen sah Mia erschrocken an. »So kenne ich dich ja gar nicht, Frau Magaloff. Du kannst ja auch wütend werden. Rita ist seine Freundin, wohnt ein paar Straßen weiter, nein, wohnte. Von ihr wurde mir der Architekt empfohlen, denn bei ihr hatte er auch einiges vermessen und entwickelt. Nach dem ganzen Drama mit mir bekam er auch Ärger mit ihr. Wenn ich jetzt so darüber nachdenke, mich hätte es auch wesentlich schlimmer mit ihm treffen können, wenn ich damals gewollt hätte.«

»Was gewollt hätte?«

»Muss ich dich erst noch aufklären? Na, das Eine gewollt hätte, aber was will ich mit so einem jungen Kerl wollen?«

»Und Rita?«

»Die hatte vorher schon gewollt und is schwanger geworden.«

»Und dann?«

»Ist er verschwunden.«

»Und sie hat das Kind alleine groß gezogen?«

»Soweit kam es erst gar nicht, weil sie ihn wiederhaben wollte.«

Mia raufte sich die Locken.

Röschen empörte sich: »Dat geht doch nich, dass eine Frau sich dazu zwingen lässt, ihr Kind, ich meine, so blind kann Liebe machen? Wäre mir nie eingefallen. Und dann isser tatsächlich wiedergekommen.«

»Wollte er um Verzeihung bitten?«

»Nein, seine Sachen wollte er. Hätte er nicht sagen sollen. Du hättest sie mal sehen sollen, wie sie an dem Tag so verheult bei mir auf dem Hof stand, mit der Schubkarre. Die konnte se kaum schieben, so schwer war die, und dat waren nicht nur die Wacholderzweige und der Knöterich mit den Wurzelballen, die sie in die Erde bringen wollte.« Röschen stemmte einen Arm in die Hüfte, dann fuhr sie fort: »Da wusste ich, warum sie danach gefragt hatte, wie schnell der Knöterich wächst. Verstehsse?«

Mia musste sich ganz schnell setzen.

Röschen setzte sich dazu, beugte sich rüber zur Eckbank und hob deren Sitz hoch. Sie wühlte im Staufach herum und fand das gesuchte

Gartenheft mit dem Lesezeichen erstaunlicherweise sofort. Sie hielt sich die Seite dicht an die Augen und las: »Hier, Starker Schlinger. Wuchsfreudigste Kletterpflanze. Bis acht Meter Triebzuwachs pro Jahr. Beachtliche Stammbildung. Umschlingt alles, was ihm im Weg steht. Dichte Laubmatten, oft überhängender, schleppenartiger Wuchs.«

Mia sah Röschen an. Sie hatte denselben Gesichtsausdruck, den sie viele Male durch das Fernglas beobachtet hatte.

»Er lag also auf der Schubkarre?«

»Ich hab nichts gesagt.«

»Aber gemeint.«

»Aber nicht gesagt.«

»Und? Was hat sie mit ihm gemacht?«

»Mehr sage ich nicht. Willste nicht doch einen Kaffee?«

»Röschen? Was hast du andauernd bei mir im Schuppen zu suchen gehabt? Leugne es nicht. Ich habe dich beobachtet.«

»Ich? Schuppen? Wie kommst du darauf?« Ihre Gesichtsfarbe wechselte von Blassrosa auf Rot. »Ich … ich habe nur deine Gartengeräte bestaunt und …«

»Und?«

»Und deinen Rasenmäher. Habe dich schon lange nicht mehr mähen sehen.«

»Die Saison hat gerade mal begonnen.«

»Wie viele Pferde ersetzt der?«

»Keine Ahnung. Pferde weiß ich nicht, vielleicht zehn Schafe. Röschen! Lenk nicht ab! Was hast du immer im Schuppen zu suchen gehabt?«

Röschen stand auf. »Ach, die Milch fehlt.«

»Gut, wenn du es mir nicht sagen willst«, rief Mia hinter ihr her, »dann gehe ich eben selbst schauen.«

»Mach das nicht! Ich meine, da gibt es nichts zu gucken.« Röschen hielt sich die Hände vor den gekräuselten Mund.«

»Wenn du es sagst, aber davon muss ich mich erst selbst überzeugen. Kannst ja hier bleiben.«

»Ich komme mit.«

»Nur keine Mühen. Ich kenne mich auf meinem Grundstück aus.«

»Aber …«

Mia zog schnellen Schrittes los und ging, so wie Röschen es immer tat, von hinten durch ihren Garten. Das Tor stand offen, die gelbe

Schuppentür war geschlossen. Nichts Auffälliges also. Mia ruckte an der Tür, die dringend ein paar Tropfen Öl für die Scharniere brauchte. Es rumste. Ein Weidenkorb kam ihr entgegengeflogen, dessen Geflecht ihr das Gesicht verkratzte.

Da kam auch schon Röschen um die Ecke, die nicht bemerkt hatte, dass Mia schon am Schuppen stand. Sie schlug die entgegengesetzte Richtung ein. Mia schlich hinter ihr her. Vor der Rückwand des Unterstandes blieb Röschen stehen. Aus allen Ritzen der holzgeflochtenen Trennwände wucherte Knöterich, so dass bald nichts mehr von den Holzwänden zu sehen war. Mia konnte sich nicht erinnern, hier diesen Schlinger gesetzt zu haben.

»Hier bin ich«, sagte Mia.

Röschen erschreckte sich fast zu Tode.

»Das schlechte Gewissen, Röschen, das schlechte Gewissen ist das.«

Röschen nickte.

»Was gibt es denn da zu sehen? Lass mich mal …«

Röschen schrie auf und hielt sie am Ärmel fest. »Bleib hier, wat willst du denn da? Da gibbet nix zu gucken.«

»Das will ich sehen.« Mia quetschte sich an den angelehnten ausrangierten Türen vorbei und kam endlich zu der Stelle, die sie sich ansehen wollte. Ihre alten Holzstühle mit dem Korbgeflecht lehnten davor. Wer hatte die dahin gestellt? Sie nicht. Die sollten restauriert werden und mussten trocken stehen.

Mia drehte sich um und schnappte nach Luft. »Röschen!«

Die alte Frau stand hinter ihr, drohte mit dem verrosteten Beil, das sie flink aus dem halb verrotteten Hackklotz gezogen haben musste.

»Nein, lass das! Der Griff ist locker«, rief Mia.

»Hör zu, du bringst mich nicht ins Gefängnis! Ich möchte in einem saftig grünen Garten sterben und nicht im Kittchen enden.« Sie war außer sich, rang nach Luft.

»Es gibt doch keinen Grund dafür, oder? Beruhige dich!«, sagte Mia.

»Nein, gibbet nicht. Ich war et nicht. Et war Rita, die hat et getan. Die hat den Krömm …« Röschen schluchzte, erholte sich aber schnell wieder. »Die hatte den auf der Schubkarre und der musste irgendwohin. Ritas Garten war zu klein und sie wär sofort verdächtigt worden. Ich sach, Rita, verscharr den bei mir aufm Komposthaufen. Da is die Erde schön locker. Von den vielen Würmern habbich ihr nix erzählt, die war so schon blass genug. Doch dann war mir zu spät eingefallen, dass auch ich Streit mit Krömm hatte. Ja, sogar großen Streit. Hättich damals das hier gehabt …«, sie sah auf das Beil in ihrer Hand und hob es hoch, »… womöglich hätt ich … ja, womöglich hättich …«

Mia erstarrte.

»… zugeschlagen.« Röschen ließ das Eisen mit Wucht ins Leere sausen.

Mia löste sich aus ihrer Schockstarre und machte einen Satz nach vorne. Sie entriss Röschen das gefährliche Werkzeug, bevor Schlimmeres passierte, holte aus und warf es wie eine Hammerwerferin über den Zaun ins Maisfeld.

»Mia!«, keuchte Röschen, sie machte zwei Schritte zurück, stolperte über die Stühle, die zum Teil im Knöterich eingewachsen waren, und versuchte sich in ihrer Not daran festzuhalten, riss aber nur noch mehr vom Schlingengewächs heraus und stürzte.

»Röschen? Röschen!«

Sie rührte sich nicht.

Mia bekam Panik. Sämtliche Lebenszeichen waren aus Röschens altem Körper gewichen. Mia zog sie eilig an den Beinen vom Unterstand weg und legte sie im hohen Gras ab. Mia hatte das Gefühl, wie mit einer defekten Sauerstoffflasche zu atmen. Die letzte Luft verbrauchte sie für Wiederbelebungsversuche. Es war zwecklos. Erschöpft ließ Mia sich neben sie fallen.

Eine Ewigkeit später kam der von ihr mit dem Handy herbeigerufene Notarztwagen. Er stellte den Totenschein aus. *Altersschwäche – Herzversagen* trug er ein.

Viel später, als auch der Bestatter gefahren war, drängte es Mia, zu wissen, was es mit dieser Stelle in ihrem Unterstand auf sich hatte.

Mia zerrte am Knöterichgewusel, sah in die Zwischenräume und entdeckte mindestens zehn Raumsprayflaschen Duftmarke Jasmin, daneben lagen Knochen, die zusammengesetzt vermutlich ein menschliches Skelett ergeben würden, das vollständig rekonstruiert sicher mal Klaus Krömm gewesen war. Mia bekam wieder Atemnot.

Deshalb hatte Röschen in regelmäßigen Abständen im Unterstand nach dem Rechten gesehen. Sie hatte wissen wollen, wie weit der Knöterich alles umschlungen, verschlungen hatte, und zum anderen, um zumindest in der Anfangszeit kräftig einen halbwegs annehmbaren Duft zu versprühen. Wann, nur wann, hatten sie ihn hierher geschafft? War sie damals in China, in Amerika oder Australien gewesen? Eine dieser Fernreisen mussten sie ausgenutzt haben.

Einmal, ja einmal, hatte sie etwas gerochen, aber da dachte sie, der Verwesungsgeruch würde von einem verendeten Tier aus dem Wald kommen. Sie hatte zu diesem Zeitpunkt den Rehbock schon lange nicht mehr gesehen und das Schlimmste befürchtet.

Mia sank auf einen der verwitterten Stühle. Dort saß sie, bis die Dämmerung hereinbrach, und nun wusste sie, was sie zu tun hatte.

Sie holte ihren Strohhut, zog die Gartenschürze und -handschuhe an und angelte nach und nach die Überreste aus dem Schlingengewächs. Als sie den Schädel fand, stülpte sie ihm schnell ihren Hut über, damit er an Schrecken verlor, und legte ihn vorsichtig auf die Schubkarre zu den anderen Knochen. Anschließend schnitt sie große Äste vom Wachholder ab, mit denen sie alles bedeckte.

Den Weg zu Röschens Haus nahm Mia durch den Garten. Sie kam am Brunnen vorbei, überlegte kurz, fuhr mit der Karre dann aber weiter.

Nein, sie wollte ihn standesgemäß beisetzen. An der hinteren Hauswand blieb sie mit der Schubkarre stehen, dort wo sich das Schlingengewächs an dem fast fünf Meter breiten und mindestens ebenso hohen Hauswandgitter bis zur Dachrinne empor hangelte. Hier wollte sie ihn bestatten, zwischen dem Knöterich. Dem Architektentrost.

Knöterich-Pflanztipp

Sollten Sie jemals krumme Hauswände, defekte Laubendächer oder ein halb verrottetes Gewächshaus auf Ihrem Grundstück stehen haben, machen Sie sich keine Sorgen, denn es gibt ja ihn, den Knöterich. Ehe ihre Kinder oder Enkel groß sind, hat er alles vereinnahmt, was es in seiner Nähe zu vereinnahmen gibt. Die lieblichen Würgeranken entwickeln im Sommer weiße Blütenrispen, an denen sie lieber nicht riechen sollten.

Ansonsten reicht 1 Wurzelballen Knöterich für ein Haus, wenn Sie dreißig Jahre auf eine üppige Bewachsung warten können.

Ein neues Leben

Andrea schlich um Frank herum, wie die Katze um den heißen Brei.

Er beschwerte sich: »Sorry, aber könntest du bitte einen Schritt zur Seite treten?« Dabei sah er noch nicht einmal auf, war viel zu konzentriert auf seinen Versuchsaufbau, vermischte irgendwelche Substanzen, nur um sie anschließend wieder zu zentrifugieren.

»Jetzt läuft das Ding schon wieder!«, stöhnte Andrea. »Jede Nacht! Ich kann es bis ins Schlafzimmer hören. Wann ist endlich Schluss damit?«

Nie hätte sie damit einverstanden sein sollen, dass Frank sich den später mal als Kinderzimmer vorgesehenen Raum zum Labor einrichtete. Prompt hatte er alle Wände weiß gekachelt und graue Fliesen gelegt. Ihr Kinderwunsch schien dadurch in weite Ferne gerückt zu sein und dabei tickte ihre biologische Uhr immer lauter. Außerdem wusste sie nicht, was schlimmer war. Dieses Versuchslabor oder seine tausend raumgreifenden Dinge als Sammelwütiger.

»Seit zwei Wochen hockst du ständig in deinem Labor herum und schließt dich sogar ein. Du scheinst vergessen zu haben, dass ich auch noch da bin. Meinst du etwa, ich will den Rest meines Lebens damit verbringen, dass ich nebenan auf dich warte?«

Andrea appellierte an seine Vernunft: »Frank, so kann das nicht weitergehen. Merkst du das nicht von selbst?«

Keine basische Reaktion.

Andrea musste nachhelfen: »Nächste Woche fahre ich erst einmal mit Isabella für vierzehn Tage an den Gardasee, zum Ferienhaus. Muss nach dem Rechten sehen. Ich nehme an, du hast keine Zeit mitzukommen?«

Sie hatte diese Aussage vorsichtig als Frage intoniert und wartete gespannt auf seine Antwort.

»Genial!«

Gerade wollte sie sich freuen, da begriff sie, dass sich dieser Ausruf auf seine Versuchsanordnung bezog.

»Frank? Hast du mir überhaupt zugehört?« Argwöhnisch suchte sie seinen Blick, der jedoch an der Retorte klebte. »Du hast nichts kapiert!«, schrie sie ihn an.

»Klar doch! Isabella fährt für vierzehn Tage an den Bodensee«, murmelte er geistesabwesend vor sich hin.

»Hab ich's doch gewusst!« Sie konnte sich nicht länger zurückhalten, schlug mit der flachen Hand auf die Arbeitsplatte und wurde hysterisch: »Ich, Andrea, deine herzallerliebste Freundin, fahre mit Isabella für zwei Wochen zum Gardasee! Und der, mein Guter, liegt in Italien!«

Frank hielt schützend seine Hände über die Retorte, in der eine undefinierbare, wie Pudding aussehende Zähflüssigkeit bedrohlich zu zittern begann.

»Vorsicht! Das Zeug verträgt keine Erschütterungen. Ich muss es noch verbessern.«

»Und ich bin es satt! Du kannst mich mal! Dann mache ich eben Urlaub ohne dich!«

»Woher hast du das Geld?«, schreckte er plötzlich auf, als hätte man ihn unvermittelt in die Realität zurückgerissen.

»Von meiner Mutter! Sie hat mir vorzeitig mein Erbe ausgezahlt. Auch das Ferienhaus gehört jetzt mir. Das habe ich dir schon vor zwei Wochen erzählt, aber du hattest ja nichts Eiligeres zu tun, als dich in deinem Labor einzuschließen. Übrigens, wenn du meinst, mich weiter für deine Chemiespinnereien anpumpen zu können, hast du dich getäuscht. Kümmere dich lieber um deinen *Doktor* ...«

Das letzte Wort betonte sie absichtlich abfällig, da er seit mehreren Jahren damit beschäftigt war. »Den hast du nämlich bitter nötig!«, schimpfte sie weiter. »Aber eher einen Dr. med.! Ich werde in Italien sicher genügend Zeit finden, gründlich über unsere Beziehung nachzudenken. Solltest du vielleicht auch einmal tun, wenn ich weg bin. Falls wir uns nicht mehr sehen werden: ›Auf Wiedersehen, Dr. Jekyll!‹«

Andrea warf die Labortür mit solch einer Wucht ins Schloss, dass der Kalk nur so von den Wänden rieselte.

Frank brach der Schweiß aus. Mit bebenden Händen hielt er die Retorte fest und die Luft an.

Die folgenden Wochen verliefen sehr ruhig, für beide an getrennten Orten, und bescherten ihnen völlig neue Erfahrungen und Erkenntnisse. Frank hatte erstmals ungestört Zeit, sich in aller Ruhe seinen Versuchen zu widmen. Tag und Nacht experimentierte er mit nur gelegentlichen Unterbrechungen, nämlich dann, wenn der Magen mit lautem Knurren nach Nahrung verlangte. Immer wieder dachte er in diesen Pausen an Andrea, öfters als sie glaubte.

Andrea genoss derweil die Stille und Ruhe, das Zusammensein mit ihrer besten Freundin. Außer in den seltenen, aber mit der Zeit immer schwerer zu verdrängenden Momenten, in denen sie sich ernsthafte Sorgen um ihr Leben nach dem Urlaub machte.

»Warum hast du dich noch nicht von diesem Idioten getrennt?«

Isabella, überzeugter Single und Männern im Allgemeinen nicht sehr zugeneigt, konnte sie nicht verstehen. Andrea wusste es selbst nicht. Sie räkelten sich oben ohne am Privatstrand in der italienischen Sommersonne und genossen das wunderbare Klima des Gardasees. Das Ferienhaus war einfach traumhaft. Seit ihrer Jugendzeit war Andrea nicht mehr hier gewesen, und nun war sie ihrer Mutter unendlich dankbar dafür, es damals nicht verkauft zu haben.

»Andrea? Was ist los? Träumst du?«, fragte Isabella.

Sie seufzte. »Ach, ich will jetzt nicht über Frank reden. Lass uns lieber die Zeit genießen. Bald müssen wir schon wieder nach Deutschland zurück.« Sie zupfte ihre Bikinihose zurecht. »Cremst du mir den Rücken ein?« Diesmal hatte sie an die Sonnencreme gedacht, die sie von zu Hause mitgebracht hatte.

Das ließ sich Isabella nicht zweimal sagen. Auf eine solche Aufforderung hatte sie nur gewartet. Die ganze Zeit über schon hatte sie den verlockenden Körper ihrer Freundin begutachtet, während diese sich mit geschlossenen Augen sonnte. »Sehr gerne«, schnurrte sie.

Neidvoll betrachtete sie ihre Freundin von oben bis unten. Nicht nur Andreas inneren Werte stimmten, sondern auch die äußeren. Die langen dunklen Haare, die tiefgründigen haselnussbraunen Augen, das ebenmäßige Gesicht, die festen Brüste … Frank musste blind sein, dass er sich das entgehen ließ. Er verpasste einen schlanken, mittlerweile braungebrannten Luxuskörper, der Isabella erregte, als sie begann, verträumt die samtweiche Haut zu streicheln.

»Warte!« Andrea blickte sie verwundert an. »Ohne Sonnencreme wirst du damit wenig Erfolg haben. Außerdem muss ich mich erst umdrehen!«

Sie lachten.

»So ist es auch schön«, sagte Isabella. »Du weißt doch: Wahre Liebe gibt es nur unter Frauen!« Dabei meinte sie es ernster als Andrea es in dem Moment auffasste.

Andrea reichte ihr schmunzelnd die Flasche Sonnenmilch ohne Etikett. Kurz wurde sie wehmütig. »Die ist von Frank. Er meinte, er stelle auch nützliche Dinge in seinem Labor her. Die Lotion soll einen hohen Lichtschutzfaktor haben und einen dennoch schnell braun werden lassen.«

Isabella drehte den Schraubverschluss ab und roch an der Flasche. »Hmmm ... riecht nach deinem teuren Parfum.«

»So ein Schuft. Deshalb war der Flakon fast leer.«

Die Freundin malte ihr mit der Sonnenmilch ein riesiges Herz auf den Rücken und begann die Milch zu verteilen.

Andrea schrie: »Wisch das weg! Das brennt wie Feuer! Wisch das weg!«

Auch Isabellas Hände waren feuerrot geworden und juckten plötzlich fürchterlich. Sie nahm ihr T-Shirt und putzte sich ihre Hände und dann sofort Andrea die teuflische Lotion vom Rücken ab. Zurück blieb das krebsrote Herz, das sich immer tiefer einzubrennen schien. Schnell nahm sie Andrea bei der Hand, zog sie hoch und lief mit ihr in den See, wo das Wasser die ätzende Flüssigkeit kühlend verdünnte und der Schmerz langsam nachließ.

Die letzte Woche verging wie im Zeitraffer. Zumindest kam es ihnen so vor. Die Sonnenmilch war entsorgt, der Vorfall vergessen, die Haut geheilt. Zahlreiche Ausflüge ins Landesinnere ließen Andrea und Isabella zu übermütigen jungen Mädchen werden, die zum ersten Mal von zu Hause fort waren.

Am letzten Urlaubstag fuhren sie nach Verona, um shoppen zu gehen und sich mit ein paar Köstlichkeiten für ihre private Abschiedsfeier einzudecken.

Der Abend war berauschend. Wie ein dunkelroter Feuerball schien die Sonne langsam im Meer zu versinken. Die Luft war lau und duftete betörend nach Lavendel und anderen Blüten und Kräutern. Verträumt und eng aneinandergeschmiegt saßen Andrea und Isabella auf dem noch warmen Sandstrand, direkt am Meer, und beobachteten das rhythmische Auf und Ab der mit weißen Schaumkronen bedeckten Wellen. Auch in ihrem Inneren schwappten Wellen über und wie selbstverständlich fanden sich ihre Hände.

Isabella legte ihren Arm um Andrea und küsste sie auf die Schulter. Eine klitzekleine Träne der Rührung schlich sich aus dem Augenwinkel. Andrea reichte ihrer Freundin das Rotweinglas.

»Auf unseren phänomenalen Urlaub! Es war sehr schön mit dir! Ich wünschte, dieser Augenblick würde uns für immer gefangen halten!« Sie räusperte sich und wirkte plötzlich bedrückt: »Ferien, die nie zu Ende gehen dürften.«

»Müssen sie es denn?«, fragte Isabella. »Hey! Wie wäre es, wenn wir einfach hier bleiben?« Sie beugte sich zu Andrea, um ihre Reaktion besser sehen zu können. »Ich habe noch ein dickes Sparbuch und zu Hause wartet sowieso niemand auf mich.«

Andrea schaltete. »Aber auf mich. Was ist mit Frank?«

»Ach, vergiss Frank. Dem bist du sowieso gleichgültig«, sagte Isabella.

Andrea blieb zunächst skeptisch, dann aber erhellte sich ihr Gesicht. »Du hast recht, warum eigentlich nicht? Zumindest könnten wir erst einmal den Urlaub um eine Woche verlängern.« Ihr Plan stand plötzlich fest. »Ja, genau! Danach fliegen wir zurück nach Deutschland, brechen dort unsere Zelte ab und wandern aus. Geld spielt keine Rolle. Ich habe genug davon, bis wir Fuß gefasst haben«, sagte sie bestimmt.

Isabella wusste auch schon wie und spann den Faden weiter: »Du könntest malen, ich Handtaschen flechten, und wir könnten in den Tag hinein leben und lieben. Dolce Vita!« Begeistert hielt sie Andrea das Glas entgegen. »In der Übergangszeit wohnst du solange bei mir. Stoß an, dann ist es beschlossene Sache!«

Sie ließen die Weingläser klingen und tranken auf ex.

»Du hast wie immer die besten Ideen, Isabella!«, flüsterte Andrea ihr ins Ohr und drückte sie heftig: »Ich liebe dich!«

Für Isabella klang es diesmal nicht wie eine Liebeserklärung unter Freundinnen. Nein, da war mehr, das ging tiefer. Sie war erleichtert, dass sie endlich dem Ausdruck verliehen hatte, was sie selbst seit mehreren Tagen fühlte. »Ich dich auch!«, flüsterte sie kaum wahrnehmbar. Nachdem sie sich eine Weile tief in die Augen geblickt hatten, küssten sie sich innig.

»Wir fangen ein neues Leben an!«, rief Andrea mit ausgestreckten Armen dem Himmel entgegen. Dann etwas weniger euphorisch: »Gleich morgen schreibe ich Frank eine SMS, dass er meine persönlichen Sachen zu dir schicken soll. Nur das Nötigste. Ich schreibe, dass ich jemanden kennengelernt habe, dann lässt er mich wenigstens in Ruhe und kreuzt nicht bei dir auf.« Sie überlegte angestrengt weiter. »Das mit dem Kennenlernen stimmt ja auch. Ich habe dich nun richtig kennengelernt, Isabella. Isabella, meine Busenfreundin – im doppelten Sinne.« Sie strich ihr zärtlich über die Wange. »Und vor allem bin ich endlich bereit, ich selbst zu sein.«

»Andrea, du bist himmlisch!«, strahlte Isabella, wartete eine bedeutungsvolle Sekunde, zog ihre Freundin leidenschaftlich an sich und im nächsten Moment wälzten sich die beiden im warmen Sand. Schnell waren die Bikinioberteile und Strandtücher abgestreift, und der mittlerweile ausgedehnte Rotweinkonsum ließ sie alle bisherigen Hemmungen vergessen, in dieser betörenden Nacht am Strand.

»Dieser Schuft! Jetzt sind es bereits drei Wochen her, und Frank hat immer noch nichts von sich hören lassen. Kein Päckchen, kein Brief – nichts! Was der sich wohl einbildet? Ich hätte gerne meine Sachen – zumindest meine Lieblingsstücke«, wetterte Andrea am Frühstückstisch bei ihrer Freundin.

»Ruf ihn an!«, empfahl Isabella, »und frag nach, was er sich dabei denkt.«

»Eigentlich will ich nicht mit ihm reden. Aber du hast recht. Was soll's.« Sie griff zum Hörer und wählte. Sie ließ es acht-, neun-, zehnmal klingeln, aber niemand hob ab. »Er ist bestimmt wieder in seinem Scheißlabor und hört das Telefon nicht.« Andrea konnte nicht anders. Sie musste sich aufregen. Nach einer halben Stunde und mehreren Tassen Kaffee probierte sie es abermals – nichts, keine Reaktion.

»Wir könnten gemeinsam zur Wohnung fahren«, meinte Isabella.

»Nein, wir fragen meine Mutter, ob sie mal nach dem Rechten schauen kann«, sagte Andrea. Ihre Mutter wusste mittlerweile von ihrem Vorhaben, schon bald für immer in Italien leben zu wollen. Sie hatte versprochen, sie dort besuchen zu kommen.

Andreas Mutter hatte den Wohnungsschlüssel abgeholt und wollte sich sofort melden, nachdem sie mit Frank gesprochen hatte und im Besitz der Kleidung war. Auf sie war wenigstens Verlass. Andrea liebte sie sehr und das mit ihrer Sinneswandlung, was Frauen anbelangte, würde sie tolerieren, da war sie sich ganz sicher.

Am Abend ertönte nicht das Telefon, sondern der Türgong. Andrea lief zur Tür, riss sie auf und wollte ihrer Mutter um den Hals fallen. Stattdessen stieß sie gegen ein Geschenkpaket, das Frank in den Händen hielt.

»Frank! Was machst du denn hier?« Etwas Blöderes fiel ihr im Moment nicht ein.

Isabella schüttelte nur fassungslos den Kopf.

»Ich bin gekommen, um dich mit nach Hause zu nehmen – wo du hingehörst!« In seiner Stimme lag Bedrohung.

Isabella stellte sich zwischen sie: »Da kommst du zu spät! Außerdem ist Andrea kein Hund, den man einfach mitnehmen kann.« Harmlose Sätze im Vergleich zu dem, was ihr sonst dazu einfiel. Aber sie wollte die Lage nicht eskalieren lassen. Zudem hielt sein Blick sie davon ab, mehr zu sagen.

»Scher dich vom Acker!«, schob sich Andrea wieder vor. »Ich will nichts mehr mit dir zu tun haben!«

Isabella strahlte, umarmte sie von hinten und küsste ihren Hals. »Andrea gehört jetzt zu mir«, fasste sie es in Worte.

»Ach, so ist das! Ihr seid Lesben geworden!«, fauchte Frank.

Das Telefon dudelte. Isabella ließ Andrea ungern mit ihm allein, ging schließlich doch ins Wohnzimmer zur Feststation, aber nur, um den lästigen Anrufer abzuwimmeln. Unterdessen hatte sich Frank beruhigt. Dennoch durfte er nicht hereinkommen.

»Das war doch ein Scherz, oder? Was ist, Andrea, kommst du mit?«, versuchte er es gezielter.

»Nein!«

»Wie du willst! Habe es mir schon gedacht.« Zorn bestimmte seine Mimik. »Hier. Nimm es – mein Abschiedsgeschenk für dich.« Frank streckte ihr das Paket entgegen. Andrea wollte ihm diesen letzten Gefallen tun und griff danach. Er lächelte zum ersten Mal.

Isabella riss es ihr aus der Hand. »Nein! Lauf weg!«, schrie sie.

Frank, der es sehr eilig hatte, war bis zum Treppenabsatz gekommen. Er drehte sich blitzartig um, sah das Paket auf sich zukommen und wollte es fangen. Die Tür knallte zu. Er erschrak und bückte sich. Das Paket flog über ihn hinweg – es prallte auf die Betonkanten der Stufen, einmal, zweimal, dreimal … Woooooooommmmmm!!!

Andrea und Isabella saßen zitternd auf der Couch und hielten sich aneinander fest.

»Woher wusstest du …?«, japste Andrea.

»Der Anrufer. Es war deine Mutter. Sie war in Franks Wohnung gegangen, nachdem ihr nicht geöffnet worden war.«

Isabella holte tief Luft.

»Im Labor fand sie dann seine Versuchsaufzeichnungen, die betitelt waren: 1. Versuch: *Creme Revanche* – Lichtfaktor ätzend gut (Lotion) und 2. Versuch: *Never come back* – Abschiedsgeschenk für Andrea (zähflüssig). Daneben lag deine Lebensversicherungs-Police.«

Andrea schluckte schwer: »Der Pudding verträgt keine Erschütterungen.«

»Was?«, fragte Isabella.

»Schon gut. Wir fangen ein neues Leben an!«

»Ich rufe erst einmal die Polizei.«

Punkteabzug

»I must go to Wexford«, sagte Milena dem plötzlich breit grinsenden Taxifahrer am Dubliner Airport.

Kurz zögerte sie, ob es nicht zu weit für eine Taxifahrt sei, aber dann war ihr die Entfernung egal. Sie wollte einfach nur schnell ankommen.

Der Fahrer nahm ihr das Gepäck aus der Hand und verstaute es im Kofferraum, während er im feinsten irischen Englisch zu ihr sprach.

»Sorry?«, fragte Milena.

Er kam mit seinem Oberkörper aus dem Kofferraum hervor und wiederholte: »Först ei wante too dreif homm, ites onn thä waiy. Is dis okay?«

Homm? So nannten sie hier bestimmt die Tankstellen. Milena stimmte mit einem Nicken zu.

Der Taxifahrer hielt ihr freudig die linke Tür auf.

Sie schüttelte den Kopf: »Nee, fahren Sie mal lieber. Ich kenne den Weg nicht.«

»Sorry?«

Milena sah auf das Armaturenbrett. »It's okay.«

Nach zehn Minuten Fahrt machten sie einen Zwischenstopp.

Was hat er denn da in der Hand, dachte sie, als der Taxifahrer zurück aus seinem *Home* kam. Na, das nannte sie einen Bordservice. Er hielt eine Thermoskanne und ein großes Lunchpaket in den Händen.

Während der langen, langen, langen Fahrt, an der sommerlichen Küste der Irischen See entlang, vorbei an Dun Laoghaire und Greystones, schwiegen sie beide. Der Fahrer, weil er stets den Mund voll hatte und zwischendurch Tee schlürfte, und sie, weil sie mit den Tränen kämpfte, wenn sie an Tom dachte. Sie sollte sich an etwas Schönes erinnern. Am besten an ihren Triumph vor drei Wochen, durch den sie jetzt hier in Irland war, um endlich zur Ruhe zu kommen. Angefangen hatte es mit dieser Kochsendung:

»So, ihr wisst Bescheid. Es ist gleich soweit. Auch heute senden wir wieder live. Also überlegt euch gut, was ihr sagt – oder besser nicht. So können wir die Einschaltquoten in die Höhe treiben. Wir beginnen mit der Szene am Tisch. Redet mal etwas Privates … und … Achtung … los.«

Sollten doch die anderen anfangen. Milena zupfte derweil an ihrem T-Shirt, das zwei Nummern zu eng war. Es machte zwar einen bombastischen Busen, ließ aber auch ihre Speckrollen hervorquellen. Sie musste dieses unsägliche Shirt mit der Potenzmittelwerbung tragen, weil es so im Vertrag stand. Ihr war es eigentlich egal, sie hatte sich den Dreh mit dem erst kürzlich gegründeten und ausschließlich durch Sponsoren finanzierten TV-Sender nicht entgehen lassen wollen. Schnellgerichte in Echtzeit kochen, war die Devise – was mit Geplauder überbrückt werden sollte. Heute war der vorletzte Drehtag der einwöchigen Kochsendung, in der fünf Personen reihum bei sich zu Hause ein Dinner zaubern mussten, das jeweils von den anderen bewertet wurde. Der mit den meisten Punkten landete auf dem ersten Platz und bekam das Preisgeld von 10.000 Euro. Dafür hätte sie sich sogar den Firmennamen des Sponsors mit Filzstift auf die Stirn schreiben lassen. Wenn sie gewann, wofür sie sorgen würde, wäre das ihr Startschuss für eine Reise nach Irland, ihr Land.

Heute waren sie bei Theo. Milena sah zum Weinglas. Es war schon wieder leer. Das hatte auch der Enge-Hosen-Träger Uwe, ihr Tischnachbar, bemerkt. Er strich sich erst über die schwarzgefärbten und mit Gel gebändigten Haare und zeigte dann mit seinem Nikotinfinger auf ihr Glas: »Gib Milena noch was zu trinken, Theo. Unsere Saufziege hat nichts mehr.«

Na warte, das wollte sie diesem Möchtegern-Elvis heimzahlen. Hatte der Schmalz in den Ohren? Das war live. Wie schnell und wie viel *er* trank, würde sie ab sofort beobachten und laut kundtun. Wenn sie dazu kam, denn nach jedem Glasabstellen schnulzte er ein *Love me tender* vor sich hin.

Milena war enttäuscht. In den vielen anderen Kochsendungen, zum Beispiel denen bei einem großen Privatsender, passten die am Dinner teilnehmenden Personen immer wunderbar zusammen und befreundeten sich sogar. Aber mit diesen Typen hier? Freundschaft? Nie im Leben. Abgesehen von Jamie, der Energische mit dem dunklen Kurzhaarschnitt und den Sommersprossen. Der Engländer, der sich später als Ire herausstellte, was ihn sofort sympathischer machte, auch wenn er keine roten Haare hatte, gefiel ihr sehr. Das war ein Wink des Schicksals, dass ausgerechnet ein Ire zu den Kandidaten zählte. Außerdem war er vernünftiger, jünger und attraktiver als die anderen drei alten Männer – und er war Single, wofür er insgeheim einen Bonuspunkt von ihr bekam. Es tröstete sie auch, dass sie die Jüngste am Tisch der Hobbyköche war, und das mit 43 Jahren. Überdies war sie mit Abstand die beste Köchin. Mit Abstand. Milena vergaß, dass ihr Glas leer war, setzte es an die Lippen und wieder ab.

»Theo, mach schnell! Milena dehydriert uns sonst noch«, spottete der Amateur-Elvis weiter.

Theo, der mit seiner Dauerwelle und der fülligen Statur etwas von Roberto Blanco hatte – nur in Weiß und im unsäglichen T-Shirt – stand erschrocken auf und bat ihn mit bebender Stimme darum, er möge selbst nachschenken, er müsse mal eben eine Katastrophe verhindern, und sauste ab in die Küche. Klarer Fall von »Nervenblank«, dachte Milena, während Elvis-Sänger Uwe die Flasche hochhielt und ihr mit einem hämischen Blick einschenkte. Das übergroße Weinglas, das sich durchaus als Aquarium für einen Goldfisch geeignet hätte, zitterte plötzlich in ihrer Hand. Zum einen, weil sie den Arm ausgestreckt hielt und es randgefüllt so schwer geworden war, zum anderen aus Wut, weil Schmalzlocke Uwe es extra so voll gemacht hatte. Oder warum hatte er nicht auf ihre vielen »Stopp« gehört? Er hielt drauf und wusste ganz genau, dass Milena das Glas nicht einfach so wegziehen konnte, ohne gleich die weiße Deko und die ebensolche Damasttischdecke zu versauen.

»Oh, du zitterst ja. Hört sicher gleich auf, wenn du schnell trinkst«, tönte der feiste Dreiste vor laufender Kamera. Die anderen wippten vor Lachen.

»Trink schnell, damit es aufhört«, meinte Caspar, den sie insgeheim nur Kasperle nannte, weil er generell keine eigene Meinung hatte und ewig nur das wiederholte, was andere sagten.

»Sag mal Milena …«, drängte Jamie. Wenn der jetzt auch noch anfing, würde sie ihm die Freundschaft kündigen. »Als wir gestern bei dir waren, hast du so rumgedruckst und meine Frage nicht beantwortet, ob du glücklich verheiratet bist. Bist du es jetzt oder nicht?« Er spitzte die Lippen, so als würde er sie küssen wollen, wenn die richtige Antwort käme.

Milena verschluckte sich, hustete und lief rot an. Sie hielt sich die steifgestärkte Stoffserviette vor den Mund. Der Kameramann schwenkte zum lauernden Jamie – Totale – dann wieder zurück zu Milena.

Sie drückte die Steilfalten auf ihrer Stirn ein Stück steiler. »Glücklich verheiratet?«, fragte sie laut in sich hinein.

»Ich meine, könntest du dir ein Leben mit einem anderen Mann vorstellen?«, bohrte er weiter und traf direkt in ihr Herz.

Eine gemeine Frage nach dem Streit mit Tom. Als er abends, nach ihrer Kochvorstellung, nach Hause gekommen war und das Schlachtfeld in seiner Küche gesehen hatte, probte er den Aufstand. Das war der bisherige Höhepunkt in ihrem Ehedrama gewesen. Das hatte ihr gereicht.

Milena, die die Kamera schon längst vergessen hatte, setzte ihr bittersüßes Lächeln auf, als sie Jamie die Frage beantwortete: »Also, wenn mein Mann nicht mehr da wäre … könnte ich es mir vorstellen. Am liebsten würde ich dann weit weg wohnen. Mit einem Iren in Irland zu leben, wäre mein absoluter Traum.« Nein, das war nicht gelogen.

»Hört, hört.« Ausnahmsweise verstand das Kasperle sofort. »Mit einem Iren in Irland leben, soso.«

Milena folgte seinem Blick und schaute direkt in die Kamera. Auweia.

Ein Assistent hielt ein schnell gekritzeltes Schild hoch: *OK. Erzählt weiter. Nicht die T-Shirts verdecken.*

Die Runde setzte sich stocksteif hin, drückte die Brust raus und verstummte. Sie besahen sich die leeren Platzteller und die Deko, weil Theo noch immer in der Küche mit den Töpfen klapperte.

Milena überfiel Müdigkeit. Sie hatte letzte Nacht kaum schlafen können. Immer wieder waren ihre Gedanken um den morgigen Entscheidungstag gekreist und wie sie es am besten anstellen könnte, damit sie gewann. Das ging nur über die Punktezahl. Die gaben sie täglich, mit einem kurzen Statement, heimlich ab. Das Gesamtergebnis erfuhren sie erst am letzten Abend. Während ihr alle anderen, den Andeutungen nach, wohlwollende Punkte an ihrem Kochtag gegeben hatten, war sie taktisch vorgegangen und hatte bei den Männern die Gänge immer kritisiert und schlechter bewertet als sie in Wirklichkeit waren. Niemand außer ihr durfte den ersten Platz belegen. Hoffentlich ging die Rechnung auf.

Theo brachte endlich sein Hauptgericht. Rinderfilets an Whiskeyrahmsoße. Natürlich mit irischem Whiskey, betonte er beim Servieren, der alte Schleimer. Dazu gab es bleistiftdünne Böhnchen im Parmaschinkenmantel und *Blue Salad Potatoes.* Dass sie ursprünglich aus Schottland kamen, verschwieg er wohlweislich. Die gefräßige Stille sprach für sich. Da stimmte einfach alles. Aber nicht mehr lange. Um später ihre geringe Punktevergabe den Zuschauern gegenüber nachvollziehbar zu machen, musste sie nun einen Trick anwenden. Milena nutzte die günstige Gelegenheit während einer regen Diskussion, ob der Bushmills Single Malt besser sei als der Clontarf Single Malt. Sie fuhr sich mit der Hand, an deren Mittelfinger ihr Modeschmuckring mit dem gefassten Glasbaustein saß, durch die Haare, riss sich so ein paar aus und faltete die Hände wie zum Gebet. Unauffällig zupfte sie zwei Haare vom Ring und ließ sie in die dunkle Whiskeysoße fallen, nur um sie kurz darauf, wie zufällig und sehr kamerawirksam, herauszufischen. Zwar hatte Theo halblange graue Haare und Milena dunkel gelockte, aber dafür waren sie raspelkurz. Das konnte leicht zu Verwechslungen des Herkunftsortes führen.

Aber Haare in einer Speise zu verstecken, war das eine, sie aus dem Essen wieder herauszuholen, das andere. So kam es, dass Milena beim Herausfischen und Hochhalten der gekräuselten dunklen Haare auf der Gabel an Theos Unterleib denken musste und die Phantasie mit ihr durchging. Sie hielt sich schnell die Hand vor den Mund und lief zur Toilette.

Ein Schild wurde hochgehalten: *OK. Geht los und erkundet die Zimmer.*

Milena hatte sich im Bad schnell erholt und glücklicherweise im Spiegelschrank eine noch verpackte Zahnbürste gefunden. Auf dem Weg zum Esszimmer kamen ihr Elvis und das Kasperle entgegen. Lautstark verkündeten sie, nacheinander, sich das Schlafzimmer ansehen zu wollen. Da folgten ihnen auch schon Kamera, Ton und Aufnahmeleiter. Milenas »Ach so« klang erleichtert.

Jamie nahm ihre Hand und zog sie in Richtung Keller, weil dort meistens eine Leiche versteckt sei, meinte er. Die vielen Räume, die miteinander verbunden waren, wirkten wie ein Tür-auf-Tür-zu-Theater.

Sie alberten herum, bis sie im letzten Kellerraum, ganz hinten in der Ecke einen Schrank sahen, der notdürftig mit einer Plane abgedeckt war. Sie rückten die davorstehenden Gartenstühle und Polster zur Seite. Hatte Theo etwas zu verbergen? Tatsächlich. Sie entdeckten seine Schürzensammlung, aber nicht nur das, ganz unten im Schrank hob Milena ein Zofenkostüm in XXXL vom Latex-Stapel. Hätte sie nicht erst kürzlich das Buch *Schmerzlust* gelesen und danach ein wenig im Internet recherchiert, würde sie vermuten, die Latexbodys seien Taucheranzüge und Theo habe heimlich eine sehr stabile Haushaltshilfe mit Hang zur Kostümierung – was wiederum einen Punkteabzug rechtfertigte. Jamie hingegen tat völlig ahnungslos, was die Sachen anging. Milena klärte ihn auf. Er hing an ihren Lippen. Mit jedem weiteren Satz glühten seine Wangen mehr, bis er schließlich seine Arme um sie legte und ihr einen zunächst zaghaften, dann immer innigeren Kuss gab, den sie leidenschaftlich erwiderte. Dabei rieben sie ihre Körper aneinander und versanken im Kleiderschrank auf dem Fetisch. Sie merkten nicht, wie die Tür aufging: Der Aufnahmeleiter hob den Daumen und strahlte.

Milena und Jamie setzten sich ein paar Minuten später wieder an den Tisch, als sei nichts geschehen. Alles ging seinen gewohnten Gang. Nach dem perfekten Dessert, das bei der Bewertung plötzlich leider viel zu salzig war, vergab sie später ihre Punkte. Erwartungsgemäß konnte sie, auch aufgrund der skandalösen Vorfälle mit der Soße, anstatt zehn leider, leider nur gutgemeinte vier Punkte für das Dinner geben. Sie schrieb es auf den Zettel und gab ihn ab.

»Was macht ihr eigentlich mit dem Preisgeld, falls es einer von euch morgen bekommen sollte?«, fragte Jamie in die Runde.

»Ich kaufe mir eine neue Küche«, sagte Theo.

»Ich lasse mir einen neuen Elvis-Anzug schneidern«, meinte Elvis.

»Ich lasse mir einen neuen Anzug schneidern«, sagte Kasperle.

»Ich … ich reise nach Irland. Möchte mir deine Heimat anschauen, Jamie, und unbedingt mal Hochseeangeln«, sagte Milena.

»Ich fahre auch nach Irland, zum Hochseeangeln«, switchte Kasperle, der plötzlich völlig ratlos wirkte, »oder ich kaufe mir eine neue Küche … oder …«

Theo räusperte sich, wohl um Gehör zu bekommen: »Und was machst du damit, Jamie? Überhaupt, was heißt hier, falls wir gewinnen? Du meinst wohl, du hast das Preisgeld sicher, was?« Sie sahen sich wie Kampfhähne an.

Milena grinste in sich hinein. Sie wusste, wer gewinnen würde: sie.

Jamie strahlte, er bewegte die Hände so, als fächere er imaginäre Geldscheine auf und wedele damit: »Ich werde ein Bistro eröffnen. *Bistro Paulpeasty* soll es heißen.«

Bis weit nach Mitternacht saßen sie zusammen, tranken und stritten. Die Kamera war längst aus. Sie diskutierten über die Vorteile einer Live-Sendung, einer Kochsendung in Echtzeit. Theo gab mit seinem Dreh in der perfekten Küche an, sagte, wie authentisch gut er gewesen sei, ahnte aber nicht, wohin das Kamerateam als nächstes gegangen war – zu Milena und Jamie in den Keller. Milena konnte nicht länger still sein. Aus Gehässigkeit deutete sie an, was sie vor der Kamera entdeckt, nicht aber, was sie gemacht hatten.

Jamie wandte sich ab und flüsterte Milena ins Ohr: »Lass gut sein. Kommst du gleich mit zu mir? Wir müssen reden.«

Natürlich war Milena mitgefahren, aber das Thema »Wie blamiert man sich am besten in einer Livesendung« war schnell abgehandelt, ihr Keller-Geknutsche war bereits ausgestrahlt worden. Außerdem hielten sie es nicht mehr aus, sich nur gegenüberzusitzen. Kurzum, Milena landete im Handumdrehen in seinem Bett und genoss ein irisches Dessert der allerfeinsten Sorte – mit Whiskey, ohne Kamera.

Mit einem genervten und müden »Hallo« begrüßte Milena morgens um vier ihren Mann, der im Halbdunkeln auf dem Ledersessel saß. Rundherum Totenstille.

»Ich habe mich tapfer geschlagen«, polterte ihr schlechtes Gewissen los. »Gut, dass morgen endlich die Entscheidung fällt und ich die Kerle nicht mehr wiedersehen muss. Du hast nichts verpasst, wenn du es nicht gesehen hast. Hast du doch nicht, oder?« Sie hoffte auch nicht, dass er es ihr ansah, wie tiefenentspannt sie war, oder er womöglich noch die Duschgelfrische roch.

Tom blieb stumm und stierte. War er etwa …? Traurigkeit und Begeisterung hielten sich die Waage. Auf alle Fälle würde es ihre Probleme schlagartig beenden.

Sie legte ein Ohr auf seine Brust, kam aber nicht dazu, in ihn zu horchen. Er stieß sie beiseite.

»Lass das!«, schrie er sie an. »Wo kommst du her? Was ist das?« Er tippte auf das Ticket auf dem Tisch.

Milena beantwortete lieber die unverfänglichere der beiden Fragen: »Das ist ein Flugticket. Da schau …« Sie tippte auf den Ort: »Irland.«

Tom fühlte sich zu Recht veräppelt. Das Ticketheft flog gegen ihre Brust. »Mit wem willst du fliegen?«

»Mit dir. Da steht dein Name. Tho…«, sie stoppte, wollte den Bogen nicht überspannen.

Flaute. So ganz ohne Wind in den Segeln. Fast bekam Tom einen versöhnlichen Gesichtsausdruck.

Milena hatte nicht gelogen. Sie hatte die Reise für Kurzentschlossene und für sie beide sehr günstig buchen können. Ihr war ja klar, dass sie das Rennen machen würde, warum hätte sie da zögern sollen? Zu dem Zeitpunkt hatte sie wirklich noch vorgehabt, Tom mitzunehmen. Es sollte seine Geburtstagsüberraschung werden. Sie wollte ihre Ehe neu beleben, ihn aus seiner Lethargie herausholen und sich selbst endlich mal wieder einen Urlaub gönnen … das war allerdings vor ihrer Nacht in einem fremden Bett gewesen. Jetzt würde sie am liebsten keine Geburtstage mehr mit Tom feiern, sondern viel lieber mit einem anderen Mann nach Irland fliegen und erst kurz vor der völligen körperlichen Erschöpfung das Zimmer des *Guesthouse* verlassen, damit er ihr auch noch ein wenig vom Land zeigen konnte, von seinem Land – Jamies Land.

»Du hast doch noch Urlaub und nächste Woche Geburtstag«, sagte sie schnell, um glaubwürdiger zu klingen, was die Tickets anging.

»Also gut. Aber nur, wenn wir uns dort gründlich aussprechen.«

»Worauf du dich verlassen kannst«, sagte Milena. Da wusste sie schon, dass sich ihre Wege nach Irland ganz bestimmt trennen würden.

»Hm … wir könnten uns schon ein wenig auf das Pensionszimmer einstimmen …« Er strich mit seinem Finger sanft an ihrem Hals entlang, Richtung Blusen-Reißverschluss. »Oder willst du erst unter die Dusche gehen?«

»Nicht nötig. Ich … ich meine, ich habe Kopfschmerzen. War ein anstrengender Tag heute.«

Am nächsten Mittag hatte Milena keinen Kater, sondern eine bengalische Raubkatze im Nacken sitzen. Das schlechte Gewissen gesellte sich dazu und versuchte ihr die Flausen mit Jamie aus dem Kopf zu hämmern. Ja, sie musste ihrer langjährigen Ehe eine Chance geben. Milena sah neben sich. Toms Betthälfte war unberührt. Er hatte gestern Abend wutentbrannt das Haus verlassen, nachdem er bei einem weiteren Liebesangriff schmerzhaft abgeblitzt war. Nie hätte sie gedacht, dass diese eine Woche ihr ganzes Leben durcheinander bringen könnte. Sie hatte jetzt einen Mann zu viel, nein, eigentlich einen zu wenig. Vergeblich suchte sie in der Wohnung, in der Garage, im Keller nach Tom. Kein Zettel, keine SMS, kein Anrufbeantworter-Gestammel. Das sah ihm absolut nicht ähnlich. Gerade in seiner größten Wut setzte er immer noch einen drauf. Milena brühte sich einen starken Kaffee auf und nahm die alte Filtertüte heraus. Als sie den Mülleimer aufklappte, sah sie obendrauf das zerrissene Ticket. Sie ging ins Wohnzimmer und entdeckte, dass der DVD-Player auf Pause stand. Sie spielte die DVD ab und sah ihre gestrige Kochsendung, die Tom wohl aufgezeichnet und sich nach ihrem Streit angesehen haben musste.

War das der endgültige Bruch? War sie jetzt frei für Jamie? Abwarten. Heute Abend musste sie erst einmal zu Jamie, zum letzten Drehtag für die Kochsendung. Preisverleihung. Mit dem Gewinngeld in der Tasche ließ es sich besser Entscheidungen treffen.

Jamie begrüßte die Kochgesinnten recht herzlich, küsste dabei nur Milena innig. Schräge Seitenblicke durch dunkle Sonnenbrillen trafen sie. Anscheinend hatten alle einen Kater. Der Gastgeber servierte einen ausgezeichneten Aperitif auf der Couch, auf der sie es letzte Nacht noch heftig mit ihm getrieben hatte, bevor sie im Schlafzimmer gelandet waren. Aber das war gestern und heute war die Preisverleihung. Schon jetzt dachte sie an die Punktevergabe und dass er höchstwahrscheinlich ihr gefährlichster Konkurrent war. Sie sollte sich schnell entscheiden, was zu machen war, damit es nicht so blieb. Geschäft und Vergnügen musste sie da deutlich trennen.

Milena schlich sich zu ihm in die Küche.

»Tom ist weg«, flüsterte sie Jamie ins Ohr, während die Männer sich auf Erkundungstour in den anderen Räumen befanden.

»Du musst nicht flüstern, die haben hier schon gedreht.« Er schnappte sich das Filetmesser und schnitt der letzten Makrele den Kopf ab. Dabei grinste er spöttisch. Nun schlitzte er ihr lächelnd den Bauch auf, wühlte mit den Fingern nach der Stelle, an der er die Innereien auf einmal packen konnte und flutschte mit blutigen Fingern wieder heraus. Das Gebröse schlug er über einer halbvollen Schüssel von den Händen und besah es sich – für Milenas ästhetisches Empfinden – viel zu lang.

»So, Tom ist verschwunden? Ist er?«, sagte Jamie langgezogen, wieder ganz bei sich. »Bist du nicht froh darüber?«, fragte er. Er bestrich auch diese Makrele von innen großzügig mit Senf, wobei das meiste davon auf dem bereits verschmierten Schnittbrett und der Arbeitsplatte landete. Das sah nicht mehr nach Senf aus.

Milena schluckte schwer. Schade, dass die anderen seine Matscherei nicht sehen konnten, das gäbe jede Menge Minuspunkte.

»Froh? Ich mache mir Sorgen. Er hat keine Nachricht hinterlassen. Macht er sonst aber …«

Beim ausgiebigen Wälzen der Fische in Mehl bekam Milena einen Erstickungsanfall, als hätte sie eine Staublunge. In ihrer Verkrampfung, mit nach vorne gebeugtem Oberkörper, stellte sie heimlich die Kochplatte unter der Fischpfanne höher und die Backofentemperatur kleiner. Bestenfalls würden die Fische verbrennen und die Schokoladentartes roh sein, wenn es ihm nicht auffiel.

»Ich wollte doch mit Tom nach Irland fliegen, zu dem *Guesthouse* fahren, das du mir empfohlen hattest«, lenkte sie weiter ab. »Er hatte sich so gefreut und dann fand ich auf einmal das zerrissene Ticket im Mülleimer und merkte, dass er sich die Aufzeichnung der Sendung angesehen hat.«

»Oh, dann war seine Freude bestimmt riesengroß.« Jamie probierte die Stachelbeersoße und verzog das Gesicht zu einer schadenfrohen Miene. Das lag sicher nicht nur an der gelungenen Soße.

Die Fische waren verbrannt, der Teig der Schokoladentörtchen matschig. Jamie musste wohl keine Zeit mehr gehabt haben, es in der Küche zu kontrollieren. Perfekt.

Alle Hobby-Starköche empfanden das Dinner als die reinste Zumutung, was sie beim Statement auch so sagten. Der Koch Jamie war kurz in der Küche und bekam es nicht mit, dass man ihm die Fähigkeit absprach, ein Bistro führen zu können, und gerade das war ja sein nahes Ziel.

Preisverleihung. Die Stimmung in der Kochrunde war zum Zerreißen gespannt. Auf dem Tisch stand die Cloche, unter der das Preisgeld von 10.000 Euro lag. Jamie hatte die ehrenvolle Aufgabe, die Briefumschläge zu verteilen, in denen sich die Punkte-Ergebnisse befanden. Zuerst öffnete Caspar seinen und zog die Zahl 24 hervor. Jamie atmete erleichtert auf. Letzter wurde er schon mal nicht. Sie hatten es ihm verziehen. Jetzt war er an der Reihe. Er zog die 23 heraus. Elvis-Uwe grinste siegessicher, bevor er seine 22 aus dem Umschlag zog. Theo hielt es nicht mehr aus und zückte die 21 hervor. Milena war stolz auf sich. Sie hatte es geschafft, er war sogar Letzter geworden! Das gönnte sie ihm, denn er hatte mit falschen Karten gespielt. Er hätte nicht in einem stillen Moment damit bei ihr angeben dürfen, dass er ein pensionierter Profikoch war. Vorbei seine Träume, diese Sendung als Sprungbrett für einen Wiedereinstieg zu nutzen, um es den jungen Wilden zu beweisen, dass er noch lange nicht zum alten Eisen gehörte. Und jetzt das. Diese Schmach war für ihn besonders schlecht auszuhalten, genauso wie für Elvis-Uwe, dass er keinen neuen Anzug bekam und in seinem verschnittenen Billigstrampelanzug den Elvis-Double-Contest antreten musste, der jetzt schon verloren war. Nur das Kasperle hatte wohl damit gerechnet, bei dieser Sendung nichts reißen zu können. Er saß relativ gefasst am Tisch und lauerte darauf, dass mal wieder jemand etwas sagte, damit er es nachplappern konnte.

Nun öffnete Milena den Umschlag. Ein aufgeregtes Prickeln überzog ihren ganzen Körper, sie zögerte es hinaus, wollte es bis zur letzten Sekunde auskosten. In Zeitlupe zog sie den Zettel mit der Punktezahl heraus. 30! Nur Jamie fiel Milena überschwänglich um den Hals. Sie bekam kaum noch Luft.

»Du hast mich auf den letzten Platz gebracht, du Schlange. Das waren nicht meine Haare«, brüllte Theo. Ohne Rücksicht auf Gesichtsverlust stand er auf und nestelte am Reißverschluss seiner Hose. »Ich kann es dir beweisen. Ich bin grau.« Der Verschluss klemmte.

Der Kameramann hielt drauf.

Mit hochrotem Kopf und nicht mehr Herr seiner Sinne zerrte er an der Hose, bis er vom verstörten Elvis ins Nebenzimmer gebracht wurde – zu seiner eigenen Sicherheit. Milena musste machen, dass sie weg kam. Sie schnappte sich das Preisgeld und die Cloche und winkte fröhlich in die Kamera mit einem: »Irland, ich komme.«

Und … Ende. Aus. Fertig. Na, das hat ja wunderbar geklappt. Wir schicken euch die DVDs zu.

Der Taxifahrer fuhr rasant auf den kiesbestreuten Hof und musste vor dem Bistro stark abbremsen. Sie zückte ihre Geldbörse und kramte sämtliches Bargeld hervor, was bequem für eine Woche Leihwagen gereicht hätte. Drei Stunden waren sie unterwegs gewesen. Drei lange Stunden, die Milena wie ein ganzes Leben vorgekommen waren. Ein altes Leben, das sie nun hinter sich ließ. Tom war nicht wieder aufgetaucht, hatte ihr aber eine SMS geschrieben, dass es aus sei. Von Elvis-Uwe hatte sie gehört, dass er in der Fußgängerzone sang. Kasperle war wieder in der Versenkung verschwunden, und Theo hatte ihr jeden Tag Drohbriefe geschickt, bis auf einmal keiner mehr kam. Da musste er wohl seinen Seelenfrieden gefunden haben. Die Bäckersfrau hatte getratscht, er sei ins Ausland gegangen, um einem Freund zu helfen. Und Jamie? Milena würde ihm gleich gegenüberstehen, in seinem Bistro. Er hatte einen Kredit aufnehmen müssen, um diesen Traum wahr werden zu lassen. Aber es lief schlecht, die Gäste blieben aus, weil man die Kochsendung im europäischen Kochkanal mit Untertiteln auch in Irland gesehen hatte. Er war blamiert bis auf die Schokotartes. Er hatte ihr all das am Telefon erzählt und verzweifelt geklungen, sie um Hilfe gebeten.

Milena wollte ihr Bestes geben – sich. Seit sie Tom verlassen hatte, stand er ihr auch nicht mehr im Weg, und gemeinsam mit ihrem Liebsten Jamie würde sie die Hütte schon rocken und glücklich bis ans Ende ihrer Tage sein.

Sie durchfuhr ein Schreck, als Jamie ihr die Tür aufmachte. Er sah so verändert aus, so verbissen und verbiestert. Die Haare klebten lang und fettig am Kopf, der Bart stand mehr als drei Tage in seinem sonst so glatten Gesicht. Er begrüßte sie nur kurz und knapp und bat sie hinein. Milena würde ihn schon auf Vordermann und andere Gedanken bringen. Nicht unbedingt heute Nacht, aber vielleicht morgen früh.

Anderntags hatte sich sein Zustand nicht gebessert, im Gegenteil. Auch nicht, als sie ihm das restliche Preisgeld zeigte, mit dem sie sich ins Bistro einbringen wollte, sozusagen als Start für ihr zukünftiges gemeinsames Leben. Er brachte nur ein heiseres Lachen hervor und hatte ganz andere Sorgen. Jamie hielt sich den Bauch und bog sich vor Schmerzen, er habe wohl etwas Verdorbenes gegessen. Er klagte, mit dem Fischer zum Hochseeangeln verabredet zu sein, weil jetzt die beste Makrelenzeit sei, und dass er ihn nicht versetzen durfte, wenn er weitere Geschäfte mit ihm machen wollte.

Milena, die immer schon vom Hochseeangeln geträumt hatte, bot sich sofort an, statt seiner zum Fischer zu gehen. Sie freute sich auf das Abenteuer auf hoher See. Aber nicht mehr lange.

Der alte Fischer, mit dem von Wind und Wetter gegerbten Gesicht, wunderte sich nicht, dass statt Jamie Milena mit ihm rausfahren wollte. Er half ihr an Bord zu kommen: »Welcome«, sagte er und in gebrochenem Deutsch: »Jamies Freunde, are meine Freunde.«

Er warf den Motor seines alten Holzkutters an und sie tuckerten los.

Plötzlich … mitten auf der See … verschwand die Sonne hinter den Wolken. Es dauerte nicht lange, da wurde aus der leichten Brise ein starker Wind. Der Regen peitschte gegen das marode Fischerboot. Kein guter Tag zum Hochseeangeln.

Am Nachmittag kehrte die Sonne wieder – Milena nicht.

Jamie zerschnitt die DVDs mit den Kochsendungen und warf sie weg, denn darauf hatte er genauestens gesehen, dass Milena schuld an allem war. Danach legte er drei gleichhohe Stapel Euroscheine auf den Tisch, die er aus ihrer Handtasche genommen hatte, und stellte drei Gläser mit Whiskey daneben. Ein Glas war für ihn, eins für den willigen Fischer und eins für den ideenreichen Mann, der sein Bistro wieder auf Vordermann bringen würde: Theo.

Makrelen mit Stachelbeersoße

Zutaten:
4 küchenfertige Makrelen ohne Köpfe, Essig, Salz, Pfeffer, 4 TL mittelscharfer Senf, Mehl, Butter zum Braten, 500 g große grüne Stachelbeeren (eventuell aus dem Glas), 200 g süße Sahne, Zucker.

Zubereitung:
Die Makrelen unter fließend kaltem Wasser gründlich abspülen, trocken tupfen, salzen und von innen mit dem Senf bestreichen, dann in

Mehl wenden. Butter in einer Pfanne erhitzen und die Fische darin von jeder Seite 4 bis 5 Minuten braten.
Dann die Makrelen herausnehmen und warm stellen. Stachelbeeren waschen und trocknen, die Hälfte in dem Bratfett braten, bis sie zerlaufen. Die Sahne zugießen, aufkochen, mit etwas Zucker und Pfeffer abschmecken. Restliche Stachelbeeren noch 5 Minuten in der Sauce ziehen lassen.
Die Makrelen auf einer vorgewärmten Platte anrichten und mit der Stachelbeer-Sauce überziehen.

Alle Jahre wieder

Ende Oktober freute sich 012 noch auf die Arbeit. Feierlich schmückte sie ihre Abteilung mit silber- und goldfarbenen Girlanden, Mistelzweigen und Tannengrün. An sämtliche Preistafeln band sie rot-grünkarierte Schleifen. Selbst die Verkaufstheke dekorierte sie mit einem Weihnachtsstern aus Seide. Gut gelaunt sang sie leise vor sich hin:

> Alle Jahre wieder,
> kommt das Christuskind,
> auf die Erde nieder,
> wo wir Menschen sind.

Mitte November hatte 012 sich satt gesehen an dieser künstlichen Winter-Weihnachtswelt, satt gegessen an Lebkuchen. Besonders an den Wochenenden drängten die Kunden nun in Scharen in das Kaufhaus. Sie pressten mit gehetztem Blick ihre Einkaufstaschen an sich, um die Geldbörsen vor Taschendieben zu schützen. Spätestens als erste Kollegen ausfielen und Mittagspausen gestrichen wurden, konnte sie die aus dem Lautsprecher tönenden Weihnachtslieder nicht mehr mitsingen, sondern nur noch leise vor sich hin brummen:

> Alle Jahre wieder,

stinkt der Chef nach Schweiß,
platzt bei mir das Mieder,
hab ich satt den Scheiß.

Anfang Dezember hasste 012 Weihnachten. Alle Jahre wieder! Die Kunden wurden immer hektischer und rücksichtsloser. Alle Jahre wieder! Der Chef bekam nun jeden Tag seine cholerischen Anfälle. Alle Jahre wieder!

Und wegen dieses Liedes, »Alle Jahre wieder«, hätte sie am liebsten den Lautsprecher zerschossen.

Einen Tag vor Heiligabend hetzte 012 mit bleichem Gesicht umher. Ihre sonst stets gut frisierten aschblonden Haare standen wirr vom Kopf ab. Dass sie im Privatleben Simone Pelzer hieß, wusste sie nur noch, wenn sie auf ihr Namensschild sah. Hier in der Damenkonfektionsabteilung eines großen Kaufhauses war sie eben nur die 012 und für die Kunden eine langsame, unfähige Verkäuferin.

»Ich muss einen Mantel mit Gürtel haben! Gibt es den Mantel auch mit Gürtel?«

»Nein.«

Hätte diese mit Schmuck behängte Frau sich nur einen Tick höflicher ausgedrückt, dann hätte 012 ihr geholfen. Aber so ignorierte sie die Kundin und ging zum nächsten Kleiderständer, um die falsch gehängten Größen auszusortieren. Die Goldbehängte nahm die Verfolgung auf, in der Hand einen für ihren Körperumfang viel zu kleinen Mantel im Ponchoschnitt.

»Diesen Mantel muss es doch mit Gürtel geben! Sie wollen nur nicht nachsehen!«

012 verdrehte die Augen. »Das ist ein Poncho und kein Trenchcoat!«

»Kommt keiner an die Kasse? Voll lahm hier!«, rief eine Jugendliche in Schlaghosen und Daunenjacke dazwischen.

»Moment! Ich bin alleine, da …«

»Neulich habe ich den Mantel aber mit Gürtel gesehen!«

012 ergriff gänzlich kundenunfreundlich die Flucht und hastete zur Kasse, an der sich bereits eine Schlange gebildet hatte.

»Wir haben unsere Zeit nicht gestohlen«, schimpfte die ungeduldige Kundin, die sich offenbar als Sprecherin der Gruppe betrachtete. »Wir müssen auch noch andere Besorgungen machen.«

Die Schlange nickte. »Genau. Ein Personal ist das heutzutage. Unfreundlich und langsam, dabei sollten Sie froh sein, überhaupt Arbeit zu haben.«

012 vertippte sich – Storno – auch das noch. Ihre Hände zitterten. Eine grau-lila dauergewellte Kundin warf den ausgesuchten Lurex-Festtagspulli demonstrativ auf die Theke. »Woanders geht das schneller. Komm Willi, wir gehen.«

»Lass die Frau doch, siehst du nicht, wie nervös sie ist. Ich möchte auch nicht in dem Weihnachtsstress arbeiten.« Hinter dem Rücken seiner aufgebrachten Frau, die bereits dem Ausgang zustrebte, zwinkerte Willi 012 anzüglich zu, wobei er kurz die Zungenspitze blitzen ließ.

Angeekelt kassierte 012 weiter. Sie beeilte sich, wollte diese giftende Schlange loswerden, bevor ihr womöglich die Tränen kamen. Mürrisch vor sich hin brummelnd zogen die Letzten ab. Geschafft! Sie blickte zu den Verkaufskarrees, die allesamt aussahen wie Wühltische. Einst fein säuberlich gestapelte, nach Farben und Größe sortierte Pullis lagen verknüllt durcheinander. Sie musste es wieder richten, bevor ihr Chef seinen Kontrollgang machte. Schnell sah 012 nach den Umkleidekabinen, um sich zu vergewissern, ob dort vielleicht etwas liegen geblieben war oder, was auch schon mal vorkam, Unfug getrieben wurde.

»Können Sie bitte mal schauen«, sprach eine große, stattliche Frau aus dem Aufenthaltsraum sie an, den 012 seit heute Morgen als Umkleideraum freigegeben hatte – zum einen weil sie allein in der Abteilung war und sowieso kaum Zeit hatte, eine Pause zu machen, und zum anderen damit die Kunden nicht so lange vor den Kabinen warten mussten.

Die Kundin lächelte charmant. »Ich habe mir diesen Mantel hier ausgesucht, aber er ist etwas zu kurz. Wenn ich ihn ohne Gürtel trage, geht es – oder haben sie in ihrem Haus auch eine Näherin?« Sie schlenkerte mit dem Gürtel hin und her.

»Tut mir leid«, entgegnete 012 bedauernd, fasste an den Mantelsaum und ließ ihn durch die Finger gleiten, »wirklich. Eine Schneiderin haben wir schon lange nicht mehr, seit es an jeder Ecke preiswerte Änderungsschneidereien gibt. Vielleicht versuchen sie es …«

»Nein!« Ein durchdringender Schrei gellte aus dem Verkaufsraum. »Da ist er ja! Der Mantel, den ich die ganze Zeit gesucht habe! Geben Sie ihn sofort her!« Die Goldketten klimperten bei jedem Schritt.

»Was denn, diesen Mantel?« Schnell stopfte die Kundin eine Hand in die Tasche. »Tut mir leid, da sind Sie zu spät gekommen.«

»Der steht Ihnen doch überhaupt nicht, viel zu kurz! Außerdem ist das ja wohl die Höhe, die ganze Zeit frage ich nach einem Mantel mit Gürtel und …« Schon riss sie der überraschten Kundin den Gürtel aus der Hand.

Diese ließ sich das nicht gefallen, sondern packte sofort das andere Ende des Bindegürtels, der nun wie beim Tauziehen hin- und hergezerrt wurde.

»Ich hole Hilfe!«, rief 012, die die Lage mit einem Blick erfasst hatte, und lief davon.

Als sie später mit dem rotgesichtigen Abteilungsleiter zurückkam, stand die Mantelträgerin bereits im Verkaufsraum und lächelte zufrieden.

»Es ist alles in Ordnung. Ich habe diese Person davon überzeugt, dass mir der Mantel zusteht.«

012 atmete tief durch und strich sich die Haare glatt. Unsicher blickte sie zum Abteilungsleiter, der sich nach einer höflichen Entschuldigung in Richtung Kundin in seine Gemächer zurückziehen wollte. Vorher wies er 012 allerdings noch mit einer Kopfbewegung auf die Kasse hin, wo sich schon wieder ungeduldige Käufer zum gemeinsamen Nörgeln eingefunden hatten. 012 begann zu kassieren, wobei sie ihre Ohren auf Durchzug stellte. Nur noch zwanzig Minuten durchhalten, sagte sie sich, dann war Feierabend. Sie überlegte, ob es nicht für immer sein sollte. Nie mehr arbeiten gehen – aber dazu fehlte ihr das Geld. Miete, Heizung, Versicherungen, Auto, Essen, alles Kosten, die sie alleine tragen musste, da sie alleinstehend war.

Wie sollte es auch anders sein? So, wie sie aussah, so unscheinbar, eben wie … wie eine 012. Eine verdammt einsame 012, gerade heute. Scheißtag. Scheißweihnachten, Scheißleben! Deprimiert warf sie einen letzten Blick auf die Umkleidekabinen. Sie waren sauber. Dann entdeckte sie zu ihrer Überraschung, dass der Eingang zum Aufenthaltsraum mit ihrem Stehpult versperrt war. Verwundert schob sie es beiseite und öffnete langsam die Tür. Ihr Blick fiel direkt auf die blauen, stabilen Kleiderhaken an der Wand. Die ehemals Goldbehängte, nun selbst hängend, hatte den Gürtel des Mantels ungesund um den Hals gebunden.

Erst nachdem alle Kunden gegangen waren, schlug 012 Alarm. Dann ging alles sehr schnell. Eine halbe Stunde später fand die Kripo einen Haufen Goldschmuck im Papierkorb. Goldschmuck, den sie darin versteckt haben sollte, weil sie gestört worden sei, und der einwandfrei der Toten gehörte, schließlich sah man noch die Abdrücke der Ringe und des Armbands.

Belastend kam die Aussage des Abteilungsleiters hinzu, der von dem Streit um einen Mantel berichtete und angab, 012 habe sehr blass ausgesehen und nervös gewirkt. Fasern des Mantelstoffs wurden an 012s Pullover gefunden, was nicht weiter verwunderlich war, aber anscheinend doch ausreichte, um sie zur Vernehmung mit zur Wache zu nehmen. 012 hatte es die Sprache verschlagen.

Auf dem Polizeirevier sah Simone Adventsgestecke auf den Tischen. Kerzen brannten, ein Teller mit Plätzchen stand daneben. Ihr wurde schlecht von so viel Weihnachtsambiente. Polizisten, die in den Feierabend gingen, verabschiedeten sich mit: »Fröhliche Weihnachten! Lasst Euch reich beschenken.«

Einer summte »Alle Jahre wieder«. Nur gut, dass er schon halb zur Tür hinaus war. Simone schrie es heraus: »Ja, ich war es! Ich habe es getan!« Sie wollte den Mord gestehen, sofort, ehe sie es bereute.

012 wurde aufgefordert, erst einmal ihre Personalien anzugeben. Sie verhaspelte sich bei ihrem Namen: »012 von der Damenkonfekt… nein … Simone Pelzer … glaube ich.« Sie warf einen raschen Blick auf ihr Namensschild. »Ja, ich bin mir ganz sicher.«

Simone gestand alles und noch viel mehr.

Es lief wie ein Film vor ihren Augen ab. Sie sah förmlich vor sich, wie sie die Kundin mit dem vermaledeiten Gürtel langsam erdrosselte, aus Hass, stellvertretend für alle anderen nervenden Kunden, die sie wie Dreck behandelt hatten.

Sie lächelte wie versteinert bei dem Gedanken. Leider war ihr die andere zuvorgekommen. Egal. Hauptsache, es war passiert. Hauptsache, sie, 012, musste nicht mehr zurück ins Kaufhaus, wenn nach Weihnachten die große Umtauschaktion losging und die Kunden mit dreisten Ausreden kamen, warum sie dies oder jenes zurückgeben wollten.

Sie brauchte absolute Ruhe, und die konnte sie nur dort finden, wo man sie gleich hinbringen würde.

Die dritte Strophe von *Alle Jahre wieder* fiel ihr ein:
Ist auch mir zur Seite,
still und unerkannt,
dass er treu mich leite,
an der lieben Hand.
Ein wunderbares Lied!

Erstabdruck der Geschichten dieses Bandes

Cappuccino-Tag: Abmurksen und Teetrinken, Hrsg: Ina Coelen, Leporello Verlag, Krefeld 2011

Die Schüsselkönigin: Greiffenstein, Hrsg: Tatjana Kruse und Anneli von Koenemann, KBV, Hillesheim 2001

Wer sich verliert findet die Welt: Mondäne Morde, Hrsg: Monika Buttler und Sabine Reins, Secolo Verlag, Osnabrück 2012

Der Stimmenfänger: Liebestöter, Hrsg: Anke Cibach, Scherz, Bern 2002

Der Hausbesuch und **Bei Tönung Tod**: Waschen, föhnen, umlegen, Hrsg: Ina Coelen und Ingrid Schmitz, Leporello Verlag, Krefeld 2012

Zu Gast bei: Die Stunde des Vaters, Hrsg: Hans van Ooyen, Ulmer Manuskripte, Ulm 2002

Sieben Leben: Ausgefressen, Hrsg: Ina Coelen und Arnold Küsters, Leporello Verlag, Krefeld 2010

Abwrackprämie: Originalbeitrag

Wer spart, hat nichts vom Leben: Originalbeitrag

Weißt du noch: Muscheln, Mousse und Messer, Hrsg: Ingrid Schmitz, Conte Verlag, Saarbrücken 2010

Die Blütenkönigin von Wiesmoor: Fiese Friesen, Hrsg: Peter Gerdes, Leda Verlag, Leer 2005

Um Schlips und Kragen: Mords-Feste, Hrsg: Ina Coelen, Leporello Verlag, Krefeld 2005

… du sollst keine anderen Frauen neben mir haben: Originalbeitrag

Man nehme … ein Nudelholz: Mördorrisch legger, Hrsg: Ruth Borcherding-Witzke und Silvija Hinzmann, Mitteldeutscher Verlag, Halle 2006

In alter Tradition: Mord vor Ort II, Gewinnertitel des Niederrheinischen Krimiwettbewerbs, Emons Verlag, Köln 2000

Wodka war sein letztes Wort: Mörderische Mitarbeiter, Hrsg: Ingrid Schmitz und Ina Coelen, Scherz, Bern 2003

Rate mal, wo ich jetzt bin: Rheinleichen, Hrsg: Ina Coelen und Ingrid Schmitz, Emons, Köln 2000

Die Moritat der Gebrechlichen: Mord unter Kopfweiden, Hrsg: Ina Coelen und Ingrid Schmitz, Leporello Verlag, Krefeld 2004

Der Adventskalender: Original unter »Weihnachtstherapie« aus der Anthologie »Schlaf in himmlischer Ruh«, Hrsg. Belinda Rodik, Wittig Verlag, Kiel 2003

Nicht nur Wein muss atmen: Riesling Leichen, Hrsg. Sybille Zimmermann, Wellhöfer, 2011

Ab ins Heim: Tödliche Beziehungen, Emons, Köln 2001

Die Grabrede: Tatort Kanzel, Hrsg: Tatjana Kruse und Billie Rubin, Wittig Verlag, Kiel 2004

Wenn man denkt, man denkt: Die vielen Tode des Herrn S., Emons, Köln 2002

Ein Schritt in die Ewigkeit: Originalbeitrag

Legittima difesa – Notwehr: Pizza, Pasta & Pistolen, Hrsg: Ingrid Schmitz, LangenMüller, München 2007

Lass uns sterben: Giftmorde, Hrsg: Andreas Müller, fhl Leipzig 2013

Der Knöterich, der Knöterich, das ist ein arger Wüterich: Mord zwischen Kraut und Rüben, Hrsg: Ina Coelen, Leporello Verlag, Krefeld 2013

Ein neues Leben: Wenn der Tod lachen könnte, Hrsg: Sophie Sumburane, fhl Leipzig, 2013

Punkteabzug: Porridge, Pies and Pistols, Hrsg: Ingrid Schmitz, Conte Verlag, St. Ingbert 2013

Alle Jahre wieder: Leise rieselt der Schnee, Hrsg: Gisa Klönne, Ullstein Verlag, München 2003